中社智库

中国社会科学院
所地共建国家智库平台

陇原文化

2019.1
总第一辑

胡文臻　张兵　刘金会　李武　主编

中国社会科学出版社

图书在版编目（CIP）数据

陇原文化.2019年.第一辑：总第一辑／胡文臻等主编.—北京：中国社会科学出版社，2019.10
ISBN 978－7－5203－5296－3

Ⅰ.①陇…　Ⅱ.①胡…　Ⅲ.①地方文化—文化史—甘肃—文集
Ⅳ.①K294.2－53

中国版本图书馆 CIP 数据核字（2019）第 215266 号

出 版 人	赵剑英
责任编辑	范晨星
责任校对	郝阳洋
责任印制	王　超

出　　版	中国社会科学出版社
社　　址	北京鼓楼西大街甲 158 号
邮　　编	100720
网　　址	http://www.csspw.cn
发 行 部	010－84083685
门 市 部	010－84029450
经　　销	新华书店及其他书店

印　　刷	北京君升印刷有限公司
装　　订	廊坊市广阳区广增装订厂
版　　次	2019 年 10 月第 1 版
印　　次	2019 年 10 月第 1 次印刷

开　　本	710×1000　1/16
印　　张	17.5
插　　页	2
字　　数	239 千字
定　　价	88.00 元

序

张　兵

甘肃在古时为雍、梁二州之地，春秋时属秦和西戎，秦置陇西郡，西部属月氏，汉时为凉州，元属甘肃和陕西行省，取甘州（张掖）、肃州（酒泉）两地首字得名甘肃。清置甘肃省。因境内的陇山为历史名山和历史上将省境特称"陇右"，故又简称陇。甘肃地处蒙新、青藏、黄土高原交会地带，海拔大都在1000米以上。乌鞘岭以西、北山和祁连山间为长约1200公里的河西走廊，自古丝绸之路通过这里。甘肃是一个呈西北—东南向分布的狭长形省份，东西长达1655公里，南北最宽处530公里，最窄处仅25公里。全省有陇南山地、陇中黄土高原、甘南高原、河西走廊、祁连山脉、北山山地六大地形区。气候从东南到西北，由亚热带湿润气候过渡到温带干旱气候。

甘肃有着丰厚的文化内蕴，而这正是其独具的自然环境、特有的社会结构和甘肃人的社会实践活动长期孕育、衍变的结果。由于受典型的高原地貌、风寒干燥的气候条件、短缺的地表径流和相对贫乏的生产生活资料等组成的特殊生态环境的影响，甘肃古代居民强烈的生活需求与外部世界之间产生了明显的反差，从而形成甘肃古代先民固有的自强精神和突出的自我意识。驾驭并征服这种不利的生态环境是甘肃人内在气质的核心，加之农牧文化的交互影响，由此形成了其独特的精神面貌：既充满活力、刚毅豪放、不拘一格，又循规蹈矩、保守念旧、容易满足，是封闭与开放的双重变奏。

甘肃所处的陇右大地，是华夏文明的发祥地之一。这一点，已发掘的大量石器时代遗址和史料记载均为明证，而神话传说与历史遗迹的印证与考索，则更使这一文化轮廓日益清晰。天水卦台山与人文初祖伏羲氏的传说，泾川王母宫与周穆王的因缘，石器时代遗址所昭示的文明与辉煌，诗史铸就的周人、秦人发祥历程，所有这一切均蕴含着初萌期甘肃文化的基因。至于甘肃境内华夏文明的历史嬗变之迹，在一些最有代表性的文化遗址上体现得最充分。陇山以西、新疆东部往东，尤其是现甘肃境内，至今仍遗留着不少秦、汉、明时期的长城遗址；甘肃境内还有不少古城遗址，如黑水国遗址等，每座古城均隐含着一段王朝兴衰的历史。东晋十六国时期，地处甘肃中西部的河西走廊地区曾先后有五个独立的地方政权交相更替，这一时期所形成的五凉文化不仅对甘肃人文产生过深刻的影响，而且对南北朝文化的兴盛有着不可磨灭的功绩。

此外，丝绸之路的开通给甘肃文化带来了无限活力，使其在民族融合进程中所形成的过渡性特点愈加突出。石窟艺术与宗教文化是甘肃文化最高成就的体现。甘肃境内，石窟寺遍布丝绸之路沿线，莫高窟、炳灵寺、麦积山等石窟中的雕塑与壁画所蕴含的艺术韵味，是华夏文明艺术精神最集中的体现，也是佛教文化氛围涵茹之下甘肃人想象力与审美体验的完美展示。

作为一个多民族聚居区，甘肃地区很早就是历史上各民族融合的重要熔炉，而丝绸之路的开通更使这里成为中原文化与西域文化扩散、交流与融合的交接点。如甘肃最具特色的佛教文化就是在汉唐时期民族大融合的轨迹中发展起来的。以秦州而言，除麦积山之外，武山水帘洞、甘谷大象山的石窟艺术，在雕塑、建筑等宗教遗产方面集中代表了当地佛教文化发展的水平和特色。可见，甘肃文化的大发展一方面是民族融合的必然结果，另一方面又在中西文化的交流中不断吸取营养。至明清时期，中国汉文化圈在长期扩疆拓土和域内空间差异缩小的过程中趋于定型，作为地域文化类型之一的甘肃文化在保持自己特色的同时，亦更多地表现出文化的趋同性。

民族融合与文化交流促成了甘肃文化的渗透性与包容性特征。所谓渗透是指甘肃地区不同民族在文化、精神间的渗透；所谓包容则是指甘肃文化在民族融合过程中所表现出的海纳百川般的气度，以及它对各种文化广泛的吸收与接纳。在这里每个民族都以其宽大的胸怀和开放的姿态进行情感与文化上的交流与认同。各民族在这块土地上的交往起初是在浅层互动，进而由组织联系进入社会系统，扩展为一种深层的文化心理联系，这既表达了不同民族的不同需要，又体现了共同需要和共同利益。民族间的交往与渗透，有时是和平的，有时却异常艰辛，有时甚至伴随着民族大迁徙与民族消亡的遭际。民族融合与文化交流还增强了甘肃文化的创造性与延续性。甘肃人民是富于创造活力的人民，在盛传于陇原大地的伏羲与西王母的神话传说中，已透露出勃勃的创造生机；近代以来在陇原大地不断发掘出的大量石器时代遗址中的劳动工具、房屋、墓葬等文化遗存，均是甘肃先民创造精神的体现；而那些绚丽夺目的彩陶艺术、石窟艺术，则更是甘肃文化充满创造活力的象征。正是这种创造精神，才使甘肃文化代代相传，绵延不绝，也才使甘肃文化丰富多彩、独具特色。而这种创造精神不仅没有割断不同时代的甘肃文化，反而使其保持着更好的延续性。甘肃古代民族中，羌、氐、戎，甚至党项均在历史的进程中发生了巨变，但其文化性格与品质却至今仍记录在我国的典籍中，其风俗习惯至今还渗透、保存在陇原民风中。

甘肃作为黄河流域华夏文明的发源地之一，在人类开始迈入文明门槛的时候，地域文化就以其鲜明的风格和较高的水准而兴起，并在中国早期文化发展史上占有一席之地。在华夏文化发展为汉文化并形成汉文化圈的漫长历史进程中，陇右文化始终伴随着汉文化的扩散吸引而趋同；又因人口流动、民族迁移、统一与分裂的波动而趋异。陇右文化依赖地域之便，东与属于中原文化的三秦文化唇齿相依，使汉文化得以在此流传发展，加快其文明进程；同时它又地处中西交通的要道，西与属于沙漠、草原类型的西域文化毗邻，少数民族文化、外来文化正是在这里得以与中原文化碰撞、交流、融合。可见，陇原作为黄河上游一个相对独立的区域，是中原与周边政治、经济、文化力量伸缩进退、相互消长的中间地带，因而成为中原文化与周边文化，域内文明与域外文明双向交流扩散、荟萃传播的桥梁。作为一种独具特色的地域文化，陇右文化与西域文化相比较，具有更多的中原文化特征；与三秦文化进行比较，它又更多地含有少数民族文化的成分。这种过渡地带特征与文化优势，既促进了陇右自身文化的发展，又为三秦文化和西域文化源源不断地输送新鲜血液。

可见，地处陇右的甘肃是中国最早对外开放的区域，是最早接触世界文明的窗口，是古代中国、印度、希腊、伊斯兰四大文化体系交融的中心，是华夏文明形成过程中吸纳外来文明的蓄水池，是中国乃至世界古代文明的博览园。甘肃地区丰富的文化资源是华夏文明起源、繁荣发展及其与世界文明交会的重要见证和典型标志。从远古至唐代，在政治、经济和文化方面，甘肃一直处在中国历史的主流之中。甘肃作为华夏文明的重要发祥地和古代东西方文明交流的重要通道，谱写了华夏文明辉煌灿烂的篇章，为华夏文明的形成和发展做出了重要贡献。

甘肃历史文化资源丰富，其数量之众多、内容之丰富、特色之鲜明，均位居全国前列。甘肃在历史文化资源上有这样一些亮点：甘肃素称石窟艺术之乡，现存各类石窟寺337座，其中具有学术研究和旅游观光价值的大、中型石窟群40多座，敦煌莫高窟被联合国教科文组织列入世界文化遗产保护名录，天水麦积山石窟被誉为"东方雕塑馆";甘肃也是彩陶之乡,是我国彩陶起源最早、发展时间最长、分布范围最广、艺术成就最高的地区;甘肃还是简牍大省,现已出土简牍61000余枚,居全国之首。在甘肃境内,秦、汉、明代的古长城和城障纵横交错,累计长达4400多公里,其中的阳关、玉门关、嘉峪关驰名中外。甘肃地处古丝绸之路的黄金地段,沿途的天水、张掖、武威、敦煌四座城市被列为国家第一批公布的历史文化名城。陇东和陇东南地区分别是周人和秦人的发祥地,可以说周、秦王朝都是在甘肃奏响了进军中原的序曲,奠定了中华民族农耕文明的基础。

甘肃最为典型的文化有:先周先秦文化、长城文化、丝绸之路文化、石窟文化、五凉文化、民族宗教文化、敦煌文化、简牍文化、黄河文化等。根据甘肃文化资源的源头性、多样性、独特性、包容性等特点,甘肃文化资源可归纳为以下几类:一是华夏文明源头性文化:主要包括伏羲文化、轩辕文化、西王母文化、大地湾文化、彩陶文化、先周文化、先秦文化等;二是丝绸之路文化:主要包括长城文化、简牍文化、敦煌文化、石窟文化、五凉文化等;三是多元民族民俗文化:主要包括伊斯兰教文化、藏传佛教文化、特有民族文化(东乡、裕固、保安)、特色民俗文化等;四是陇原红色文化:主要包括早期革命斗争文化、长征文化、根据地文化等。

甘肃丰富多样的文化资源为打造文化品牌奠定了坚实的基础。文化品牌的重塑,本身就是一个发展文化产业的过程,而且可以衍生出许多新兴的文化产业领域。甘肃的文化产业发展,仍处在刚刚起步阶段,底子薄,文化品牌数量少,影响力也小,在国内外叫得响的文化品牌不多。因此,要依托丰厚的华夏文明资源,研究扶持保护文化品牌的政策和措施,明确一个时期内各地文化品牌发展的目标和重点,集中精力有选择地扶持和建立一批具有甘肃地域特色的文化名牌企业,把传统文化品牌培育成名牌。文化产品和服务会影响人们的思想观念、精神境界等观念形态。文化品牌能对文化产业的发展产生资本聚合、品质提升、规模放大、消费导向、利润增值等多重效应。只要树立文化品牌意识，坚持开发与保护相结合的发展原则，甘肃文化产业在甘肃社会经济发展中将会发挥越来越重要的作用。

如何深入探讨、挖掘甘肃的文化资源和文化传统，顺应文化传承的规律，为当下文化的创新发展服务，既是历史发展的要求，也是服务现实的需要。注重对传统历史文化予以当下诠释是文化建设的必由之路；构建陇原文化研究体系是文化建设的有效途径；挖掘民族特色是文化建设的独特优势；强调提高、注重普及是文化建设的基础环节。陇原文化传承创新作为具有时代意义的研究课题，其理论诠释和实践探讨成果尚未形成规模和体系，但也意味着具有广阔空间可以拓展，具有重大的理论意义、实践意义和社会价值。

甘肃的陇原文化在理论方面应主要思考以下问题。

第一，陇原文化源头性文化、特色文化。主要包括大地湾文化，先周、秦早期文化，丝绸之路文化，敦煌学，简牍学，藏学，西夏学等。

第二，陇原文化内涵的不断丰富与现代价值挖掘研究，陇原文化资源与其历史条件和社会语境之间互动关系的研究，以及其对当代文化建设的启示。

第三，陇原文化重要文化带、生态圈（黄河文化带、丝绸之路文化带、跨区域文化圈、多民族文化圈）的构成模式、历史演变与内涵特征。

第四，陇原文化标志性成果的译介工程，具体包括华夏文明成果的梳理、汇集过程，以及与跨语际传播相关的诸多理论问题研究。

第五，在陇原文化形成与发展过程中，呈现出一些极具挖掘潜力和现代价值的"新文化形态"（如敦煌画派）的理论探索。

第六，陇原文化传承保护与创新发展中的公共政策体系与法制保障体系方面的相关理论研究。

第七，陇原文化与外来文化的交会、碰撞、融合、对话、裂变，以及中西文化之间的演变路径、影响方式与回馈机制。

在实践方面应探究以下主要问题。

第一，陇原文化与区域经济可持续发展的成熟的、可供借鉴的协调模式和典型案例。

第二，以陇原文化为主题的文化创意产业的实践探索以及文化产业园的建设。

第三，陇原文化重要文物修复与遗址复原技术。

第四，陇原文化建设理念刚刚进入公共视野，相关创新发展尚处在一个跟进、摸索阶段，相关知识的普及问题。

第五，陇原文化应用开发层面极具国内外影响力的精品建设工程（如文化博览园、文化创意产业园、数字影像产品、经典文化剧目）数量和质量的全面推进，公众识别度与认可度的提高。

第六，中国社会转型与发展过程中，出现了一大批具有共同文化与经济特征的省份（如甘肃、青海、云南、宁夏、贵州）。这些地区的共同特点是经济发展滞后，但文化资源相当丰富。因此，探索"经济欠发达文化资源富集区"文化资源向产业资源转型的发展模式，具有极其重要的现实意义，而这方面尚无成熟的、可供借鉴的发展模式。

按照习近平总书记关于中国特色新型智库建设的重要论述，我们应当更加深入地思考如何运用陇原文化研究的丰富成果，适应新形势新要求，坚持国家站位、对标中央要求，增强服务党和国家工作大局的使命感责任感。要坚持正确方向、坚守高端标准，切实加强战略研究、纵深研究、调查研究，精准服务决策需求、提升智库研究质量，为甘肃经济社会发展做出积极的贡献。

目 录

华夏文明与农耕文化

生态文明与非遗保护

智库平台建设

华夏文明与农耕文化

"人类命运共同体"是对21世纪 世界文化的重大贡献

人类进入21世纪，面临接踵而来的诸多挑战。

中国结合当今世界形势与人类生存发展过程中存在的问题，提出了必须思考、必须推动研究的文明创新的时代课题。为了健康有序地满足人类生存和发展的需求，人类必须遵从共同的价值观。

习近平总书记提出"人类命运共同体"的发展理论与方案，代表了中华优秀文化发展的必然趋势，是对中华优秀文化和世界文化的融合和概括，是在对国际复杂形势的深研和体证的基础上提出的，代表了21世纪人类的基本的价值趋向，不是一国或几国的问题，而是人类共同面临的重大生存与价值课题，这项课题的提出，是为了解决人类共同面临的道德思想文化问题，具有引领世界重大理论与应用对策研究的意义。

为了研究回答这个问题，从以下四个方面进行论述。

一 "人类命运共同体"是对21世纪 世界文化的重大贡献

"人类命运共同体"是世界文明形态与社会政治生活的基本形态，也是关系人类命运、解决人类面临重大课题的伟大贡献。

进入 21 世纪，人们关于和平、生存的道德观、价值观出现了问题。

依照中华传统文化来讲，世界的动荡局势导致大众对和谐生活的信仰出现了问题，如果从佛学解释，大地山河唯心信仰所致，一切唯心造就，这是不科学的；按科学的量子力学理论讲，心量决定事物发展的趋势，这是科学与人力解决人心与信仰问题的研究领域，就成了人类生存面临的首要研究问题。

纵观世界历史文化发展轨迹，每个历史文化体系都对人心信仰作过深入的研究论述，并对人心信仰的归宿作过精辟的阐解。

来看 21 世纪的世界诸家信仰，各说各的文化优势，执着于门户教派不放，也有谛学传承时间太长，失去理谛的解读，造成 21 世纪西方思想文化的混乱和文化领域实践的混乱，导致战争、灾难、各种自然灾害接踵而来。

习近平总书记倡议共同构建"人类命运共同体"，如何建设命运共同体，首先要让人民站在哲学的高度上思考、解决"什么是文明"这一重大的世界历史发展问题。

党的十九大报告指出："中国共产党是为中国人民谋幸福的政党，也是为人类进步事业而奋斗的政党。中国共产党始终把为人类做出新的更大的贡献作为自己的使命。"可见构建人类命运共同体的目的就是希望为人类做出新的更大的贡献。人类命运共同体思想还专门写进了党的十九大修改通过的《中国共产党章程》，指出："推动构建人类命运共同体，推动建设持久和平、共同繁荣的和谐世界。"由此看出，习近平总书记提出的"人类命运共同体"思想为世界和平发展、全球治理体系、构建生态和谐社会提出了中国方案。

新时代是全球的时代，解决区域乃至国际冲突、矛盾等世界性问题，就是要解决人类文明生存发展的现实问题。

从这个意义上讲，人类命运共同体的提出是对人类的贡献，也是人类在哲学问题上的一个突破。

人类的生存和发展，以及自然科学的发展，有待于哲学上的应用对策研究与现实问题研究的突破和发展，哲学社会科学是人类发展的先导与和平实践的科学。中华古代圣贤们的思想文化是超越国界的，更是超越时空的，是人类文化的原点和基础，是本、是源、是根。

这就是中华文化中同根同源问题，人类社会的发展有其特有的人与自然的发展规律，中华文明历史发展中的先哲们提出了大量的理论与解释。随着人与自然的矛盾日益突出和产生斗争，征服自然与修复自然成了主要的矛盾和发展问题，同时也代表着生产力的发展水平与研究方向。

人与自然的关系发展也代表着一个国家和地区的科技发展水平，科学技术摆在了首位，人与自然关系必然进入科研领域。

科技经过百年的突飞猛进发展，科学技术的发展究竟为了什么，给人类带来了哪些重大研究课题与福利，成为一个必须回答的问题。

哲学科学发展的思想基础是哲学社会科学，科学的突破有待于哲学社会科学的突破，哲学社会科学是科学发展的先导，脱离哲学社会科学指导的科学会给人类带来灾难，哲学社会科学回答了科学的目的是什么，是造福人类，还是给人类带来挑战。

人工智能的产业化就是要人类回答为什么要进入人工智能时代。

正确地处理人与自然的关系，是哲学社会科学的基本任务。人类发展到 21 世纪，核心问题是我们要建设好地球家园，还是会毁坏地球家园，这个问题已经摆在人类的面前，所以适时地提出共同体问题，是哲学社会科学突破式的发展和贡献，也是中华文化精神在 21 世纪影响世界、走向世界的基本路径。

二 "人类命运共同体"融合了人类
文化、宗教、历史的哲学思想

中华传统文化讲的是归一、守一、中一，西方文化中讲的是默一、祷一等。这里我们所说的在哲学上讲，就是世界上的自然科学和生命的本源，回归到本源上，才没有争议，只有回归到本源上，人类的思想文化才能统一。只有统一了思想，才能在一个平台上讨论人类的生存与发展问题。

这个"一"就是原生态，只有源本的东西才没有争议，所以从这个意义上讲，人类思想文化、宗教、历史哲学化了，归到本体上来，才能认识、融合，解决人类命运共同体面临的问题。我们所说的哲学化就是抽象出最本原的价值来，不是培养抽象思维的西方化嬉皮士哲学，而是培养创新思维的中国文化融合力量，不为门户偏执所局限，放下自我。放下自我的文化才有出路。

目前世界人类文化诸家分歧，相互攻击，以至于在局部引起战争。这就超出了人类的初心，忘记了人类的使命，忘记了人与自然的和谐相处，忘记了世界各民族之间和谐共赢的基本规则，忘记了人类之所以为人的价值趋向。

各种文化脱下外衣，抽象出最本质的东西，人类文化中最核心的问题是"心"的问题，人心就是人的心念意识，人类的心念意识影响了人类社会的价值趋向。人类社会的一切运动唯心念意识所引导，这里就是提出一个心与自然、心与社会的问题。这是研究层面提出的哲学思考问题。

治理社会、国家，修身齐家治国平天下，在于一心。当今人类的基本问题就是人心趋向问题，趋于善天下太平，趋于恶天下纷争甚至引起战争，毁灭"地球村"，毁全人类共同的家园。所以，各种思想文化、宗教、历史的哲学化是人类社会科学的重大研究与融合课题。只有抽出本质的、同源的、原生态的东西，才能解决21世纪人类共同面临的问题。

哲学化是人类社会科学的重要任务，只有哲学化才能趋于统一，找到并抽象出共同的价值。中华的先哲们论述过治天下治其人心。江山天下都在于人心，自然科学以及社会的生存和发展也聚在人心，这也是中华文化走出国门的基点。

只有中华文化才能解决人类21世纪面临的问题，中华文化也是指导21世纪民族复兴的大哲学大智慧。

会当凌绝顶，一览众山小。习近平总书记是站在人类智慧的高度提出"人类命运共同体"的，是大智慧理论中的大平台、大论坛，是和宇宙共频共振的思想交流。

哲学化是一个学术过程，更是人类心灵净化的一个过程。青山遮不住，毕竟东流去。人类文化的哲学化是一个趋势，也是历史的必然，也是人类在21世纪的一个重大命题。

人从那里来、到那里去，是人类的重大课题，只有在中华文化中才能找到答案。

百年来自然科学的重大突破，比如牛顿"万有引力"、爱因斯坦的"广义相对论"、霍金的"黑洞"理论，都在证明中华优秀传统文化的先哲们的学说的真理性和世界的存在性。

宇宙的真理只有一个，而认识真理的渠道和方法是无量的。这也是中华民族文化自信的真谛所在，从这个意义上讲，中华优秀文化能救人心使人们向往信仰并充满无穷力量，中华优秀传统文化的融合与宽宏能救世界人民，使人们心心向善，中国共产党的"五位一体"发展观是完全可以引导现代世界历史进程的科学实践观，因此，只有中华优秀文化才能满足人类生存的需要。

构建人类命运共同体。必须在思想理念方面与"创新、协调、绿色、开放、共享"五大发展理念一致，成为新时代中国方案的国际实践，这也是中国发展理念在国际战略中的实践，是人类命运共同体理论这一中国方案在国际社会中进行的伟大实践。

因此，人类文化的哲学化是一个趋势，是解决人类共同面临问题的基本要求。文化自信是共同体思想的基础。要从文化的哲学性入手，抽象出本质、真理来，才能解决建设人类命运共同体的具体问题，这个问题不仅仅是哲学家们的，也不仅仅是自然科学家们的问题，而是每一个人面临的需要具体思考的问题，每一个人的问题解决了，共同的问题、也就是人类生存与发展的问题就解决了。

三 "一带一路"是"人类命运共同体"的践行基础

人类命运共同体的践行首先从"一带一路"开始，"一带一路"的践行，让人类看到经济共同体的曙光。思想意识统一性决定了经济活动的同一性。思想和践行是一个太极的两个方面，相辅相成、缺一不可，这就是有哲学实践中的统一的认识，才能有同一的经济体。

"一带一路"是先导，是前行的基础，也是思想的基础，"一带一路"是一条线，发展下去就要以线带面，由点成线，由线成面，由面成为经济共同体。形成经济共同体是建设人类命运共同体的必然趋势。

"一带一路"的践行活动意义非常重大，千里之行、始于足下。这一步一定要走好走稳，走出成就、走出亮点，需要中国人民共同努力，同时也需要世界人民共同努力，因为经济共同体是为以后的人类命运共同体奠定坚实基础。

2017年1月，在联合国日内瓦总部演讲时，习近平主席强调："世界经济增长乏力，金融危机阴云不散，发展鸿沟日益突出，兵戎相见时有发生，冷战思维和强权政治阴魂不散，恐怖主义、难民危机、重大传染性疾病、气候变化等非传统安全威胁持续蔓延",面对全球问题,"世界命运应该由各国共同掌握,国际规则应该由各国共同书写,全球事务应该由各国共同治理,发展成果应该由各国共同分享"。他进一步指出,构建人类命运共同体,关键在行动。必须坚持对话协商,建设一个持久和平的世界;坚持共建共享,建设一个普遍安全的世界;坚持合作共赢,建设一个共同繁荣的世界;坚持交流互鉴,建设一个开放包容的世界;坚持绿色低碳,建设一个清洁美丽的世界。

经济共同体是人类生存和发展的必然趋势,是马克思主义中国化的成果转化实践,是世界马克思主义的胜利实践,也是人类命运共同体的价值趋向。将来人类可以根据各板块和时空的特点,在同一体中开展自己的研究,开发自己的优势产品,为人类和平和谐、共同生存和发展的空间提供服务,互惠互利、共赢共存、相互依存,为人类做出贡献。

人类文化的哲学化和经济共同体,是人类走向和谐社会的基石。和谐社会首先是人类文化的同心,也就是人类各种文明的哲学化,拥有共同的理想、共同的价值实现,思想和经济才能够相得益彰、互惠共赢。

要处理好文化的哲学性和经济一体化之间的关系。文化是先导、经济一体化是基础、哲学社会科学是实践。

文化的哲学性是人类意识思想的基础,经济的一体化是人类经济社会价值的趋向。大同社会的创造与建设是一个车轮的两个轮子,没有这两个轮子的前进,社会发展就会停止。这两个前提条件做到了,大同社会是一个必然趋势,青山遮不住,毕竟东流去。

和谐社会的建立是中华圣贤文化和共产主义共同价值趋向。是"中国梦"包含的公平社会,也是人类共同的理想家园,只是现在名相不一。当人类走到这一步的时候,中华优秀文化的光明才能显现出无穷的力量。

21世纪人类的生存和发展问题，只有靠中华优秀传统圣贤治理文化，以及由人类社会中正能量的优秀传统融合形成的文化才能解决。要站在中华文明的历史长河中进行溯源探底，在与世界各种形式的文明对话中找到解决人类生存和发展问题的答案，这一答案就是"人类命运共同体"。

四 中国"陇原文化"研究是"人类命运共同体"的实践

推动构建人类命运共同体是习近平总书记应对国际复杂挑战，着眼于世界前途和人类共同命运提出的中国方案。

中国《陇原文化》研究集刊是传承中国优秀传统文化的实践研究工程之一，是承担着区域文化、研究中华文化的历史发展以及引导社会发展的重要文化研究基地之一。

甘肃是中华文明的发祥地之一，文化历史源远流长。从古至今，在历史的长河中散发出绚丽的光彩，重温甘肃文化，有利于总结、培育新时代的甘肃文化，传承、发展与文化精神，并提出有建设性的建议和意见。

习近平总书记提出的"人类命运共同体"是解决世界问题的方法，是对人类的一个跨时代的贡献，也是中华文化发展历史进程中的核心价值所在。这是一个历史的潮流，是一个历史的趋势，是人类社会的共同价值趋向，而甘肃文化历史与黄河文化密不可分，是中国历史文化自信的基石之一。

为深刻学习领会贯彻习近平总书记关于构建人类命运共同体的重要论述，由甘肃国学会、甘肃香巴拉文化传媒有限公司研究学者在甘肃省委宣传部支持下与中国社会科学院社会发展研究中心专家学者开展合作研究，申请中国社会科学出版社出版立项，由甘肃香巴拉文化传媒有限公司与中国社会科学院社会发展研究中心、中国社会科学出版社联合开展横向课题研究，并得到甘肃省委、省政府、省委宣传部以及地方各个文化历史节点研究者和相关领域专家学者参与，开展"中国《陇原文化》研究集刊"国家智库平台合作共建，并形成国家智库研究成果出版，这一合作研究是文化自信的典型力量表达。智库平台可承担合作单位的全国性研究论坛，县域文化产业研究推介成果展览等文化产业转化成果，是合作课题研究单位以及甘肃省智库建设单位开展"不忘初心、牢记使命"学习教育活动的一个典型活动实例。

作者：胡文臻（中国文化研究中心副主任、副研究员；中国社会科学院社会发展研究中心常务副主任、特约研究员）
杨东海（甘肃省地方志原副巡视员、甘肃国学研究会名誉会长）

黄河流域创造的古老文明，向更加遥远历史时代探索

大地湾文化是华夏先民在黄河流域创造的古老文明，是华夏文明的来源之一。秦安大地湾遗址涵盖了中国新石器时代早、中、晚期的考古文化，分布面积广，文化层堆积较厚，时间距今7800—4800 年，前后延绵 3000 年。大地湾遗址以浓厚的地方色彩和独特的地方类型成为黄河流域早期新石器文化的代表之一，并以极其清晰和毫无断层的文化谱系为我们构筑了甘肃史前考古的断代标尺。对这些遗物的研究显示，古人依次经历了原始狩猎采集、发达狩猎采集、大地湾一期原始农业和仰韶文化早晚期成熟的农业四个经济发展阶段。大地湾文化内涵丰富、特征鲜明，既是中国率先使用彩陶的史前先民，又是西北地区最早产生的农业文化。因其属于新石器时代早期，所以处处显露出原始的特征。生活在这片热土之上的甘肃先民曾在中华文明形成过程中做出过不朽的贡献，这说明甘肃是中华古文明的发祥地之一，对探索中华文明的起源具有极其深远的意义。

一 发掘的新成果总在否定先前论断

中国的新石器时代是原始社会氏族公社制由全盛到衰落的一个阶段，它以农耕和畜牧的出现为划时代的标志。中国的新石器

文化分布广、文化内涵丰富、起讫年代各不相同，各文化区的发展都有自己的序列。甘肃的新石器时代文化是在其东部本土发育起来的，并吸收融合了邻近地区尤其是陕西地区的文化因素，建立起较为完整的史前文化发展序列。

（一）大地湾遗址

大地湾遗址位于甘肃省秦安县五营乡邵店村东南，距离天水市102公里。遗址主要分布在渭河二级支流的清水河南岸阶地以及与其相连的缓坡山地上，海拔1458—1673米。遗址分为山地和河边阶地两部分，总面积约110万平方米，河边阶地位于山地西北侧，平坦宽阔，总面积约35万平方米，山地多为水平梯田，梯田的崖面处暴露有丰富的文化层及各类遗址，面积约75万平方米，古清水河河道穿遗址而过。1958年甘肃省文物工作者组织的泾渭流域文物普查小组首次发现该遗址，仅在山坡地带发现部分仰韶晚期遗存，因当地百姓称山坡地为"大地湾"，该遗址因此而得名。它是我国目前发现的新石器时代的最早遗址，在近二十处同类遗址中，大地湾遗址出土最为丰富。1978—1982年、1995年由甘肃省博物馆两次主持发掘，共清理房址240座、灶址98个、柱基两处、灰坑和窖穴352个、墓葬69座、窑址35座以及沟渠12段，出土陶器4000余件，石器（包括玉器）近2000件，骨角牙蚌器2200余件，兽骨17000多件。据放射性碳素断代并经校正的年代，大地湾文化为公元前5850—前5400年，仰韶文化早、中、晚期遗存为公元前4050—前2950年。大地湾遗址的发掘，首次揭开了距今8000—5000年甘肃历史的面貌和我们先民所创造的灿烂文化，还有力地驳斥了安特生早先关于"仰韶文化西来"的观点，对于我们了解渭河流域新石器时代文化的内涵、发展以及相互关系都有十分重要的意义。这些灿烂的文化成就表明了甘肃东部是中华远古文化的发祥地，也是探讨中华文明起源的最重要地区之一。正是基于这些因素，大地湾遗址于 2001 年被评为 20 世纪中国考古百项大发现之一。

（二）大地湾相邻近的文化遗址

大地湾文化主要分布于甘肃陇东地区以及与它相邻的陕西关中地区，以渭河下游地区最为密集。另外，陕南的汉水上游部分地区也有分布。陇东地区的遗址，分布于渭河上游，这些遗址位于清水河与颜家沟河等支流水系的交汇处，形成了地貌独特的河谷遗址。甘肃东部的三大水系：渭河、泾河、西汉水流域，都有宽阔的河谷及较优越的自然条件，是早期文明发育的理想地区。目前的考古发现均出现在渭河、西汉水流域，尤其是甘肃境内渭河的 4 处遗址经过正式发掘，已获得相当丰富的研究资料，使我们对渭河流域的大地湾文化有了较为充分的了解。

大地湾文化辐射区域广阔，典型遗址包括甘肃陇东境内的秦安大地湾，天水西山坪、天水师赵村、秦安王家阴洼、武山西旱坪等遗址，以及陕西境内的华县老官台、宝鸡北首岭等遗址。

1. 天水西山坪遗址

西山坪遗址位于甘肃天水市以西 15 公里处的太京乡甸子村葛家新庄，庄北为较宽阔的平地，称为"西山坪"。整个遗址南北长约 640 米、东西宽约 320 米，总面积 20 多万平方米。该遗址是考古学家裴文中先生等人于 1947 年在调查渭河流域古遗址时首次发现的。在 1986—1990 年对此遗址的发掘中，发现了大地湾文化窖穴 2 个，陶、石、骨器 60 余件。

2. 天水师赵村遗址

师赵村遗址位于甘肃天水市秦州区太京乡，遗址东西长约 1000 米、南北宽约 200 米，总面积约 20 万平方米。1981—1989 年中国社会科学院考古研究所甘青工作队在此发掘，发现了属于大地湾文化第二阶段的圆形窖穴 1 个，陶、石器 24 件，器物虽少，但仍有早期彩陶出土，包括了史前文化不同时期的文化遗存。天水师赵村遗址一期文化是新石器时代早期遗存，师赵村二期文化属于仰韶文化半坡类型，大致相当于大地湾二期文化，而第三期则属于仰韶文化庙底沟类型，与大地湾三期文化相似。

3. 秦安王家阴洼遗址

王家阴洼遗址位于甘肃秦安县五营公社袁庄大队，遗址坐落在鱼尾沟（清水河的支流）上游交汇处的第二台地上，是一处典型的山地遗址。遗址由墓葬区和居住区两部分组成，墓葬区集中于遗址的东部和北部，居住区集中于遗址的西南部。1981年，甘肃省博物馆大地湾发掘小组在此发掘，揭露面积625平方米。出土的遗物分为生活用具、生产工具和装饰品三类。遗址的主要堆积属于仰韶文化。

4. 武山西旱坪遗址

西旱坪遗址位于甘肃武山县洛门镇西南，渭河二级台地之上，西旱坪遗址整体呈三角形。出土器物以灰陶为主，亦有红陶和夹砂粗陶，纹饰有绳纹、篮纹和附加堆纹。另有石斧、石刀、石镰等生产工具，为新石器时代仰韶文化遗物。

5. 华县老官台遗址

老官台遗址位于陕西华县城西南，该文化存续年代距今8000—7000年，主要分布在陕西、甘肃省境内的渭河流域，1959年初次发掘。老官台文化的基本特征是：经济生活以粟作农业为主，渔猎、采集经济占相当的比重。聚落和房屋面积均较小，房屋多为结构简单的圆形半地穴式，居住面为长期踩踏形成的硬土面。而后来发掘的同类遗存甘肃秦安大地湾遗址规模更大，内容更丰富，老官台文化也就改称为大地湾文化。

6. 宝鸡北首岭遗址

北首岭遗址位于陕西省宝鸡市金陵河西岸，与贾村塬相望，金陵河由此向南流注于渭河，是我国黄河中游地区的新石器时代遗址。

1958—1978 年，中国社会科学院考古研究所、西北大学等单位先后 7 次对遗址进行了发掘，发掘面积 4727 平方米，发现房屋遗址 50 座，窖穴 75 个，陶座 4 座，墓葬 451 座，出土各类文物 6000 余件。研究表明，北首岭下层类型的生产水平要比大地湾一期类型进步。

与大地湾相邻近的周边文化遗址经过发掘的还有位于西和县长道乡与礼县永兴乡之间的几处，这里是西和河入西汉水（此段又名盐关河）之处，因河水冲积形成宽约 2000 米的河谷平地。在甘肃东部地区如此宽阔的河谷极其少见，加之海拔在 1500 米以下，地貌仍为黄土区，适宜早期农业的开拓。在这一区域，相继发现了 3 处早期彩陶文化遗址。长道宁家庄是一个大型仰韶文化遗址，位于西汉水南岸，在河边一级台地发现大地湾文化陶片和灰层。1986 年全省文物普查时，又在礼县永兴赵坪、盐关采集到早期遗物。

从以上遗址的分布情况可以看出，包含有大地湾文化因素的遗址均位于河谷地带较低的河边阶地，除柳林遗址地处陇南山地外，其他均属黄土梁峁沟壑区；多分布于大河与支流交汇的河口附近；在某些较为适宜的区域中，每 8—10 公里就有 1 个史前村落。大地湾文化先民之所以选择上述地区，是因为这些地区临近水源、地势平坦、气候较为湿润，适宜农耕的缘故。

2006 年《秦安大地湾——新石器时代遗址发掘报告》出版。2010 年《甘肃省大地湾遗址距今 6 万年来的考古记录与旱作农业起源》发表（《科学通报》第 55 卷第 10 期），这些关于大地湾遗址的考古发掘成果，证明大地湾一期文化早于仰韶文化 1000 多年。在公元前 6000 年，大地湾周边的广大地域，已经有了定居农业，栽植黍和粟，饲养狗、猪和禽类，使用粗陶器皿、素面陶，和祭祀用的彩陶，居住泥筑房屋，且有聚落。甘肃考古学者还研究证实："从大地湾一期文化开始出现的彩陶，与西亚两河流域的彩陶，是世界上最早的，同时创造的两种彩陶文化，不存在谁影响谁的问题。"显然，大地湾考古的成果把中国史前文明的源头，从仰韶村向西移到了大地湾，并且提早到公元前6000年，即距今8000年前。这已经是不争的事实。

二 新发现探索文明起源

大地湾遗址史前文化的发展经历老官台文化（前仰韶文化时期）、仰韶文化早期（半坡期）、仰韶文化中期（庙底沟期）、仰韶文化晚期、常山下层文化五个时期。这五个时期的聚落前后相继，规模越来越大，结构日益复杂。反映了从农业产生不久的小型社群社会一步步发展到初步文明化社会的全过程。

大地湾一期文化距今8000—7350年，它的发现不仅改写了甘肃史前史，为新石器时代文化的产生、发展提供了一批弥足珍贵的科学资料，而且使西北地区史前考古研究取得了突破性进展。这一时期，一批最早开发陇原的大地湾先民发明了中国最早期的彩陶，同时种植生产了东亚大陆地区第一批粮食品种——黍，可以肯定大地湾是东亚大陆原始农业重要的发源地。一期文化属于新石器时代晚期。

大地湾二期文化遗存属于仰韶文化早期的半坡类型，距今6500—5900年。这里发掘出被称为"陇原第一村"的较完整的原始氏族村落。这个村落以广场为中心，房址呈扇形分布，周围以壕沟环绕，平面为向心式封闭格局，展示了神奇的原始生活面貌。这一时期出土了一批绚丽夺目的彩陶，其中不乏艺术珍品。通过对比西安半坡等典型仰韶文化遗址，二期文化的遗存特征与之相比基本相同，尤其与邻近师赵村二期、高头寺下层几乎相同，因此有学者将大地湾二期归入仰韶文化早期。

大地湾三期文化距今5900—5600年，是彩陶艺术达到鼎盛的阶段。彩陶上生动活泼的线条、变化无穷的图案、造型与彩绘的完美结合无不体现出原始艺术大师们的精湛技艺和对生活的热爱。大地湾三期文化遗存可归入仰韶文化中期。对于仰韶中期文化，以往学者大多采用庙底沟类型的命名，亦有学者称之为半坡中期。

大地湾四期文化距今 5500—4900 年。这一时期由于农业的发展、人口的剧增，村落迅速扩大到整个遗址。山坡中轴线分布着数座大型会堂式建筑，周围为密集的部落或氏族。这是我国目前考古发现中同一时期绝无仅有的史前文化聚落。这一时期还发现白灰面绘制的神秘古朴的中国已知最早的地画。大地湾四期遗存属于仰韶文化晚期，其文化遗存是整个大地湾遗址中最主要、覆盖面积最广、内涵最为丰富的，在我国仰韶文化晚期的考古研究中具有举足轻重的地位。大地湾仰韶文化晚期中心遗址（F901）为进一步探讨中华文明的起源以及西北地区在文明形成过程中的作用提供了典型的范例。

第五期文化遗存位于大地湾遗址的最上层，距今 4900—4800 年，此时大地湾的聚落面积更为扩大，此前的环壕已被突破，居住和活动的地域向其东部区域拓展，面积在 275 万平方米左右。大地湾五期遗存属于常山下层文化时期，它的发现对探讨该地区仰韶文化的发展方向以及齐家文化的溯源提供了新资料和重要启示。常山下层文化是仰韶文化向齐家文化过渡性的遗存。

（一）大地湾环境考古

大地湾遗址所在的秦安县现代属温带半湿润气候，这里的自然地理环境在甘肃省属于较优越的地区，水源充裕、海拔较低、气候适宜、土壤肥沃，十分适合人类居住和早期农业的培育发展。

1. 大地湾植被变迁

通过对大地湾遗址的发掘，考古工作者分析了大量的动植物遗存，得出的分析结果充分说明了新石器时代的大地湾古环境与今天环境的巨大差异。从综合孢粉采样分析来看，大地湾第 1—5

期文化所分析出的植物分属于 39 个科（属），包括了乔木植物 15 科属、灌木植物 5 科属、草本植物 17 科属、蕨类植物 4 科属，而且发现，这些植物是现今黄土高原温带地区植被的主要成分。从分期来看，大地湾早期，土层孢粉组合中乔木占一半以上，反映出针阔叶混交林的组合，表现出这一时期冰期刚刚结束，气候显得较为凉湿，发现黍和稍后出现的粟、紫苏等农作物遗存，说明在大地湾一期文化中也应出现了原始农业；大地湾中期，土层孢粉组合中乔木极少，不足一成，且种类以松、杨、榆等耐寒耐旱树种为主，灌木草本植物占据绝大多数，反映了森林草原以至半干旱草原的植被类型，表现为中温带半干旱地区，此时大地湾文化的村落已经有了相当的规模，但是，显而易见气候较前期有所恶化，同时风成黄土的堆积业已表明了西北季风的势力较强，尘暴等天气现象较为频繁；大地湾后期阶段，孢粉组合中乔木比起第三期来尚为不足，约占 6%，反映为中温带半干旱森林草原植被，表现出了较恶劣的气候环境。

2. 大地湾地区的动物遗迹

除了植被覆盖，考古工作者还分析了所出土的特征较明显的 700 余件骨角牙蚌器，发现了苏门犀、苏门羚等热带亚热带的常见物种，这些物种的发现可以表明当时渭水上游有着大面积的森林，水草丰美沼泽遍布，气候当与今日秦岭以南地区相似。生存着各种亚热带动物与鱼类，生态环境优越多样。

3. 大地湾先民对生存环境的认知

同样，我们从大地湾遗址所出土的文化遗迹也可以看出这些中华民族早期文化产品所保留的先民们的生存条件的记录，这种记录主要体现在大地湾彩陶的刻画符号以及彩绘上。首先，从大地湾一期文化的陶器上，我们可以发现类似于水波纹的纹样和类似植物生长的"

、

"式纹样，有学者就认为这类植物生长

的纹样就是代表了某类农作物的雏形,那么从农业产生所必需的优越环境来考察,大地湾一期文化的自然环境应当是十分优越的,另外,从同期所出土的猪骨来看,大地湾一期已经开始出现了人工饲养的猪,猪的饲养完全是以农业的发展为基础的,那么也就从另一个侧面证明了大地湾农业的发达以及农业环境的优越。其次,从大地湾彩陶的彩绘来看,水波纹的出现充分说明了当时渭河上游地区的水源是十分丰富的,正是这丰富的水资源所表现的壮阔场景才给大地湾的先民们提供了创作彩陶时所绘水波纹的不竭素材。

(二)大地湾农业考古

大地湾文化的主要内涵是农业文化。大地湾各期文化均为农业文化,经济结构由农业、狩猎、家畜饲养业等组成,但各期所占比重不同,从大地湾出土相关遗迹来看,其总的趋势是农业逐步发展,家畜饲养业日益发达,狩猎比重日渐下降。大地湾文化第一期已有原始农业,但出土收割工具数量少且不规整,加工谷物的石磨盘仅发现1件,农业仍处于初始阶段,难以占有经济主导地位。第二期农业有了较大的发展,收割工具成倍地增长,加工谷物的研磨器发现56件,其他工具形制已较为规整,窖穴也明显增多。第三期的发展水平不低于二期,但由于本期遗存保存较差,因此工具出土量有所减少。第四期农业获得了阶段性的发展,袋状窖穴大量增加,收割工具大多为两侧有缺口的陶刀或石刀。

1. 农牧业发现

在距今8200年的大地湾一期遗址F374号房基西南角下面,叠压着H398灰坑,在灰坑底部发现了已经炭化的粮食作物黍和油菜籽的残骸。这是迄今发现的我国最早的旱作谷物黍。国外目前报道的最早的黍,出土于希腊阿尔基萨前陶地层,时期同大地湾 H398 相当。这说明大地湾文化是我国乃至世界上最早的农业文化之一，以大地湾遗址为中心的清水河谷是中国最早的粮食作物种植地。同时，大地湾先民人工种植油菜，充分说明油菜的起源地正是中国，已有 8000 年的历史，而油菜至今仍然是民间最主要的油料作物。这充分证明：历史悠久的中华民族，以农业闻名于世，约有 8000 年的农业文化史，我们在大地湾遗址中找到了它的源头。大地湾发达的农业不仅限于耕作农业方面，还表现在家畜的饲养方面。在 M15 以及 M208 一期墓葬中首次发现了用猪的下颚骨陪葬的习俗，尤其在墓葬和地层中出土了不少猪、狗的幼年个体骨骼，有的灰坑中堆放的猪骨个体达几十头之多，且都是 1 岁龄，也证明了 8000 年前大地湾人已经在饲养家畜。猪作为人类最早饲养的主要家畜之一，是农业文明的标志。

2. 生产工具

大地湾遗址出土的农业生产工具主要有石制、陶制、骨制三种。依据石制品类型分析和地层分布，大地湾发掘地层可划分为 6 个文化层，石制品从距今 6 万年开始一直持续到仰韶文化晚期。通过细致研究，第 1—3 文化层形成于距今 60000—20000 年，地层中仅发现石英砸击技术产品，如石英石片、碎片等；第 4 文化层距今 20000—13000 年，细石器技术产品和大地湾一期陶片开始出现，但在遗物总体数量上处于从属地位；第 5 文化层距今 13000—7000 年，以细石器和大地湾一期陶片为主；第 6 文化层距今 7000—约 5000 年，主要文化遗物为半坡和仰韶文化晚期陶片。这完整记录了我国北方从狩猎采集经济到粟作农业的发展过程。

(三) 大地湾遗址的居址与墓葬

大地湾一期遗存在河边 Ⅱ 级阶地呈带状分布，西北至东南长约 120 米、东北至西南宽约 40—60 米，范围近 6000 平方米。在台地的东半部发现 4 座圆形半地穴房基，其复原应为圆形攒尖式建筑，间距 25—35 米，均面向河岸。房屋结构简单，营建方法也较为简陋。因此大地湾一期的聚落遗迹均显示出其原始性。该期共发现墓葬 15 座，根据人骨头向的朝西或朝北可分为甲乙两组，所发现墓葬均为长方形竖穴土坑墓，墓坑四壁规整，皆为单人葬，可辨别葬式的均为仰身直肢葬。这两组不同朝向墓葬的存在，反映出当时大地湾至少存在两个不同的生产消费群体。

大地湾二期聚落是在第一阶段的基础之上原地向周围扩展而成。共发现房址 156 座，这些房址也都为半地穴式建筑，居住面多涂抹一层褐红色颜料，似与当时人们信仰或爱好有关。

三 建立中国版的文明标准

大地湾三期聚落不仅局限于二期所在的河边 Ⅱ、Ⅲ 级阶地，而是已扩展到山脚，这段整体面积至少可达 4 万平方米。因发掘面积有限，再加上本期遗存保存欠佳，聚落布局不甚明了，但仍发现 19 座房址、23 座灶坑，保存较好的 9 座房址亦可分为大、中、小三类。这一期墓葬仅发现三座，均为成人单身葬，随葬品很少或不见随葬品。

大地湾四期到了大地湾史前聚落的鼎盛阶段。半山腰以下是它们的密集分布区，面积达 50 万平方米。大地湾四期聚落的宏大气势显示出大地湾极有可能成为清水河沿岸的中心遗址，它已逐渐脱离史前聚落的窠臼，孕育着更高一级的文明因素，或许将之视为城址的前身更为妥当。它的出现标志着原始社会正处在向文明社会转折过渡的重要阶段。

大地湾五期常山下层遗存出土的遗迹不多，无法探究其聚落形态。但是值得注意的是，此阶段遗存仅分布在山地，山下河边阶地无此遗存。这与清水河沿岸其他遗址常山下层遗存的分布情况均远离河岸、向山地发展是一致的。有学者推测其原因之一可能是为躲避洪水。

在对大地湾一期至五期聚落遗址的考察研究中，学者们揭示了史前聚落从小到大、从河边阶地到山地、从低海拔到高海拔、从圆形攒尖式建筑到方形半地穴式建筑、从单一到复杂的演进过程，也揭示了我们的祖先们从最开始消极地适应自然，到后来积极地寻求与自然合作的过程，从居址中的农业生产工具与储粮器具次第增加也可以推测大地湾这种仰韶文化晚期的中心遗址的出现不仅表明聚落的分化，而且标志着距今5000年前的史前社会正处在向文明社会大步迈进的重要阶段。

中国史前考古也应该创新，首先从建立中国的史前文明标准做起。谁建立标准，谁就有发言权。《中华文明8000年》一书，最早提出了中国版的史前文明标准。这个标准是在西方史前文明标准的基础上，根据中国考古加以补充、修改而提出，共有五条。一是天文历法引导农耕生产成熟，粮食成为人类的主要食物。二是示意文字产生，人类从实物记事进入符号记事时代。三是具有社会功能的居住群落出现。四是彩陶礼器和陶质器物在祭祀、生产、生活中广泛使用。五是乐器和乐谱的出现，音乐在祭天、祭祖与生活中开始使用。

这五条标准中，二、三、四三条是西方的文字、城堡、铜器三个标准修改后的沿用；一、五两条是根据中国的考古实际所新增的。总之，这五条标准是以大地湾文化与伏羲文化为依据提出来的。

运用这五条标准，考量中国史前文明的历史年代，5000年是成立的，8000年也是成立的。探寻中华文明的源头，是中华民族伟大复兴的重要任务之一。甘肃有大地湾文化与伏羲文化并存，有义务建立中国版的文明标准。

四 大地湾考古发现大地湾
遗址出土器物

（一）大地湾第一期遗址出土器物

大地湾一期文化遗存内共发现 356 件器物，按质料可分为陶器、石器、骨器、蚌器四大类，特征鲜明。其中陶器 268 件、石器 47 件、骨器 36 件、蚌器 5 件。

陶器：共 268 件，完整及可复原的共计 214 件。陶质以夹细砂灰褐、红褐陶为主，陶色不匀，陶片分层，以圆底钵、三足钵、三足罐、筒状深腹罐、圈足碗、小口壶为主要器物组合，彩陶纹样比较简单，流行规整的交错绳纹，钵形器口沿内外常饰红色彩带，主要是以红色绘成的宽带纹、条带纹，还有少量的波折纹。另外，在少量盆、钵形器的内腹壁绘有较连续的波折纹。其中有彩绘符号的陶片 23 片。这批彩绘图案和符号，是研究我国彩陶和文字起源的重要资料。

石器：种类不多，且数量小，共 47 件，分为刀、斧、锛、凿、铲、敲砸器、刮削器七类，磨制较粗，有一定数量的打制石器，器形不甚规整。

骨器：种类较少，数量不多，共 36 件，分为骨锥、针、凿、笄、簇六类，通体磨光较少。

蚌器：共 5 件，可分为蚌环、蚌饰、蜗牛饰、蚌壳等。

从出土的遗物中可以看出，大地湾一期文化无论就其农业发展水平，还是制陶工艺技术，均已跨越最初的原始阶段，是研究前仰韶文化的重要资料。

（二）大地湾第二期遗址出土器物

本期遗存内涵丰富，器物根据质地分为陶器、石器、骨器、角器、蚌器五大类共计 3299 件。其中陶器 915 件、石器 823 件、骨器 850 件、角器 64 件、牙器 1 件、蚌器和蚌壳 537 件，这些器物较为全面地展现了甘肃东部仰韶文化早期的特征。

陶器：完整及可复原的共 355 件，还有一些不能复原的代表性残器，以及不同花纹的彩陶片标本等共 190 片，另外还有陶片数万片。陶质以细泥、夹砂红陶为主，器形以圜底、平底为多，少量尖底。纹饰以绳纹最多，还有线纹、弦纹等；彩陶主要为黑彩，图案有宽带纹、生动活泼的鱼纹及各种直线、圆点、弧线构成的几何纹。另外在陶钵口部常见有一些刻画符号，本期有符号的残钵口 32 片，不同的刻画符号共 15 种。

石器：共 823 件，种类较复杂，不仅有众多的生产工具，而且出现装饰品。石材的选用复杂多样，经鉴定质料有 10 多种，以各类砂岩为主，并有一定的规律性。石器种类较多，仰韶文化石器的大部分器类在该期已出现。

骨器：种类多样，型式丰富，有生活用具、生产工具、装饰品以及少量难以确定用途的特殊器，还有少量未加工成形的骨料。有些器物加工极为精致，表明当时骨器加工制作技术已达到较高水平，而且基本反映了当时骨器制作与使用的全貌。

角器：数量不多，有锥、铲等，还有部分角料共 64 件，主要为鹿科角质器物，根据角尖加工形状，可分为锥形器、铲形器和笔帽形器。

牙器：仅 1 件，而且残缺不全，残存约整体的 1/6，内外壁微鼓，有些部位较薄，似以象牙为原料。

蚌器和蚌壳：共 537 件，其中绝大多数为穿孔或无孔蚌壳，有圆顶珠蚌和短褶矛蚌两类，仅有少量为加工成的蚌器共 11 件，可分有齿蚌片、蚌坠、蚌环、蚌片饰四类，多采用短褶矛蚌为料。

第二期遗址出土器物众多，其文化特征与邻近的天水师赵村、秦安王家阴洼遗址同类遗存基本相似，因此，大地湾二期遗存应归属为仰韶文化早期。甘肃对于仰韶文化早期的发掘始于大地湾，大地湾二期遗址的发掘对甘肃的仰韶文化研究具有重大意义。

（三）大地湾第三期遗址出土器物

本期遗址出土的器物有陶器、石器、骨器、角器、牙器、蚌器六大类，共1684件。其中完整或可复原陶器949件、石器335件、骨器269件、角器1件、牙器6件、蚌器和蚌壳124件。

陶器：数量众多，共有可复原器949件。陶质陶色以细泥红陶、夹砂红陶为主，还有少量的泥质橙黄陶和灰陶以及夹砂褐陶。器形以平底为主，少量为尖底，偶见圜底。

石器：共335件，石料选择复杂，比二期更为多样，经鉴定有10余种质料，仍以各类砂岩为主。但坚硬的石料如玉器、花岗岩、大理岩增多。制法以及造型特点同二期基本相同。

骨器：第三期骨器数量较第二期锐减，共269件。主要有铲、锥、链、针、鱼钩等，装饰品有笄、环、牌等。

角器：仅见1件，系角铲，器角较宽扁，上部残缺，风化较为严重，中腰部略扁平，断面呈长方形，尖部单面刮削打磨出刃部，刃部边缘较圆滑。

牙器：数量较少，仅见6件，兽牙修整打磨而成。

蚌器与蚌壳：共124件，其中蚌器为数不多，仅有10件，多为穿孔圆顶珠蚌，只有1件为蚌镞，系短褶矛蚌制成，未见有穿孔的短褶矛蚌。除此之外，还有114件无穿孔和未经加工的圆顶珠蚌壳。

第三期文化遗存属仰韶文化中期，遗迹、遗物丰富程度次于二期，但多于一期。这一发现初步确立了甘肃仰韶文化中期的界定标准，拓展了对仰韶文化中期的研究空间，对于解决仰韶文早中晚期的演变过程以及西北地区各史前文化的关系等重大问题提供了准确可靠的依据。

（四）大地湾第四期出土器物

本期器物分为陶器、石器、骨器、角器、牙器、蚌器蚌壳6类。其中陶器1922件、石器724件、骨器230件、角器8件、牙器13件、蚌器和蚌壳54件。

陶器：共有完整或可复原器683件，其中完整器61件，可复原器622件，另有240件残器或陶片被选作标本。陶质分为泥质、夹砂两大类，陶色有红、橙黄、灰、红褐、黄褐、灰褐等，出现红白陶衣。器形以平底器为多，少数为假圈足、尖底、四足、圆底等，多数陶器造型为上大下小的梯形。彩陶以黑彩为主，少量为红彩，有少量的内彩，出现白色、朱红色彩绘。

石器：共724件，种类繁多、型式复杂，加工技术比前期更为进步。石料经鉴定有10余种质料。器类增多，而且更加规整。

骨器：较第三期数量有所减少，共230件。生产工具、生活用具以及装饰品皆有出土，器物形态呈现多样性。同时选料制作都更为精细、规整。其中经鉴定的骨器共120件。

角器：共8件，分为角锥、角料两类。角锥6件，角料2件。

牙器：共13件，其中8件经鉴定，主要选用猪、狗牙制作而成，器类主要有锥、链，凿等。

蚌器与蚌壳：共54件，其中穿孔圆顶珠蚌31件，璧形蚌饰2件，还有无穿孔的圆顶珠蚌21件，唯不见第二期较多见的短褶矛蚌。

第四期文化不仅在本遗址中是最主要的、覆盖面积最广的、内涵最为丰富的遗存，而且在我国仰韶文化晚期考古研究中具有举足轻重的地位。通过整理研究，我们认识到应该重新评价仰韶文化晚期农业和聚落所达到的成就。大地湾仰韶文化晚期中心遗址为进一步探讨中华文明的起源以及西北地区在文明形成过程中的作用提供了典型的范例。甘肃史前文化在距今5000年前后进入多元发展的阶段，第四期遗存的发现为我们建立甘肃史前文化发展序列奠定了基础。

（五）大地湾第五期出土器物

第五期遗存位于大地湾遗址最上层，后期遭破坏严重，又因发掘面积有限，所以仅出土少量遗迹，遗物仅出土陶器一类。

陶器：共有完整陶器6件，可复原器15件，另有42件残片标本。以泥质橙黄陶、夹砂褐陶为主，较多的泥质红陶和夹砂橙黄陶。制法仍以泥条盘筑法为主。立体纹饰以绳纹最多，附加堆纹和篮纹较常见。器物种类比第四期有明显减少。钵、罐数量最多，造型仍以平底器为主，有少量的尖底器和多足器。罐类器出现环形把手，腹部仍在使用桥形耳。

本期遗存同第四期文化存在明显的亲缘关系，无论房址还是大多数陶器都承袭了四期文化的某些特点。

大地湾遗址的文化内涵丰富，发掘的遗物十分珍贵，特别是陶器、石器、骨器的应用，充分展现了原始社会人们的生产方式和生活习性。如大地湾一期文化彩陶是我国迄今为止所知最早的彩陶，也由此证明中国的彩陶是由本土发展而来的，另一些彩陶上出现的刻画符号也被认为是中国文字最早的雏形。大地湾遗址所出土的器物不仅为研究甘肃史前文化的序列提供了可靠保证，而且使西北地区新石器考古研究取得了突破性进展，从而为我们进一步认识和深入研究整个人类的文明史打下了坚实的基础。

五 调查大地湾出土石器

1. 圜底鱼纹彩陶盆（见图1）

图1 圜底鱼纹彩陶盆

1981年出土于秦安王家阴洼，属于仰韶文化半坡类型。甘肃东部半坡类型的彩陶盆器型以叠唇和圜底具有特色。在圜底盆的上腹，常绘作一圈排列的两条鱼纹。这件彩陶盆高15厘米，口径50厘米，广口、卷唇、弧壁、圜底，陶质为泥质红陶，上腹部用黑彩绘两组变体鱼纹，是目前国内发现直径最大的鱼纹盆。

2. 宽带纹三足彩陶钵（见图2）

图2 宽带纹三足彩陶钵

1999 年出土于秦安大地湾，属于大地湾一期文化。高 12 厘米，口径 27.3 厘米，泥质红陶，手制。为华北地区新石器时代早期具有代表性陶器品种之一，应是以后彩陶的萌芽。

3. 人头形器口彩陶瓶（见图3）

图 3　人头形器口彩陶瓶

1973 年出土于秦安大地湾，属于仰韶文化庙底沟类型器物，为细泥红陶。高 32.3 厘米，口径 4 厘米，底径 6.8 厘米。器形为两头尖的长圆柱体，下部略内收，腹双耳已残，瓶口呈圆雕的人头像，头的左右和后部都是披发，前额也垂着一排整齐的短发，是一件既具实用性又具有艺术性的古代艺术品。

4. 双耳鲵鱼纹彩陶瓶（见图4）

1958 年出土于甘谷县西坪，是仰韶文化庙底沟类型晚期器物。用细花红陶制成，器高 38.4 厘米，口径 7 厘米，底径 12 厘米，小口长颈平底，腹上部有双耳，颈部有堆纹一圈。瓶腹黑色绘人

图 4　双耳鲵鱼纹彩陶瓶

首形的鲵鱼图样，一双短臂向外伸出，全身为斜格纹，尾部弯曲，形象生动可爱。鲵鱼的脸酷似人形，两只眼睛炯炯有神，身躯卷曲似在游动，两只前肢仿佛在支撑着身体，使头昂起，像是在呼喊着生命，又像是跃动着自由。关于这件彩陶瓶上的图案，考古界也有争论，有学者认为就是娃娃鱼的真实图案；也有学者认为图案是人首蛇身，可能是早期农业神伏羲氏的形象；还有学者认为是龙的原始图形。

　5. 红陶人面像（见图 5）

　1999 年出土于天水市柴家坪，是陶器顶部断离存留的一部分，属仰韶文化石岭下型器物。残器高 15.3 厘米，宽 14.6 厘米，为泥质红陶。人像高额面圆面，眉微隆起，嘴、眼镂空成横条状，鼻呈三角形，两耳垂各有一穿孔，但孔形适度，逼真而传神；尤其是对眼睛的处理，眼睑曲线柔和，眼上弧凸自然，眼角

图5　红陶人面像

微有翘意，轻盈灵动，工艺细腻而毫无雕琢之痕。鼻梁端挺，直通眉间，对稍突的鼻翼和宽浅的人中，都作了精致到位的刻画。总体看来，五官比例准确，配置匀称谐调，流露出深沉安详的神情。作为5000多年前的一件雕塑品，其艺术造诣达到的高度，令人惊叹。

6. 大地湾地画（见图6）

1982年10月下旬，大地湾遗址的发掘工作即将迎来第六个年头。负责第五掘区遗址发掘的工作人员在清理完编号F410的房屋遗迹后，在向下挖掘的过程中发现了新的遗迹，在距F410下约10厘米深处又发现了一座白灰地面的房屋遗迹，按序编定为F411。当清理到房址的中部时，在房屋居住面上出现了一些黑色线条，随着清理范围的扩大，可以看清是一种类似人形的图案。随着清理工作的深入进行，整幅地画的面貌才完全呈现出来。这是在发掘大地湾遗址近六年的时间里首次发现绘制在房屋居住面上的图案，这幅地画的发现改写了中国美术的历史，对研究人类文明的历史也具有重要意义。

图 6　大地湾地画

资料来源：引自甘肃省文物考古研究所编著《秦安大地湾：新石器时代
遗址发掘报告》，文物出版社 2006 年版。

地画是在 F411 内发现的，F411 位于大地湾遗址东南部，东距
F405 约 70 米，其东北角延伸至 T419 的西部，背山面河，平地起建，
开口于三层的下部。上层为耕土层，第二层为扰乱层，其下压着
F410，F410 又打破了第三层，第三层叠压 F411。地表为南高北低的坡
地，居住面距地表 0.96—1.56 米，东北壁正中有一向外延伸的门道。
门道低于居住面约 3 厘米，门口处有一个小长方形门斗，和房屋的主
室构成"吕"字形。其中居住面东北角以及门篷的一大半被现代水渠
破坏，大部分居住面、灶、门道保存较好。室内平面布局呈圆角长方
形，横长纵宽，室内居住面中部正对门口处，有一个凸起的圆形灶台，
周壁也涂抹一层灰白面。在台与后壁之间有两个圆形柱洞，为室内中
间柱。地画就被绘在 F411 室内近后墙的中部居住面上（见图 7）。

地画绘有 2 个人物、1 个内有动物纹饰的长方形方框，以及其
他零星笔画。地画所占面积东西长约 1.2 米，南北宽约 1.1 米。
地画的上部为两个单独成形并排而立的人物，其中西侧人物恰好

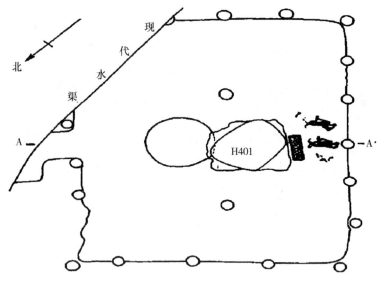

图7 F411 平、剖面

资料来源：引自甘肃省文物考古研究所编著《秦安大地湾：新石器时代遗址发掘报告》，文物出版社 2006 年版。

位于房址南北中轴线上，头部正对后墙正中的柱洞、脚部正对灶和门道。西侧人物长 32.5 厘米，最宽处 18.5 厘米，头部较模糊，从头部向西侧有一笔炭迹黑粗，似朋洒的头发。肩部宽平，上身涂黑，腰部略收。左臂似向上弯曲搭于头部，右臂下垂内弯，两腿在小腿处交叉。从臀部向东侧有一笔粗直的炭迹与右臂相连，是手持的棍棒抑或是尾饰还是其他，有待进一步考证。东侧人物长 34.5 厘米，最宽处 13 厘米，头略向西，腿略向东侧倾斜。头部以黑线条勾勒出近圆形的轮廓，头部轮廓线外有 2 条短线条向西侧下垂，似下垂的头发，或为上扬左臂的残迹。颈部较细，肩部左低右高。上身比西侧人物略瘦，左侧胸部略凸出。右臂下垂，两腿仍在小腿处交叉，但左腿下端因居住面被破坏而残缺。臀部向东侧有一笔与臀部粗细相同的线条，与臀部相连。以上身中心点计算，两人相距 32 厘米（见图8）。

图 8 大地湾 F411 地画摹本

在西侧人物的下方 12 厘米处绘有 1 个略向画面右上方倾斜的长方形条框，长 56 厘米，宽 14—15 厘米，条框内画有 2 个相同的动物，头尾相连，头向东南。每个动物均由头部、躯干和胶体组成。头部线条不甚清晰，近圆形，上侧均有类似触角的弧形条纹。躯干呈长条形，上面画有略呈弧状的横向斑纹。躯干左右即画面上下两侧有基本对称的呈"V"形的肢体。

（1）地画的年代

根据发掘报告记录，在 F411 房基遗迹填土中和上、下居住面之间，几乎没有发现完整或可以复原的陶器。陶片数量较少，主要为夹砂红陶和泥质橙黄色陶，其次为泥质红陶和灰陶。发掘报告指出 F411 出土的陶片，与大地湾第九发掘区和 F405 等仰韶文化晚期遗存中所出土陶器特征基本一致，属于大地湾仰韶文化晚期遗存。大地湾第九发掘区和 F405 所出土的木炭标本，经碳十四测定，为距今 4500—5500 年，据此推测，F411 及地画的年代在距今 5000 年左右。

（2）地画的背景

根据发掘报告可知，大地湾地画属于大地湾第四期文化遗存，其内容从侧面反映了当时社会的一种家庭组合。地画中，具有男性特征的人物位于正中间，其左面为具有女性特征的人物，而右面的墨迹不清，细看似乎也是一人，可能为女性或小孩。这种以男性为主导的家庭组织形式在大地湾第九区的灰坑 H831 中出土的器物中也有体现，它是一件有人面陶塑的器口，陶塑将一件圆形器口分为三等分，分别塑两个成年和一个小孩的三具人面像。应该说，这也是原始社会家庭组合形式的一种反映。从上述发现可以看出，大地湾地画所处的时代属于原始社会发展的早期父系氏族社会时期，大体相当于我国新石器时代仰韶文化中晚期、大汶口文化、马家窑文化以及江南地区的崧泽文化、北方地区的红山文化等，但是他们还没有进入我国原始社会晚期——龙山文化和齐家文化那样发达的社会阶段。

（3）地画的含义

大地湾地画以其丰富的内容、独特的艺术表现形式、悠久的历史吸引着众多学者对其进行研究。目前学界对地画含义的解释尚未达成共识，但普遍对地画上部人物形象的认识是比较清楚的，而争议存在于对下部长方形框内形象的认识。因此，学界对其进行了广泛而深入的讨论，并产生了许多不同的意见。

①祖神图腾崇拜

地画绘制在房屋居住面正中的上方，又没有被人们活动所破坏，可能有祖神崇拜的意义。地画所画的并不是原始社会氏族、部落共同的祖神，可能是氏族小家庭的一种崇拜偶像。当然，根据和地画同时代的大地湾第九区的灰坑 H831 遗迹中出土的三具人面像陶器可以看出这是原始社会家庭组合形式的反映。如果将地画置于生活环境中加以考察，便可知道地画是绘于房屋火塘的正上方，画中人物呈交腿状，表现的应是一幅节日祭祀祖先，并与祖先共同进餐的场景，说明该题材地画是仰韶文化晚期发达的图腾崇拜向初级的祖先崇拜过渡的表现，也是母系社会向父系社会过渡的表现。

②记录"巫术"活动

地画下部的"黑线长方框"可能是长方形棺葬具，馆内画的是两人前后俯卧的形象，由此可见，地画记录的是一次为家里病人驱鬼的画面。地画上面两个成年人是巫觋与女主人，他们右手中各持一尖状"法器"，左手抚着头顶；下面画了一个木棺，内画两个象征害人生病的鬼象。木棺前方的反"丁"字形画像的尖端正朝向木棺的顶头，是镇压妖魔的象征。另外地画也可能是一幅谋害敌人的巫术活动，即自家人死亡，以为是别的部落敌人（仇人）施行巫术的结果，为了进行报复，故自己也请巫觋来家里绘地画"做鬼"，以此作为谋害敌人的巫术仪式。用线条描绘死者的身体，表现死者的骨骼脉络，这是所谓 X 光式或骨架式的画法，在民族学上是代表巫术宇宙观的一种有特征性的表现方式。对近现代的原始民族中的巫师而言，将人体缩减为骨架常是向神圣世界转入的一个步骤，因为骨架状态是向母体子宫回归的象征，因此骨架状态又象征"死者再生"。所以，地画的内容可解释为巫师似在一个丧葬仪式中舞蹈，行法祈使死者复生。

③丧舞习俗

地画上方是一组人物舞蹈形象，下方的长方框是长方形墓穴，里面安葬着两个仰卧屈肢的人物形象，反映的是古代丧葬舞的习俗。地画上方的人物在跳一种表达对祖先或已故亲长悼念之情的丧葬舞，地画的创作与当时躲避亡灵的丧迁习俗有关，现在中国许多的少数民族仍然保留着这种丧舞的习俗。

④宗教祭祀

地画描绘的是几个执棒的舞者面对俎案上或木槽中牺牲的动物在跳舞或行巫术，其宗教色彩是很明显的，而这种动物可能是自然昆虫——蝼蛄。地画上方三名舞者交胫蹦跳，又手持棍棒，乃是呼唤蝼蛄启蛰出土，以便不误农时，这是对"启蛰而郊"祀典的写照。

⑤狩猎的场景

地画下部方框内的图案为落入陷阱的两头野兽而非人类，画中人物右手皆持棍棒，左手上举作远眺状，两腿交叉似奔走，生动地表现了猎人们正在执棒奔走而追赶野兽的场景，因此是一幅记录狩猎的场景图。

⑥生殖崇拜

地画上方的两个人物形象是有差别的，但不是男女之间的差别，两个人物都有从双腿间伸去的挺起的男根，表现的显然是男性，他们手持被艺术夸张的生殖器，亦步亦趋地接近下面前方的另一组画面，地画下面是两个女性前后竖躺在卧具上，仰身向侧上屈肢，均裸体并用横线来表示丰满的肌肤因身体向上侧屈肢而形成的一道道肉褶。显然这幅地画是表现一种性生活的场面。更确切地说是表现男女交合之象的舞蹈场面，而且地画虽然是在祖先崇拜的场所绘制的带有示范性、指导性的图画，但它只是表现了祖先崇拜仪式的主要内容，而不是全部，更不是受崇拜受祭祀的神主本身。

关于大地湾地画释义的研究尚无定论，但无论怎样，它所反映的是当时人们的生活习俗和原始宗教意识，作为研究仰韶文化的重要资料之一，大地湾地画的发现加强了人们对原始社会历史的认识。另外，地画还有很高的艺术价值，它是我国已知最早而且保存最完整的绘画作品之一，也是研究仰韶文化美术的重要实物资料，地画中所体现出的写实画法，反映了古人在距今 5000 年之前就已经初步掌握了造型能力。因此，地画的发现对于研究我国史前历史以及美术史都具有重要意义。

六 大地湾文化与中华文明——大地湾文化是中华文明的重要源头

探索中华文明的起源，一直是国内外考古学界、古史学界的热点问题。大地湾遗址的发现，为建立渭河上游史前文化的时空框架提供了可靠的保证，为陇东南地区史前考古确立了断代标尺和较为完整的发展序列。大地湾遗址原始建筑、艺术、农业起源、文字和宗教等多方面，是中国古代文明的典型代表，对研究黄河流域新石器文化的产生、发展以及探索中华文明起源具有十分重要的意义。

（一）大地湾遗址呈现华夏文明曙光

1. 中华文明起源的探索

对于"文明"一词的界定，在经典论著，如摩尔根的《古代社会》中有所论述，他将人类社会进化史分为野蛮、半开化和文明三个大段。摩尔根对文明的定义为"这一时代，如前所述，以声音字母之使用以及文字记录之制作而开始"。以后讨论文明起源的学者也常以其为范式。恩格斯指出，"公开的而近来是隐蔽的奴隶制始终伴随着文明时代"，"国家是文明社会的概括"。这主要是从社会形态和制度层面对"文明"作了概括。

文明的要素是什么，受全世界许多地区的文化社会史形成条件差异，世界上不同文明所具备的要素是不同的。经过对它们发达程度最高的一段来比较综合，发现它们之间有许多基本要素是相同的，如生产工具、手工业分工、金属技术、财富分配、建筑规模、防御性城墙、战争与制度性的暴力、祭祀法器性的美术品以及文字这九项现象，作为标准来看一看它们在考古文化序列中的出现情况，就可以对文明进行诠释。美国人类学家克拉克洪认为，复杂的礼仪中心、文字、城市这三项只要具备两项就应该是古代文明了。邹衡将"文明"的标志界定为文字、铸造和使用青铜器、城市的形成与发展。这在中国文明起源探讨中产生了重要影响。一般将文字、城堡、礼仪性建筑和金属的普遍使用作为文明社会的标志和特征。

2. 大地湾仰韶文化晚期已经具备文明因素

（1）大地湾仰韶晚期聚落是"城市革命的前奏曲"

英国考古学家柴尔德把城市的出现作为文明的标志，称为"城市革命"。那么大地湾聚落遗址的出现，可以称作"城市革命的前奏曲"。大地湾仰韶晚期聚落是城乡最初分化的开始。大地湾文化由仰韶文化中期到晚期，地域由仅限于山下迅速扩展到了整个遗址区，分布面积由十多万平方米急剧增大到百万平方米左右。大地湾考古工作队在山上部分发掘了6000平方米，在中心部位发现了一座迄今为止在史前考古中罕见、保存最好、规模最大的建筑即F901房址。同时，在F901对面200多米处，还发现了比F901规模稍小的大型房址F405。在山坡中部偏东和东北部发掘了两个居住区。考古工作者还在F405大房址挖掘到一件象征权力的权杖，这是当时贵族首领使用的器具，它表明氏族首领具有相当的权力。大地湾仰韶晚期的中心聚落已出现了城镇化的端倪，并且在此基础上很可能发展出古城古国的雏形。从一般聚落遗址发展为聚落群和某些中心遗址，在此基础上发展出最初的城市，在聚落形态的变化的背后，反映由原始社会向阶级社会的转变，是一部文明起源史的生动体现。

（2）大地湾仰韶晚期遗址出现了复杂的礼仪中心

复杂的礼仪中心是文明社会的标志之一。大地湾仰韶晚期，作为文明因素之一的聚落中心和礼仪中心赫然出现。大地湾仰韶晚期聚落分布在高出河谷约50—80米的山坡上，遗址中相当多的建筑（如F901、F405等）规格都高于一般聚落所见。F901房址平地起建，由前厅、后室、左右侧室及门前棚廊式建筑组成，总计建筑面积约460余平方米。它所体现的中轴对称、前后呼应、主次分明、大小有序、单数开间、正面设门堂的正面并列三门沟通前轩，反映实用上的群众性和礼仪性，显然它不是一般的居室性质，而是一座具有重要社会功能的建筑物。

F901 房址前面的广场上还有整齐排列的 12 个柱洞。这 12 个柱洞可能是供 12 个氏族竖立图腾柱的，也可能是供 12 个部落各自竖立旗杆用的。这样看来，F901 房址就应是部落或部落联盟的公共活动场所，主要用于集会、祭祀或举行某种仪式。换言之，它是五营河沿岸仰韶晚期原始部落的公共活动中心。

F901 房址出土了 8 件基本完整或大部分完整的陶器，这组造型奇特的陶器包括一件四足鼎、一件平底釜、一件条形盘、两件带环形把手的异型器、一件带圆孔盖的四鋬深腹罐。这组陶器可能是原始礼仪活动中使用的礼器。

（3）大地湾文化出现文字雏形

摩尔根认为，文明社会"始于声音字母的发明和文字的使用"。恩格斯将人类的文明史称为"有文字记载的历史"。我国规范汉字是以象形字为基础的，而象形字的前身便是各种较为简单的图形符号。大地湾一期彩陶钵口沿内和部分彩陶片的内壁发现有十余种红彩符号，在大地湾二期仰韶文化半坡类型彩陶圜底钵口沿外的黑色宽带纹上发现了十几种刻画符号。这种介于图画和文字之间的记事符号，是一种具有实际意义的、在这一广大地区氏族居民中共同使用的、经过长期发展而形成的属于指示系统的符号，它具有文字雏形的可能。郭沫若先生在谈到半坡出土彩陶上的刻画符号时说："可以肯定地说，（彩陶上的那些刻画符号）就是中国文字的起源，或者是中国文字的孑遗。"这无疑为中国的文字起源提供了极为重要的资料和线索。

"文明"一词的定义有很多种，其标准的界定也是莫衷一是，但是将文字、礼制性建筑和城市等要素作为文明成分方面，大多数学者认识趋同。大地湾遗址中已经具备了这些要素，而且与后来华夏文明是一脉相承的。因此，大地湾遗址所反映的文化面貌已经展现出中华文明的曙光。

（二）大地湾文化位于中华文明起源核心区

目前已发现的新石器时代较早阶段的文化就有：黄河流域的大地湾文化（老官台文化）、磁山·裴李岗文化和北辛文化，长江流域有城背溪文化、河姆渡文化，广西桂林的甑皮岩洞穴和内蒙古的兴隆洼文化等。这些考古学文化大多数进入了锄耕农业阶段。在真正的文明产生以前，中华大地上几支难以分出优劣的文化在各自地域内独立存在，并行发展。随着考古资料的不断丰富，中华文明是多元起源的观点，得到广泛的认同。

中国古代考古文化是不止一个系统的。20世纪70年代初期以来中国考古学上便开始了对所谓"区系类型"概念的探索。苏秉琦和殷玮璋建议把全国考古学文化进行区、系、类型的详细划分，并且指出中国古代文化至少可以分为六个不同的区域来讨论：陕豫晋邻境地区；山东及邻省一部分地区；湖北和邻近地区；长江下游地区；以鄱阳湖、珠江三角洲为中轴的南方地区；以长城地带为重心的北方地区。上述新石器时代六个区域文化都是中国文明的祖先。另外，张光直将黄河中游地区的新石器时代中、晚期文化，大致分为三个小的文化区系：其一，渭河流域、豫西和晋南地区；其二，豫中及周围地区；其三，冀中、冀南和豫北地区。现已发现的大地湾文化遗址中，考古发掘或试掘的遗址有甘肃秦安大地湾、陕西宝鸡北首岭、华县老官台、元君庙、渭南市北刘、临潼县白家、商县紫荆等。大地湾文化属于渭河流域、豫西和晋南这一区系，是黄河流域的中心部分。

黄河流域的古文化在中华文明形成中起主导作用。由于黄河流域先进文化的影响和推动，在整个发展过程中，始终以中原为核心，特别是进入阶级国家之后，表现得更加突出。主要分布在渭河流域、陕西的关中及丹江上游地区的大地湾文化是该区的典型文化。因此，大地湾文化位于中华文明起源的核心区，与中原磁山·

裴李岗文化相互影响，相互交融构成了中华文明的主体，与其他地区文化一起在中华民族共同体形成过程中做出了积极贡献。

（三）大地湾文化与其他新石器时代文化

黄河流域是中国古代文化的中心，但这并不排斥其他地区也有古老的遗存和悠久的文化传统。那么在中华文明多元中心中，通过分析大地湾文化类型与其他类型文化的关系，才能明确大地湾文化在中华文明起源中的历史地位。

1. 大地湾文化与磁山·裴李岗文化

磁山·裴李岗文化和大地湾文化同属于新石器时代早期，在中新石器时代的研究上，无疑具有相当重要的意义。从碳十四年代看，裴李岗为公元前 5935±480—公元前 5195±300 年，磁山为公元前 5405±105—5285±100 年，与大地湾一期的碳十四年代相近，密县莪沟北岗遗址属于典型的磁山·裴李岗文化遗址，其碳十四年代也与大地湾一期的碳十四年代相近。大地湾一期类型的年代接近莪沟北岗早期，而北首岭下层类型的年代接近于莪沟北岗晚期。大地湾一期类型后来发展为北首岭下层类型，而与莪沟北岗晚期没有继承发展关系。包括大地湾一期和北首岭下层与磁山·裴李岗有各自的分布地域，各自都有年代接近的阶段，文化面貌既有相似之处，又有许多差异。所以，大地湾一期文化和磁山·裴李岗文化应是分布地域相邻，关系密切而相互影响的两个不同的文化系统，它们奠定了中华文明的基石。

2. 大地湾文化与仰韶文化早期类型之间的关系

裴李岗文化、磁山文化和大地湾文化代表着华北较早的新石器时代遗存，同时又与仰韶文化早期阶段有着更加密切的联系。仰韶文化的外延较广，不同地区有不同类型。从已知的地层关系看，大地湾一期类型早于半坡类型，碳十四年代也要比半坡类型早得多。从陶器的演变过程看出，在大地湾一期类型之后，还发展出北首岭下层类型，又不断发展为仰韶文化的半坡类型。尤其是从陶器的演变过程，可以大致看出大地湾一期经北首岭下层到半坡类型的一脉相承的发展关系。由此可以认为仰韶文化早期的半坡类型，是从大地湾一期经由北首岭下层类型发展起来的。老官台文化是半坡类型的直接前身。二者的分布地域基本相同，在地层学上，彬县下孟村、宝鸡北首岭、渭南北刘和秦安大地湾诸遗址都发现了半坡类型叠迭老官台文化的地层关系。

3. 大地湾文化下启马家窑、齐家文化之滥觞

马家窑文化渊源于大地湾三期文化，但最终脱胎于大地湾三期形成自己独具风格的彩陶文化。马家窑文化从大地湾三期文化发展而来，它与仰韶文化有很密切的关系，它承继了本土大地湾三期文化的主要内涵，吸收了仰韶文化庙底沟类型的诸多文化因素。近年来，通过对师赵村与西山坪遗址的发掘为这一认识提供了充分的地层关系的根据。显然，大地湾文化对研究黄河流域新石器时代文明的历史进程，乃至中华文明的起源都具有十分重要的意义。

4. 中国最早的旱作农作物标本

在大地湾一期编号为 H398 的灰坑中，采集到已碳化的禾本科的黍和十字花科的油菜籽，距今已有 7800 年前后，较之于半坡早了 1500 多年，是中国同类作物中时代最早的标本。它与国外发现最早的希腊阿尔基萨前陶器地层出土的标本年代相当，与仰韶文化、马家窑文化三者之间存在着较为密切的联系。对师赵村与西山坪遗址的发掘，结合大地湾 1—4 期的文化遗存可以看出大地湾一期（前仰韶文化）、庙底沟类型、石岭下类型以及马家窑文化之间紧密相连、一脉相承的关系。因而对大地湾文化的深入研究必将对中国西北部地区史前文化发展脉络和探索中华文明和国家起源研究具有极其深远的学术价值。

5. 大地湾文化与中国北方草原地带古文化的交流

中国北方草原地带新石器文化中普遍含有细石器，内蒙古富

河文化、黑龙江的昂昂溪和新开流遗址曾出土石刃骨刀。富河文化的碳测年代数据经校正为距今 5300 年前后，新开流文化的年代数据为距今 6000 年前后，大体处于新石器时代的中晚期，与甘肃大地湾遗址、林家遗址年代接近。甘肃与宁夏、内蒙古接壤，历来是南来北往的天然交通孔道，甘肃与宁夏、内蒙古草原文化的交流在新石器时代石刃骨刀上初见端倪。

大地湾文化与中国境内好几个新石器时代文化一样，各自独立发生发展，而各个文化都不能被孤立看待。这些文化在发展途径中在地理空间中扩张而彼此发生接触，产生交流互动关系。这个交互作用的程序无疑在数千年之前便已开始，到了公元前四千年它在考古记录中的表现才显得清楚而且强烈。有土著起源和自己特色的几个区域性的文化相互连锁形成一个更大的文化相互作用圈。范围北自辽河流域，南到台湾和珠江三角洲，东自海岸，西至甘肃、青海、四川的相互作用圈，不妨径称之为中国相互作用圈或中国史前相互作用圈——因为这个史前的圈子形成了历史期间的中国的地理核心，而且在这圈内所有的区域文化都在秦汉帝国所统一的中国历史文明的形成之上扮演了一定的角色。

（四）大地湾考古的六项中国之最

大地湾考古创多项中国之最，除有我国最早的宫殿式建筑之一和文字的雏形——神秘的彩绘符号外，还有多项突出成就。

1. 最早的粮食品种

在大地湾遗址的灰坑中采集到了碳化的植物种子，经鉴定为黍和油菜籽。这两种植物种子的发现，纠正了国际农史界通行多年的中国黍源于国外的谬误，进而确立了中国黍源于陇西黄土高原的说法，两种植物种子的出土毫无疑问地证明以大地湾遗址为中心的河谷是中国农业文化的起源地之一。

2. 中国最早的彩陶

大地湾出土的三足钵等 200 多件彩陶，是我国迄今为止发现的时间最早的一批彩陶。陶器口沿上多绘有红色宽彩带，经鉴定，颜料化学成分是三氧化二铁。绘彩后烧制，使得绘彩不易脱落。大地湾一期文化遗存的发现，将中国彩陶文化产生的时间上溯至距今 8000 年，这和国外目前发现最早含有彩陶的两河流域的耶莫有陶文化和哈苏纳文化的年代大致相当，同是世界上最早出现彩陶的古文化。圜底钵的口沿外绘一圈红色宽带纹，是最早的彩陶花纹样式，先民们对美的追求影响了后来的文化传统，标志着中国彩陶艺术的萌芽。

3. 神秘的彩绘符号

大地湾一期彩陶钵口沿内和部分彩陶片的内壁发现有十余种红彩符号，在大地湾二期仰韶文化半坡类型圜底彩陶钵口沿外的黑色宽带纹上发现了十几种刻画符号。我国新石器时代的遗址中发现了许多近似文字的刻画符号。考古工作者先后在西安半坡、临潼姜寨、山东大汶口、青海乐都柳湾、甘肃马家窑文化等多处遗址出土的陶器上发现了许多刻画符号。但这些刻画符号均晚于大地湾一期出现的彩绘符号，应该说是大地湾一期文化陶器上彩绘符号的继承和发展。这些发现，为研究中国古代文字的形成和发展提供了新的资料，同时对于探索中国文字的渊源产生了新的认识。

4. 中国最早的宫殿式建筑

大地湾仰韶晚期遗存 F901 房址，距今约 5000 年，是迄今所见我国最早的房屋建筑，被认为是一座"原始宫殿"建筑。其一是建筑规模巨大；其二是工艺精良，方法进步；其三是布局规整，平衡对称。青石作砖的特点奠定了中国宫殿建筑的基本格局，开创了后世传统木结构建筑的先河。因此，F901 已被视为我国仰韶文化最高建筑成就的标志性建筑（见图 9）。

图 9　大地湾 F901 遗址

资料来源：引自甘肃省文物考古研究所编著《秦安大地湾：新石器时代遗址发掘报告》，文物出版社 2006 年版。

5. 中国最早的"混凝土"地面

在 F901 房址的前厅内壁和居住面上发现了 5000 年前的原始水泥地面，表层坚硬平整，色泽光亮。经过打压检测与化验，其化学成分、物理性能及抗压强度与现代水泥相似，是世界上最早、最古老的混凝土。

6. 中国最早的绘画

大地湾晚期 F411 房屋的大型地画，距今 5000 年，更是迄今最早且保存完整的绘画作品，这对研究中国绘画的起源和原始社会的绘画艺术有重要学术价值。

大地湾遗址向我们揭示了距今 8000—5000 年前新石器时代的文化面貌，展示出先民们创造的辉煌成就，大地湾延绵了三千多年的原始古文化遗存，恰似一部原始社会的历史史册。大地湾遗址不仅填补了甘肃省史前文化的一项空白，也为泾、渭流域仰韶文化的分期树立了一杆标尺，充分证明了甘肃东部一带是中华文明的重要发祥地之一。大地湾文化与我国其他地区的原始文化相互融合，相互影响，相互促进，才形成了薪火相传、绵延至今的中华文明，从而推动了人类社会和人类文明的不断进步。

从彩陶的发明、文字的出现、农业的肇始、城镇化迹象到大型礼仪性建筑的出现，表明甘肃东部是中华文明的发祥地之一，是探索中华文明起源的重要区域。因此，大地湾遗址是我国文化遗产的重要组成部分。对研究黄河流域新石器文化的产生、发展以及探索中华文明起源的历史进程具有十分重要的意义。

七 建立大地湾遗址公园

大地湾文化是华夏先民在黄河流域创造的古老文明，是华夏文明的来源之一，位于甘肃省天水市秦安县城东北 45 公里处的五营乡邵店村，是中国黄河中游最早也是延续时间最长的旧石器文化和新石器时代文化。

建立大地湾遗址公园，面积需要 9 平方公里，要以先进的文保理念，始终走在全国大遗址保护前列：对大遗址保护突出整体、和谐、生态、持续原则，坚持大遗址保护与遗址公园、博物馆建设相结合；与新农村建设、农村产业结构调整相结合；与生态环境保护、人居环境改善相结合；与当地经济社会发展相结合。优化遗址保护展示的内容和方式，丰富游览视角。在外观上形成原始村落气势，内设制陶区、狩猎区、农耕区等。遗址博物馆展示的内容主要有大地湾遗址出土的可移动文物，包括陶器、石器、骨器，葫芦河流域仰韶文化系列展等。与一般的公园相比，它会更有"个性"，成为甘肃"文化＋旅游"的又一张金名片。

第一，发展周边生态基础，复原天水西山坪遗址、天水师赵村遗址、王家阴洼遗址、武山西旱坪遗址。模拟大地湾植物变迁的过程；公园内拟建植物园承载科研、科普、旅游、物种保护、物种资源开发等诸多功能的综合体。随着植物园功能的不断完善和人们对生物多样性保护重视程度的不断提高，植物园规划建设受到了各地的重视。通过研究世界上著名植物园的规划建设经验，以供我国植物园借鉴学习。模拟展示大地湾动物遗迹园区；建立野生动物园，能更大程度地让游客同野生动物及其栖息环境相接触，增进了游客对野生动物的了解，为游客展示了生动的自然景观。对于满足游客的心理，使人们更加深入地了解大自然，爱护大自然能够起到积极的作用。模拟粟作物的发展过程；挂靠甘肃省农业科学院，成立粟类作物专业委员会，对粟类作物科研、生产、培育、产业发展开辟一条新的路径。展示考古发现的石制、陶制、骨制文物区；针对不同的保护现状，采取原状展示、覆土展示和模拟展示四种展示模式。将大地湾的居址和墓葬建立成直观的园区景象；根据不同的区域环境，参观线路可以采取泥结碎石路、碎渣路、木栈道、固化土道路等形式，与周边环境相协调。

第二，编制《大地湾遗址保护考古工作计划》《大地湾国家考古遗址公园总体规划》等国家考古遗址公园立项必备的申请材料，按程序审核后上报国家文物局审批。争取"国家考古遗址公园"称号。

建议编制过程中，充分考虑民生需求及生态环境保护，同时深化价值评估，体现大地湾文化的核心价值。还要适应旅游公园的客观需求，强化公园管理体制的建设。

第三，以中国为代表的东方古代文明的起源和早期发展，在相当长时间里既缺乏资料，也缺乏系统认识。中国是一个历史学传统深远的国家，当代中国注重以科学的态度研究文明的起源。

探源工程考察了古国时代各地文明的特点，研究团队从中提炼、归纳出了文明的四大特征，包括农业和手工业的发展基础，社会阶层、社会成员、阶级的明显分化现象，中心性城市的出现，大型建筑的修建。这与西方学术界此前提出的界定文明的标准有所不同。北京大学考古文博学院教授赵辉认为，它们符合并反映了中国历史的特点，"这四条标准我们可以把它作为一种判断新的考古发现背后的社会是否进入文明的一个标准。西方学术界常用的两条非常重要的文明判断标准或者说因素，是文字、青铜冶金技术。我们认为，这种差别恰好是表达了人类历史的发展有其普遍性的一面，也有特殊性的一面。这也算是我们对中国文明的研究中发现与总结的一些不同于其他文明的地方"。

考量中国史前文明的历史年代，5000 年是成立的，8000 年也是成立的。探寻中华文明的源头，是实现中华民族伟大复兴的重要任务之一。甘肃有大地湾文化与伏羲文化并存，有义务建立中国版的文明标准。

八　成果转化综述

该项研究产业化转化工作，由科研单位、相关企业、地方政府论证进行中。

解读大地湾密码，对探索中华文明起源的历史进程具有十分重要的意义。大地湾遗址创下了六个中国之最：中国最早的旱作农作物标本；中国最早的彩陶；中国文字最早的雏形；中国最早的宫殿建筑；中国最早的"混凝土"地面；中国最早的绘画。

2006 年发现的大地湾文化，让黄河上游地区新石器早期文化更加清晰，为探索彩陶与农业的起源提供了一批弥足珍贵的实物资料。大地湾彩陶被证实与世界上最早出现彩陶的两河流域及中亚地区，在时间上几乎是同步的，表明中国彩陶起源于我国西北地区的渭河流域，并非外来文化影响，自此外国主流考古学界再无"中国文化西来说"的声音。所以，我们通过大地湾的考古，不仅要梳理中华文化复兴和中国话语权的关系，提出具体的应对策略，还要厘清文化、话语权、中华文化复兴、中国文化软实力及中国话语权的关系。

在遗址公园拟建野生动物园，能更大程度地让游客同野生动物及其栖息环境相接触，增进游客对野生动物的了解，为游客展示生动的自然景观。

拟建植物园是承载科研、科普、旅游、物种保护、物种资源开发等诸多功能的综合体。随着植物园功能的不断完善和人们对生物多样性保护重视程度的不断提高，植物园规划建设受到了各地的重视。

作者：李永平（甘肃省博物馆研究员、西北师范大学历史文化学院兼职教授）

邱林山（西北师范大学文学院副教授、文学博士）

通讯作者：张　兵（西北师范大学文学院教授、博士生导师）

早期周文化与农耕文明的起源

　　农耕文明决定了中华文化的特征。中国的文化是有别于其他地区游牧文化的一种文化类型，农业在其中起着决定作用。聚族而居、精耕细作的农业文明孕育了内敛式自给自足的生活方式、文化传统、农政思想、乡村管理制度等，与今天提倡的和谐、环保、低碳的理念不谋而合。历史上，游牧文明经常因为无法适应环境的变化，以致突然消失。而农耕文明的地域多样性、民族多元性、历史传承性和乡土民间性，不仅赋予中华文化重要特征，也是中华文化之所以绵延不断、长盛不衰的重要原因，事实证明这一技术知识体系具有可持续发展特征。开发利用好丰富多彩的农耕文明与自然遗产资源，作为我国"三农"工作的重要组成部分，不仅对增进民族团结、维护国家统一、建设美好家园、激发爱国热情和丰富人民群众的文化生活具有春风化雨润物无声的重要作用，而且对经济全球化背景下维护和保护世界文化多样性，促进世界经济安全稳定增长、协调平衡增长、持续包容增长具有重要意义。

　　早期周文化是周武王伐纣克商以前，以周族为主导与核心的周人在漫长的起源和发展壮大过程中，经过不断创造、吸收和利用，从而逐步形成的主要分布在陕甘泾渭流域一带的综合历史文化和文明体系。①

---

① 学界通常用"先周文化"概念来表示武王克商之前周人创造、吸收和使用的历史文化，但不可否认，"先周"与"先秦"是存在诸多歧义的，为了尽可能避免概念混淆，本文暂且试用"早期周文化"来替代"先周文化"概念，这样也就与学界惯用的"早期秦文化"提法保持了一定程度的统一性。需要特别指出的是，本文所新提"早期周文化"概念，其内涵与外延均与"先周文化"大致等同，最多只是称谓和提法不同罢了；虽然本文以"早期周文化"提法来替代"先周文化"，但在介绍和引用学界相关成果时，如果作者原文使用了"先周"概念，则本文在作相关陈述时，仍遵照原文提法。

早期周文化不同于一般的历史文化，它带有明显的时代性、地域性、族群性和考古学文化特征。从时代性而言，早期周文化上接五帝，下启西周，其间至少经历了夏、商两个早期王朝，不可不谓其时代久远。从地域性而言，早期周文化分布范围遍及陕西、甘肃、山西、内蒙古、宁夏、青海等地，不可不谓其地域广博。从族群性而言，早期周文化是由周人所创造和吸收利用的地方性族群文化，但周人是一个笼统模糊的族群概念，其不仅包括姬周族人，还包括一部分戎人、羌人、氐人、夷人，乃至夏人、商人和秦人等，就此而论，不可不谓其族群庞杂。对于早期周文化而言，虽然个别历史文献偶有提及，但不仅不成系统，而且多与神话传说杂糅在一起，这让后世很难剥离出比较客观细致的早期周文化，遂使西周以前的周文化出现了较大的缺失。今日我们要想更多更全面地了解早期周文化，必须倚重于考古发掘和研究，必须结合传统历史文献记载，从"考古学文化"的视角对早期周文化遗迹和遗物进行全方位、多角度的审视和解析，以求较为清晰明确地展现早期周文化。

早期周文化虽然时代久远，但主要形成阶段却在商朝中晚期；虽然地域广博，但主要分布区域却在陕西、甘肃一带的泾河、渭河流域。周人在这前后四、五百年的时段中，有三、四百年的时间是在甘肃陇东一带生产、生活并逐步发展壮大的。甘肃陇东一带为早期周文化的形成和发展提供了比较优越的条件，为后期周文化的全面辉煌奠定了坚实的基础，而早期周文化也得以在甘肃陇东一带得以深厚积淀、长期传承并不断推陈出新。

先秦时期的甘肃不仅是一处农牧交错地带，还是一块文明起源和文化荟萃之地。这里有着丰富便利的森林资源、水资源和矿藏资源，有着发达的畜牧业，有着可资早期农业获得迅速发展的深厚酥松黄土地，有着辉煌灿烂的彩陶文化，有着沟通早期中西人种和文化交流的优越交通条件和区位优势……这一切直接造就和促成了先秦时期多姿多彩的"关陇文化"。早期周文化是先秦时期关陇区域文化的重要组成部分，它与广布甘肃的齐家文化、辛店文化、寺洼文化等有着极为密切地联系。早期周文化就是在与陕、甘一带各区域族群文化长期互动交融过程中逐步形成和发展的。关陇区域各族群文化直接影响了周文化的形成和发展，而周文化也深深影响了周秦时期的关陇区域文化，这其中最为典型的代表就是早期秦文化的形成与发展。

一　周先祖与早期周史

周人的历史可分为两大历史时期：早期周史和周朝史，其前后历时近 2000 年。周人的历史时间长度约略相当于秦以后的整个中国历史时期，几近中华文明史的一半时间。前后跨越了传说中的尧舜禹时期以及夏商周三代。周人所经历的历史时期大体对应中国古史的先秦时期。

早期周史是指从尧、舜时期姬周族始祖后稷弃诞生开始，到公元前 1046 年周武王伐纣克商建立周王朝之前大约 1100 年的漫长历史时期。换句话说，早期周史就是指周朝正式建立之前周族起源和周人不断发展壮大的史诗般的历史时期。早期周史通常又可分为三大历史阶段：从后稷弃始生到不窋率众"窜于戎狄之间"前为第一阶段，历时 500 年左右；从不窋率众窜于戎狄之间到古公亶父率众自豳迁岐之前为第二阶段，历时 500 年左右；从古公亶父率众迁至"岐下"至周武王伐纣克商之前为第三阶段，历时100 年左右。也有学者将早期周史分为四个阶段：第一阶段自弃（后稷）至不窋，第二阶段自不窋至公刘，第三阶段自公刘至古公亶父，第四阶段自古公亶父至武王。[①]

---

① 叶文宪：《先周史溯源》，《史学月刊》1995 年第 6 期。

周朝史包括西周史和东周史（即春秋战国时期的历史），泛指从公元前1046年周武王伐纣克商建立周朝开始，到公元前221年秦始皇嬴政建立秦王朝之前这800多年的历史时期。

下面让我们对早期周史大势作一个简要介绍和回顾。大体以周人始祖后稷弃、不窋、公刘、古公亶父、季历、文王和武王等著名周先祖人物担任周人首领时期的重大历史作为为叙述线索，为了突出主题，特对周人处于甘肃陇东时期的历史记述略有偏重。

（一）后稷之兴，播时百谷

文献记载的周人历史是从其始祖后稷弃开始的，"后稷"为负责农业的最高职官名，"弃"为人名。弃生活的时代约当传说中的五帝时期，他曾历仕尧、舜二帝。

司马迁在《史记·周本纪》中，对弃的一生传奇经历作了比较完整的记述，从中，我们可以看出弃出生于邰（今陕西武功县西南），并长期生活在此，弃"知母不知父"，他的母族为姜氏，属羌族，尚带有浓厚的母系氏族遗风。弃的个人才能被尧得知后，尧命弃为农师。

（二）去稷不务，窜于戎狄之间

夏朝前期，周族继续主要从事农耕稼穑之业，其首领也仍然世袭"后稷"职位。但到了夏朝晚期孔甲继位夏王以后，整个社会局势发生了大变化，《史记·夏本纪》谓：孔甲"好方鬼神，事淫乱，夏后氏德衰，诸候叛之"，夏朝政局趋于混乱，衰亡已呈不可扭转之势。

在夏朝末年各种社会矛盾日趋尖锐的情势下，周族已经无法继续在原居地安闲地生活，也无法从事正常的生产活动。为了保证族群正常生息和繁衍，同时也是为了继续维护和推广周族固有的农业生产方式，周族最后一个后稷的儿子不窋继位周族首领后，毅然决然地率领族众向西北方向迁徙，以便寻求新的发展空间，从而摆脱了衰败的夏王朝的腐朽统治。《史记·周本纪》载："后稷卒，子不窋立。不窋末年，夏后氏政衰，去稷不务，不窋失其官而奔于戎狄之间。"不窋率领周人所到的"戎狄之间"便是甘肃陇东的庆阳一带。正如李学勤先生所云："自这一带（按：彬县和旬邑一带）逆泾河，再循支流马莲河而上100多公里，为甘肃庆阳地区，传说周先公不窋'奔戎狄间'即在此。"①

《国语·周语上》记载："昔我先王世后稷，以服事虞、夏。及夏之衰也，弃稷不务，我先王不窋用失其官，而自窜于戎、狄之间，不敢怠业，时序其德，纂修其绪，修其训典，朝夕恪勤，守以敦笃，奉以忠信，奕世载德，不忝前人。"从中可以看出，周先祖不窋在陇东推行了一系列的政策措施，主要包括三个方面内容：首先，继承前人，勤勉努力，发展生产；其次，整理和制定各种典章制度，注重道德教化；最后，加强族群内部团结，增进族群之间和睦，形成和谐的社会氛围和良好的社会秩序。周人族群规模也因之得以逐渐扩大，力量不断壮大，进而为后世所谓"周旧邦"古豳国的建立奠定了坚实的基础。

（三）复修后稷之业，周道之兴自此始

经过不窋和鞠陶两代领袖的励精图治，到了公刘作周族首领时，周人在陇东的势力获得了迅猛发展，早期周文化在经历了一段时期顿挫和消沉后，也迎来了又一个昌盛期。

周人在陇东经过三代人的全面发展和深厚积淀，力量得以壮大，制度得以草创，政权得以建立，初步形成了独具特色的早期周文化，为后来周文化的全面兴盛奠定了坚实的基础。司马迁很

---

① 李学勤：《中国古代文明与国家形成研究》，云南人民出版社1997年版，第484页。

看重周人这一时期的飞速发展,《史记·周本纪》称"周道之兴自此始,故诗人歌乐思其德"。

公刘在位后期,周人主要活动区域虽仍在陇东一带,但统治重心有所南移,公刘率众迁徙到了著名的"豳"地。对于豳地究竟为何处,学界长期存在争议。近年,有学者在前人旧说基础上提出了"(豳)是北距庆城县50公里的宁县'公刘邑',即'古豳国城',今名庙咀坪"的说法,① 可备一说。

公刘死后,其子庆节继位为周族首领,正式公开地在甘肃陇东一带建立豳国。庆节之后数位周人领袖似无较大作为,从相关甲骨卜辞记载可以看出,此时的周人已经成为商朝西部的一支强大力量,经常与商王朝发生冲突,商朝也多次派出军队对周进行攻伐,长期冲突的结果是周人最终对殷商王朝表示顺服。

图1　甘肃宁县庙咀坪"古豳(邠)国城"遗址

(四)贬戎狄之俗,实始翦商

公叔祖类死后,其子古公亶父立。古公亶父是周族历史上继公刘之后的又一位杰出首领,他"复修后稷、公刘之业,积德行

---

① 于俊德、于祖培:《先周历史文化新探》,甘肃人民出版社2005年版,第75页。

义，国人皆戴之"。^① 在古公亶父时期，周人力量在关陇区域继续发展壮大，早期周文化则向着更加深厚宽广的方向前进。

在古公亶父的筹划和率领下，周人实现了又一次的战略大转移，即统治重心由陇东迁移到了"岐下"，周人势力也就再次进入了关中之地。周族自夏朝末年由其先祖不窋率领举族西迁，来到"戎狄之间"韬光养晦，积聚力量，到殷商晚期又由古公亶父率领自豳迁岐，"乃贬戎狄之俗"，其间见证了夏、商两个王朝的兴衰变迁，前后历时四百年左右，周人从此开始以关中为基地展开了与殷商争霸天下的光辉伟业。正如《诗经·鲁颂·閟宫》所言："后稷之孙，实维大王，居岐之阳，实始翦商。"

（五）俘二十翟王，为殷牧师

古公亶父死后，其子季历继位。季历担任周人首领之时，正值殷商晚期的武乙、文丁二王相继在位时代，当时的商、周关系基于共同对付北方戎狄势力的需要而暂时处于友好状态。季历出于战略考虑，在攻灭渭河以北接近咸阳的"程"地后，特别把政治中心由岐迁程，还主动与殷商搞好关系，多次帅周师讨伐燕京之戎、余无之戎、始乎之戎、翳徒之戎等，在一次讨伐西落鬼戎的战役中，周师竟然一举俘获了 20 名翟王。^② 季历率师讨伐戎狄势力，功勋卓著，遂被商王任命为商王朝的"牧师"。

（六）我世当有兴者，其在昌乎

季历死后，其子西伯姬昌继位，是为周文王。众所周知，周文王是一位圣贤之王，他继位后，遵从后稷、公刘等先祖所开创的伟大事业，注重农业生产，增强经济实力，使关陇地区得到进

---

① 《史记》卷4《周本纪》，第113页。
② 方诗铭、王修龄：《古本竹书纪年辑证》（修订本），上海古籍出版社2005年版，第34页。

一步开发。同时，文王还特别注重政治制度建设，尤其关注社会福利推广，努力营造起了一片欣欣向荣的和谐社会景象。经过多年苦心孤诣的经营，周人实力大增，早期周文化的凝聚力和影响力广布以关陇区域为核心的"西土"地区。周在远近方国君民心目中已经树立了极高的声望，许多方国争相事周，周文王俨然成为了西方霸主，开始与殷商王朝分庭抗礼。

周文王经过长期精心细致的筹划准备，正式开始了周人的灭商大业。文王率众东进过程中，还相继攻伐了耆、黎、邘、崇等殷商地方附属政权，引起了殷商王朝的大恐慌。在伐崇战役胜利后，周文王将都邑从渭水北岸的程迁到渭水以南的丰（约当今陕西户县东），这已经非常临近后世之长安了。此时的周人势力已非商人所能攻克，形成了《论语·泰伯》所谓"三分天下有其二"的宏大局面。此后不久，周文王去世，其子武王姬发继位，文王未竟事业留待武王最终完成。

（七）牧野之战，克商诛纣

周武王为了一举灭商，继续积极动员和组织各种可以联合的反商势力，周人实力持续壮大，而殷商实力则不断削弱。周武王九年，武王率众伐纣。殷商军队中的奴隶阵前倒戈，引导周军进攻朝歌，商纣王逃奔鹿台自焚而死，曾经辉煌一时的殷商王朝宣告灭亡。周朝建立，都于镐京（今陕西西安市西南），历史进入西周时期。早期周史自此结束，早期周文化由此定型。

二 早期周文化与陇东民俗

（一）历史记录下的陇东早期周文化

周人在其先祖不窋、鞠陶、公刘、古公亶父等人的统帅领导下，曾经长期在甘肃陇东庆阳一带生活，并从事以农耕稼穑为主的农牧生产活动，早期周文化的核心部分也得以在此期间初步形成。周人主体后来虽然迁离陇东，来到关中直至建立了周王朝。但陇东毕竟是周祖奠定基业和早期周文化"隆兴"之重要地域，后世之人（尤其是陇东人）并没有忘记周人在陇东创业的光辉历史，早期周文化在陇东仍然得以世代传承。

汉代班彪作有《北征赋》一文，记录了更始年间班彪欲避难凉州，遂由长安出发，途经今陇东一带时的个人行程和沿途感受，其文曰："乘陵岗以登降，息郇邠之邑乡，慕公刘之遗德，……登赤须之长阪，入义渠之旧城。"① 通过对此文分析可以得知，汉代班彪认为公刘所居之豳国大体位于今陇东庆阳市宁县和正宁县一带。

2004 年，在宁县县医院工地现场发现北魏时期巨碑一方，碑额题"大代持节豳州刺史山公寺碑颂"，铭文云："大代正始元年（504 年）岁在甲申，七月丙午朔，十五日庚申……持节都豳州诸军事、冠军将军、豳州刺史山累率州府纲佐，仰为孝文皇帝立追献寺三级。"② 北魏时期的豳州被历代史家认为是由公刘时期的古豳国沿革而来，该碑的发现证明今甘肃宁县一带就是公刘时期古豳国所在地。

唐代大儒陆德明有言："豳者，戎狄之地名也。夏道衰，后稷之曾孙公刘自邰而出居焉。其封域在雍州岐山之北，原隰之野，於汉属右扶风郇邑。"③ 汪受宽解释说："原隰之野，即周之大原，今甘肃庆阳市境的董志塬，该塬是黄土高原上最大的一块塬面，面积达 910 平方公里。宁县在董志塬东南境。故陆氏亦以为豳在

---

① （南朝·梁）萧统：《文选》，中华书局 1977 年影印版，第 142 页。
② 该碑现存宁县博物馆，铭文转录自汪受宽《豳国地望考》，《中华文史论丛》2008 年第 4 期。
③ （唐）陆德明：《经典释文》卷六，中华书局 1983 年版，第 73 页。

图 2　大代幽州刺史碑

今庆阳市境，不在今陕西旬邑。"①

　　据唐初魏王李泰主编《括地志》记载："宁、原、庆三州，秦北地郡，为义渠戎之地，周先祖公刘、不窋居此，古西戎地。"②唐代宁、原、庆三州大体对应今陇东庆阳一带，《括地志》作者明确指出陇东是周先祖公刘、不窋长期生活过的地方。唐人杜佑指出："庆州（今理安化县），周之先不窋所居。春秋时义渠戎之地。秦灭之，始皇以属北地郡。二汉因之……安化，汉郁郅县地，今名尉李城，在白马两川交口，亦曰不窋城。"③ 杜佑还指出："宁州，夏之季公刘之邑，春秋时戎地（即义渠戎国），战国时属

---

① 汪受宽：《豳国地望考》，《中华文史论丛》2008 年第 4 期。
② （唐）李泰等著，贺次君辑校：《括地志辑校》，第 42 页。
③ （唐）杜佑：《通典》卷一七三，《州郡三·庆州》，第 4520 页。

秦，秦始皇初为北地郡。"① 唐人杜佑是一代大学者，学问精深而
渊博，治学严谨，他坚定地认为今庆阳市庆城县一带是周祖不窋
长期生活之地，而庆阳市宁县一带则是周祖公刘营建都邑之地。

图 3　董志原鸟瞰

　　唐李吉甫《元和郡县图志》在宁州（治今庆阳市宁县）彭原
县（约当今庆阳市西峰区）条下言："当夏之衰，公刘邑焉。周
时为义渠国，其后戎翟攻太王，亶父避于岐山而作周。按今州理
城，即公刘邑地也。"② 这里说明今庆阳市宁县一带是周祖公刘建
立豳国城的地方。同样是《元和郡县图志》，在庆州顺化县（约
当今庆阳市庆城县）条下言："《周本纪》曰，夏后政衰，后稷子
不窋奔戎翟之间，今州理东南三里有不窋故城是也。"③ 这里又说
明今庆阳市庆城县一带是周祖不窋"窜于戎狄之间"后落脚并建
城的地方。

　　《太平寰宇记》在卷三三庆州条下言："夏衰，后稷子不窋奔戎

---

　　① （唐）杜佑：《通典》卷一七三，《州郡三·宁州》，第 4519 页。

　　② （唐）李吉甫：《元和郡县图志》卷三，中华书局 1983 年版，第 64 页。

　　③ 同上书，第 67 页。

翟之间，今州理东南三里有不窋故城。"① 在《太平寰宇记》卷三四宁州条下言："公刘邑也。"②《太平寰宇记》的以上说法完全映证了《元和郡县图志》的说法，证明庆阳一带是不窋到公刘时期周人生活的核心地区。北宋大中祥符二年（公元 1009 年）所立碑刻《大宋宁州承天观之碑》亦说："兹县（今庆阳市正宁县）据罗川之上游，实彭原（今庆阳市西峰区）之属邑……豳土划疆，本公刘积德之地。"③ 该碑也从实物角度证明了庆阳为公刘时期豳国所在地。

《明一统志》卷三六《庆阳府·建置》言："周之先不窋所居，号北豳。"宁州条下言："本公刘邑。"《庆阳府·风俗》言："旧志，庆州，不窋、公刘所居之地。"《庆阳府·祠庙》有："不窋庙，在府城内。不窋，后稷子，周先祖也。庙有塑像，东西两壁绘文王以下三十七王像。""公刘庙，在廉城西南八十里。公刘，后稷之曾孙，有宋守王庶所撰碑。"《庆阳府·陵墓》有："不窋冢，在府城东三里，碑久剥落，上有片石，大书'周祖不窋氏陵'。"《庆阳府·古迹》有："不窋城，在府境内，夏政衰，后稷子不窋奔戎翟之间，建邑而居，即此城。"④ 以上记载都说明陇东庆阳一带是周先祖不窋、公刘时代周人长期生活之地，后世保留有大量相关早期周文化遗迹和遗物。另外，清代《嘉庆重修一统志》卷二六二《庆阳府》里也有相关早期周史与文化和遗存在陇东庆阳一带得以保留传承的大量记录，与以上《明一统志》相关记载情况类似，兹不赘述。

《庆阳府志》卷一《建制沿革》中说："庆阳乃古唐虞雍州之域，周之先后稷子不窋所居。""宁州（治今宁县），本公刘故属

---

① （宋）乐史：《太平寰宇记》卷三三，中华书局 2007 年版，第 706 页。

② （宋）乐史：《太平寰宇记》卷三四，中华书局 2007 年版，第 724 页。

③ 该碑现存正宁县博物馆，铭文转录自于俊德《中国·庆阳历史大观》，中国文联出版社 2009 年版，第 229 页。

④ （明）李贤、彭时等：《明一统志》卷三六，三秦出版社 1990 年影印版，第 628、627、630、631 页。

邑。"卷一七《古迹》记载,"不窋城,即府治。夏政衰,不窋失
官,自窜于斯,所居成聚,故建城而居焉"。"公刘邑,在(宁)
州治西一里许。周之先公刘居此。春秋时为义渠戎国。"卷一七
《陵墓》记载:"不窋墓,在府城东三里许献畔。碑刻剥落,止有
片石,大书'周祖不窋氏陵',殿宇基址犹存。嘉靖十九年,御史
周南、知府何岩,立碑表墓。"① 可以看出,《庆阳府志》在内容
和体例等方面并未对原有全国一统志作太多超越,但它毕竟是由
庆阳本地官员和学者接连数世最终编修而成,这不光是反映了编
修者的个人学识和切身体悟,更体现了历代陇东人对早期周史与
文化的恒久集体记忆和深厚感情。

图 4 · 庆城县"周旧邦"木牌坊

(二)陇东周先祖文化及其民俗事象

甘肃陇东一带是周人曾经长期生活过的地方,前后至少经历

① (明)傅学理等:《庆阳府志》,甘肃人民出版社 2001 年版,第 18、19、395、
401 页。

了 10 代周人的生息繁衍，产生了 12 位周族首领，其中不乏大有作为的英明领袖人物；陇东一带是早期周文化形成、发展和走向昌盛的重要地域，在漫长的历史发展进程中，当地保留了大量反映早期周文化的民俗事象。

长期以来，庆阳地区的民众对周先祖形成了一个特别的尊称，即"周老王"。周老王是庆阳地区民众对周先祖的口头称谓，而民间对鞠陶、公刘二位周先祖进行祭祀的庙宇名称往往又冠之以"老公"之称，如西峰区温泉乡刘家店的"老公庙"（即公刘庙）、宁县焦村乡麻线杜家村的"老公老母庙"（此处老公指鞠陶，老母指鞠陶之妻）。

周老王在陇东生活的地方主要是庆城县和宁县。因此，庆城县和宁县都有周老王的传说。相关传说主要与五处地方有关，其中庆城县有一处，即县城东南的"斩龙湾"；宁县有四个，分别为宁县南义乡"周老王打义井"的传说、和盛镇公曹村"周老王他妈生周老王"的传说、盘克乡"杀天子"的传说以及焦村乡麻线杜家"坐化地"的传说。

三　关陇文化视野下的早期周文化

（一）早期周文化与关陇文化

早期周文化主要是在陕甘泾渭流域一带形成和发展起来的，早期周文化与甘肃有着密不可分的联系，而陇东一带又在早期周文化的形成发展过程中扮演了极为重要的角色，贡献突出，我们可称之为"甘肃早期周文化"。甘肃早期周文化在进入关中后，又通过不断融合吸收新的文化因素，逐渐走向成熟和定型，从而形成特色鲜明的早期周文化体系，它是统一周文化的重要组成部分。

我们基本可以认定，周人在甘肃陇东一带生活时，曾经深受戎狄文化的影响，以至于早期周文化带有较为明显的寺洼文化和辛店文化等因素。

寺洼文化主要分布在今天的甘肃中部洮河中上游一带，在陕西宝鸡一带也有少量发现。有学者认为，寺洼文化在向东发展的过程中，碰到了东面的周文化的强大势力，所以只能在泾河、渭河上游地区存在和发展，在和周文化长期并存后，在春秋初年趋于消失。

辛店文化是与寺洼文化并行发展，同生共灭的一种甘青地区青铜文化，由齐家文化演变而来，其主人也当是古代氐羌系统的族群，主要分布于黄河上游洮河、大夏河流域，以及渭水上游、湟水流域，向东则一直到陕西宝鸡地区也有少量发现。

九站遗址总体属于寺洼文化范畴，但其中有比较明显的早期周文化和西周文化因素。在该遗址寺洼文化墓葬中出土了大量的陶器和少量铜器，马鞍形口双耳陶罐是其中的代表性器物，该类型器物近年在陇东许多地方都有发现，经测定，其绝对年代正好处于周人在陇东一带生活的时间段内。另外，九站遗址中所见的器物类型明显是受到了周文化因素影响。学界普遍认为，九站遗址是寺洼文化与早期周文化相互交融的一处文化遗址，带有较为明显的先周文化特色。

经过以周人、秦人为主导的西北内外诸多族群的长期融合与文化互动，陕甘一带逐渐形成了具有较强关陇地域特色的"关陇文化"。早期周文化、早期秦文化和以寺洼文化、辛店文化为代表的"戎狄文化"同为关陇文化的三大主要组成部分。可以说，在关陇文化的体系组成和形成过程中，早期周文化既是其重要组成部分，同时又起到了重要的奠基和引领作用。

（二）早期秦文化与早期周文化

早期秦人和早期周人的历史发展轨迹有许多惊人的相似之处，都曾由山西、陕西一带避难迁徙到陇域，在陇域充分利用当地农牧交错、族群众多、文化繁盛等地域优势，逐渐发展崛起，之后又顺着泾河、渭河流域来到关中继续发展壮大，从而以关陇区域为根据地不断向外拓展发展空间，最终形成为强大的能够攻灭东方"正统"政权的力量，直至建立起新的统一王朝。早期周文化中有比较明显的殷商文化因素，而早期秦文化则吸收了较多的周文化因素。

可以这样说，周人几经迁徙，先由"华夏"文明区域避难于"戎狄之间"，吸收融合了戎狄文化，族群势力崛起后又再次回到华夏区域，从而形成了早期周文化和周文化，并建立了统一王朝；而秦人则正是循着周人的发展轨迹，先是自东而西，之后又自西而东，势力不断兴盛壮大，在继承和吸收周文化的基础上，与关陇区域内外诸文化进行了长期的互动和交融，最终形成了早期秦文化和秦文化，使得关陇文化体系更为庞大，特征更为鲜明，内涵更为丰富，内部凝聚力更为增强。

由此，我们可以引申出以下几点认识：

第一，关陇区域一衣带水，关陇文化自始一体，关、陇彼此唇齿相依。相形之下，"河陇"概念则较为晚出，河西、陇上文化各自独立性强，河、陇彼此文化联系不及关陇之间紧密。这与早期周文化、早期秦文化的形成和发展轨迹以及时代和区域特色有着密切的关系。

第二，关陇文化虽是区域文化，但又极富包容性、开放性、辐射力和开拓精神，具有一定的全局文化特色，不同于一般的地域文化。早期周文化和早期秦文化都属于关陇文化范畴，但他们都转化成了具有全局统一文化特色的周文化和秦文化（全局性相对弱一些），他们各自的族群主体——周人和秦人，也都相继建立了中央统一王朝——周朝和秦朝。

第三，关陇文化是周秦时期逐渐形成的多元一体文化体系，先是经历了早期周文化的引领和奠基，后又造就了区域特色鲜明的秦文化。可以直言不讳地说，关陇文化直接孕育了周、秦文化，而关陇区域则是周、秦文明兴盛之地。

第四，关陇区域虽属农牧交错地带，族群众多，文化多样，但关陇文化农耕稼穑传统深厚，从未完全脱离于华夏文明体系之外；关陇区域虽有极为浓重的尚武之风，然而关陇文化亦始终保持崇文重德习尚。这一切都离不开早期周文化在关陇区域的早期兴盛和后世深远影响。

第五，关陇文化吸收和融合了较多的北方草原和西方绿洲文化因素，一定程度上反映了先秦时期东西丝路交通的现实存在和发展状况，周秦时期关陇文化的部分特征可以看作早期东西文明交流情况的一个缩影和成果结晶。

第六，关中和陇上虽然自然地理面貌差别很大，且有重重险阻，但关陇仍然形成了多元一体的文化体系，主要归因于"关陇通道"的存在。关陇通道的畅通离不开周、秦、戎狄等族群的开拓和经营，关陇通道以"渭河走廊"为主干道，以"泾河走廊"为主辅道，可以大胆地说，关陇通道就是一条沟通多样文明的通道，也是关陇区域周、秦等族群迈向富强之道。

第七，关陇文化是在周秦时期形成，秦汉时期巩固、扩展和完善，魏晋隋唐时期传承和迁转的一区域文化体系。可以说，以长安、咸阳等关陇区域内城市为全国都城的历史时期，就是关陇文化势力高度兴盛的时期。早期周文化对关陇文化的形成、发展、传承和嬗变起到了重要的奠基和引领作用

第八，秦人西部、北部疆域大体以黄河为限，而在东方、南方则极力扩张。总体而言，秦的疆域扩展大体是在遵循西周王朝的名义统辖范围。这至少反映了以下四点史实：戎狄核心势力不在关陇，而在关陇以西及以北的广大范围内，秦人对戎狄总体处于防御之势；秦人族群中虽然不乏西系戎狄成员，但嬴秦族源却不属戎狄，嬴秦族仍然属于东系族群之一支；秦人重农尚武，这是深受关

陇区域特色及传统民风习俗影响的结果；秦人慕化周朝东方文明，虽然志在武力代周，但却在不断学习和吸纳周文化因素。

第九，秦朝的灭亡在一定意义上可以说是关陇文化东向拓展的失败，说明周秦时期的关陇文化从根本上还是属于西北地域文化，它与东方和南方文化存在很大的异质性，需要进一步加以长期柔性互动与交融，这一重大历史任务是由随后的西汉王朝完成的。早期周文化虽然也属于关陇文化范畴，但早期周文化本身包容性更强，显得更为亲切柔和，不像秦文化那样"刚猛"，周人社会保持着尚文之风和重德传统，通过"宽猛相剂"的措施，周人比较顺利地实现了对东方的控制，周文化也变得更富凝聚力和包容性，从而很自然地实现了由关陇地域文化向中央主导文化的平稳过渡。我们可以得出这样的结论，古代甘肃境内地形复杂，地貌奇特，资源丰富，族群众多，内外交通便利，东西交流密切，这一切造就了甘肃早期文化的繁荣昌盛。古代甘肃地区是早期周文化、早期秦文化形成和发展的重要区域，而甘肃早期文化的繁荣昌盛则直接影响了早期周文化、早期秦文化的基本形态和整体面貌。早期周文化和早期秦文化共同构建了周秦时期关陇文化，关陇文化是具有多元一体特征的综合文化体系。之所以说关陇文化具有多元性，就是因为他不仅囊括和传承了诸如夏文化、商文化、周文化和秦文化等这些所谓"华夏族"文明的相当一部分文化因素和成果；还广泛吸纳和融合了所谓"蛮夷戎狄"族群的诸多文化因素和文明成果，从而大大丰富了关陇文化的内涵，扩大了其外延。之所以说关陇文化具有一体性，就是因为其并非多地多族文化的松散聚集，不是文化大杂烩；而是有着内在密切有机联系，以至于最终能够归入统一的周文化和秦文化的范畴。在关陇文化多元一体特征地形成过程中，早期周文化的兴盛对其起到了重要的开创、引领和奠基作用，而早期秦文化的形成和发展则使其内部联系得以进一步巩固和加强。

四 针对农耕文明文化的旅游开发模式研究建议

随着经济的发展，旅游业已成为世界经济发展速度最快、财产关联度最高、创汇最多、开放程度最高的财产。而文化作为旅游业的生命与灵魂核心，就是旅游活动开展的核心吸引力所在。在我国的历史文化中，农耕文化占有较大的比重，并且又作为乡村旅游的核心，结合移动端大数据自媒体营销等方式，建设农业和人工智能化接轨的新型高科技农业，对加快发展文化旅游和乡村旅游发展都具有重要的意义，在国家乡村振兴战略中起到关键作用。

（一）农耕文化概念

1. 农耕文化的定义

有关农耕文化的定义，有的学者认为农耕文化是专指人类在农耕生产实践整个过程中所创造的物质财产和精神财产的总和。倪宗新认为，农耕文化是在农耕经济的基础上形成的农业社会的文化。并且根据人们所从事的不一样活动，又可以对文化进行不一样类别的细分。

2. 农耕文化的类型

我国农业是独立起源、自成体系的。中华文明创建在自身农业发展的基础之上，从我国自身的范围看，农业也并非从一个中心起源向周围扩散，而是由若干源头发源汇合而成的。农耕文化包含南稻北麦、水田旱地、绿洲红壤、果园牧场、平川摊田和相应的农牧方式、作业周期、除病防灾等农事表现和整个过程；祈盼风调雨顺、五谷丰登、六畜兴旺的态度与心情。

3. 农耕文化旅游资源

农耕文化旅游资源是指可以对旅游者产生吸引力的农耕文化原因，并且可以在旅游整个过程当中产生经济效果与利益、生态效果与利益和社会效果与利益。文章继续将农耕文化旅游资源进行划分，主要可以分为具体农耕文化旅游资源和抽象农耕文化旅游资源。具体农耕文化旅游资源是比力直观的，可经过视觉感知，包括农具、饮食、农耕景观、特色物品等；抽象农耕文化旅游资源主要为精神层面的资源，包括民间歌舞、岁时节日、农事活动等。

（二）国内农耕文化旅游开发现状及存在难题

1. 国内农耕文化旅游基本情形

现在，我国农耕文化旅游尚处于起步阶段，对农耕文化旅游的研究和分析还很少，农耕文化旅游还没有一个标准，统计资料也很少，几乎没有对消费者消费特征调查与统计。我国旅游者进行的乡村旅游还不是一种体验，更多是一种简单的观光。

2. 国内农耕文化旅游开发面临的难题

（1）文化主题（内容的主体和核心）不突出

文化主题（内容的主体和核心）不突出主要表现在宣传上、组织上和内容上等各个环节，缺少品牌文化旅游专线，有关旅游文化的内涵很少被挖掘，这主要体现了专题（是指某方面的内容集中收集，形成专题）线路类旅游产品特别是特色旅游产品数量稀少，以至于吸引的旅游者并不多。另外，本地社区和相关社团在旅游筹谋中发挥作用有限，从而使得民间文化特色没有被充分地挖掘和开发。所以，增强对农耕文化旅游资源的整合和挖掘是推动我国农耕文化旅游良好发展的主要任务。

（2）旅游产品单一雷同

现在，我国的农耕文化旅游活动主要停留在观光、餐饮、住宿、采摘等较浅层次的项目上，从而使得旅游产品体系欠缺，层次不够丰富，旅游产品同质化严重；再者现在所开发项目静态观赏居多，有关体验性和参与性的旅游活动较少。尤其是对部分农村本地特有的农事活动，如农业劳作、农产品收割、特色产品的生产和加工等参与性项目开发不足，对较高层次的旅游体验需求难以满足。另外，较少满足游客生态、休闲、求知等深层次旅游体验需求，缺少了参与性强的文化旅游筹谋活动。

（3）缺乏专业的规划设计

现在我国农耕文化旅游开发存在缺乏专业规划指导的难题。由于缺乏总体的区域规划与规范运作，农耕文化旅游的开发在投资和经营上存在规模不大、地区分布与组织形式较分散、低水平重复建设、市场竞争秩序混乱的现状。农耕文化旅游开发一定具备基本的旅游条件，如便利的交通、较高的接待本领。但是有部分地方根本不具备基本的旅游条件，就盲目地进行农耕文化旅游开发，从而造成了本地农业资源的人为破坏。

（4）旅游宣传促销意识薄弱

宣传促销意识薄弱主要体现在宣传本领单一、旅游宣传内容单调、缺乏个性及独具特色的文化品味。企业自主宣传促销意识较为薄弱，对旅游单位整体宣传产生依赖感，导致宣传促销后劲不足，促销效果不明显，使得景区知名度不高，难更好地适应竞争日趋激烈的旅游市场。再者旅游宣传尚未形成统一的合力宣传，只是小打小闹的对外宣传，缺乏统一、鲜明的形象包装，客源市场明显处于自发状态，忽略重点客源市场的开发潜力，阻碍了联合促销，整体推进。另外，由于旅游宣传和促销意识薄弱，使得部分极具地方特色而又保存十分好的农耕文化旅游资源缺少开发和宣传促销，"养在深闺人未识"。

由于多种因素，国内农耕文化的旅游资源没有起到该有的作用，所以建议重新研究并设计规划。

（三）国内农耕文化旅游开发原则

第一，融入多元文化

第二，整体开发包装

第三，注重多种体验

第四，形成产业系列

第五，突出新型特色

（四）国内农耕文化旅游开发模式

国内农耕文化旅游开发模式可分为静态观光、动态体验两种模式。并且静态当中包含有动态体验，动态体验当中又有静态观光，静中有动，动中有静，动静联合。

1. 静态观光模式

（1）农耕文化博物馆

（2）高科技农业科普示范园

①四季花卉园

②瓜果蔬菜园

③盆景工艺园

④未来高科技农业科研基地

2. 动态体验模式

动态体验型模式是农耕文化旅游资源开发的高级阶段，并且是我国未来农耕文化旅游资源开发的模式趋向。它是指游客在旅游整个过程当中亲自从事各种农事活动，如田间耕作或在农村家庭体验农耕生活，或亲自参与制作手工艺品，或参加各种民俗风情文化活动的旅游模式。这种模式参与性强，关联度高，是集观光、休闲度假、学习、体验、科考等多种活动于一体的高层次旅游体验模式，在该模式下，游客的重游率较高，利于实现旅游效果与利益最大化。

（1）农耕活动体验园

（2）农村生活体验村

（3）研学游等为一体的综合体验基地

盘活农村闲置资源，大力发展休闲农业和乡村旅游，支持社会资本开发休闲旅游项目，通过政府与社会资本合作等方式，带动社会资本投向农村新产业，国家允许试点"共享农场"创新项目。"共享农场"这一新型的共享经济，可以将农民、游客、农场结合起来，合理利用农村闲置的土地资源。通过"共享农场"电商，将生活在都市的人与农场主连接起来，用线上认养、线下代养的模式，让消费者与农场主达成合作，分享农场种植成果，最终实现农场直供。现代社会，一切都离不开互联网，农业也不例外。中国互联网农业正在逐步发展成熟，随着物联网、大数据、电子商务等技术的进一步发展，农业与互联网的结合将日益紧密，完成科学管理、信息分享、网上交易、电子支付、智能物流，这必将是农业发展的趋势。

（五）建立农业高科技示范园区

建立科技含量最高的农业园区；园区采取政府扶持、部门支持、企业化运作、农民受益的运作机制，以企业作为经营实体。园区根据"全园农业、全园旅游、全园生态"的建设原则，以规模化综合经营为基本生产方式，以种子种苗工程为主导产业，以农业产业化为主要支柱，以现代农业科技装备的园艺化、设施化、工厂化生产为主要手段，以科技型、生态型、劳动密集型农业为主，辅之观光农业、休闲农业、创汇农业等多种形态，成为实现人与自然和谐、与都市高度融合、挥洒一体的高度现代化多功能的"百年园区"。是展示现代农业生产运作模式、农村经济发展和管理模式、农民生存模式，探索解决中国"三农"问题的有效示范基地。

五　庆阳农耕文化示范区建设

庆阳位于甘肃省最东部,陕甘宁三省区的交汇处,系黄河中下游黄土高原沟壑区。习称"陇东",素有"陇东粮仓"之称。庆阳市地势南低北高,海拔在 885—2089 米。山、川、塬兼有,沟、岘、梁相间,高原风貌雄浑独特。全境有 10 万亩以上大塬 12 条,面积 382 万亩。董志塬平畴沃野,一望无垠,有 700 多平方公里,横跨庆阳市四县区,是世界上面积最大、土层最厚、保存最完整的黄土原面,堪称"天下黄土第一原"。

庆阳市是中华民族早期农耕文明的发祥地之一,20 万年前这里就有人类繁衍生息,7000 多年前就有了早期农耕。4000 多年前,周先祖不窋开启了农耕文明的先河。这里是"环江翼龙"和"黄河古象"的故乡,是中国"第一块旧石器"的出土地;这里是中国中医药文化的发祥地,中医鼻祖—岐伯的出生地,在此成就了举世瞩目的《黄帝内经》;这里是原陕甘宁边区的重要组成部分,甘肃唯一的革命老区,被誉为"永远的红区"。国家级陇东大型能源化工基地核心区,石油、天然气和煤炭蕴藏富集,长庆油田的发源地。

建议在甘肃的陇东南建设以早期周文化和农耕文明相结合的产业基地,目的是加速传统农业改造,建设现代农业。建设"家庭农场"也是未来农业产业化发展的方向。家庭农场是指以家庭成员为主要劳动力,从事农业规模化、集约化、商品化生产经营,并以农业收入为家庭主要收入来源的新型农业经营主体。建立"家庭农场",既改善农民生产、生活条件,又适宜对外开放,发展旅游业,建成休闲式现代农场,实现城乡互动,增进城乡互补。

习近平总书记强调,农村是我国传统文明的发源地,乡土文化的根不能断;农耕文化是我国农业的宝贵财富,是中华文化的重要组成部分，不仅不能丢，而且要不断发扬光大。庆阳地区拥有悠长久远的农耕文明史，是全国农耕文化资源最富集、多样性特征最鲜明的地区之一。保护与传承好庆阳农耕文化，既是贯彻落实习近平总书记系列重要讲话精神的具体体现，又是现代文化创新发展、美丽乡村建设的客观要求，必须高度重视，切实抓紧抓好。

要在保护中发展、在发展中保护，努力建设庆阳农耕文化示范区。各地各部门要更加注重工业文明与农耕文化的协调、农耕文化与传统节庆的衔接、美丽乡村建设与农耕文化保护的结合、文化产业与旅游产业的融合发展，切实加大投入力度，认真组织实施好濒危农耕文化抢救、农耕文化保护与传承示范、农耕文化保护利用基础设施建设、传统村落保护、乡村记忆工程、特色农耕文化产业发展、农耕文化艺术精品创作、农村基层文化建设推进8项工程，贯彻落实好相关政策措施，推动庆阳农耕文化保护与传承工作不断取得新成效。

未来的农业是真正的高科技行业。我国农业的先天不足表现得越来越明显。农业靠天吃饭，土地产出率、资源利用率、劳动生产率极度低下；集约化、可持续发展进度缓慢，种种压力日积月累，使农业发展面临着"前所未有"的挑战。

反观以色列，高科技农业和现代化管理全球领先。农业经济、光合作用、植物保护、动物繁育、生物工程、灌溉排水、土壤侵蚀、加工储藏、无土栽培，光热网膜技术等科技创新，却使以色列以"最袖珍的超级大国"身份屹立于世界民族之林！

根据庆阳市"十三五"农业现代化规划，紧紧围绕精准扶贫精准脱贫工作大局，以创建国家农业可持续发展试验示范区为目标，以推进农业供给侧结构性改革为主线，以农牧互补、种养结合、种养加一体化循环发展为抓手，着力转变畜牧业发展方式，调整种植业布局结构，提升龙头企业核心竞争力，推动一二三产业融合发展，实现农业产业转型升级，为促进农民持续增收提供有力保障。

到 2020 年，全市农业基础设施明显改善，农业综合生产能力稳步提高，科技支撑能力持续增强，产业化经营水平明显提升，设施装备更加先进，标准化生产加快普及，现代信息技术应用更加广泛，市场竞争力显著提升，生态环境有效改善；特色鲜明、形式多样的现代农业发展模式基本确立，农业现代化取得明显进展。

（一）农业公园

是以经营公园的思路，利用农村广阔的田野，以绿色村庄为基础，庆阳农业观光旅游养生，融入低碳环保、循环可持续的发展理念。将农作物种植与农耕文化相结合的一种生态休闲和乡土文化旅游模式。是一个更能体现和谐发展模式、简约生活理念、返璞归真追求的现代农业园林景观与休闲、度假、游憩、学习的规模化乡村旅游综合体。它以农业为基础，实现了现代农业的主题化、景观化、公园化和规模化，是未来我国休闲农业发展的目标。

（二）主题农庄

是以农民为经营主体，乡村民俗文化为灵魂，城市居民为目标，以特色鲜明的主题贯穿其中的一种乡村旅游形式。一栋农庄建筑实现核心盈利点。花园、树园、果园、田园、菜园、牧园六种配套农庄项目体现生活方式。书吧、清吧、咖啡厅、茶吧、小型会所等多种配套资源提升品位。实现"16X"模式对主题农庄开发经营。

（三）亲子农园

是以农业自然和文化资源为依托，将农业元素融入游乐设施和亲子活动当中。以家庭亲子教育等为目的一种休闲农业产品类型。亲子农园儿童产品的设计要"以儿童为中心",遵循安全性、农业主题性、组合性、趣味性、易用性、益智性、互动体验性七大原则。

(四) 现代农业示范区

是以现代产业发展理念为指导,以新型农民为主体,以现代科学技术和物质装备为支撑,采用现代经营管理方式,可持续发展的现代农业示范区域。现代农业示范区具有产业布局合理、组织方式先进、资源利用、供给保障安全、综合效益显着的特征。

(五) 酒庄

酒庄一词源于法国,是指一个独立的葡萄酒生产单位,即从葡萄种植、栽培、采摘,到葡萄酒酿造、灌装、储存、品鉴、销售整个过程,全部集中在一处完成的场所。酒庄多规划建设在风光优美、气候宜人、阳光充足的山谷或海边,本身就是个旅游的好去处。在酒庄中,人们可以感受葡萄酒相关知识,还可以休闲、娱乐、健身、度假。

六 成果转化综述

该项研究产业化转化工作,由科研单位、相关企业、地方政府论证进行中。

建设农业产业化示范基地是新形势下农业产业化快速发展的客观要求,是促进农业发展方式转变、建设现代农业的有效途径。为推动农业产业化示范基地创新提质,进一步发挥龙头企业集群集聚优势,集成利用资源要素,按照《全国农业现代化规划(2016—2020年)》关于建设一批农业产业化示范基地的要求,以及《农业部关于推进农业供给侧结构性改革的实施意见》（农发〔2017〕1号）相关部署。庆阳市狠抓农业产业化快速发展，突出支柱产业，不断培植新的经济增长点，依靠科技投入提高生产水平，充分认识农业生产结构调整的必要性。建立科技含量最高的农业园区；园区建设以技术研发、引进、示范推广、教育培训等为重点的循环农业高新技术集聚区。同时，以打造国家级一二三产融合发展示范区为目标，建设以庆阳特色产业为重点，集循环农业、创意农业、休闲体验为一体的多功能大循环农业发展示范区和省级乡村振兴示范区，助推庆阳乃至西北的现代农业实现更高质量发展，带动脱贫攻坚和乡村振兴等工作。

拟建国家现代农业示范区，精心组织开展现代农业示范区的各项工作，引进各个农业企业，实现现代农业经营的数量增长，实力增强，逐步形成以种养、加工、物流、休闲观光、电子商务等一体化的农业产业链，让农业示范园更好地展示航天育种产品的特色和优势，建成集太空农业种植、航天科技体验、航天科普教育等为一体的绿色化高科技生态园，为甘肃的现代农业发展、为庆阳的产业发展添光增彩，请国家支持项目的建设和发展。

项目建成后，甘肃陇东多了一个学习航天农业科学技术的窗口，为参观者提供交流、学习、观赏的场所，使人们在这里可以领略到太空的神奇造化，感受太空植物给人们带来的震撼，更会激发人们工作、学习、探索的热情，无限广阔的太空世界能使人们顿悟人生，更加热爱我们的家园。

作者：陶兴华（西北师范大学副教授）
邱林山（西北师范大学讲师）

挖掘华夏文明文化
发挥软文化硬实力

中国是历史悠久的文明古国，拥有极为丰富的文化遗产。文物是文化遗产的重要组成部分，蕴含着中华民族特有的精神价值、思维方式、想象力，体现着中华民族的生命力和创造力。保护和利用好文物，对于继承和发扬民族优秀文化传统，增进民族团结和维护国家统一，增强民族自信心和凝聚力，促进社会主义精神文明建设，都具有重要而深远的意义。

文化遗址是古人给我们留下的宝贵财富，它见证了历史的变迁，不同时代的遗迹留下了特定历史时期的印记，对后人研究历史发展、传统文化、民间习俗、建筑、艺术等方面都有着不可替代的意义。文化遗址作为不可再生资源，又承担着城市名片的功能，它们向外界展示着一座城市甚至一个国家源远流长的文明，是历史长河中璀璨文化的积淀，是一座城市区别于其他城市的标志。中国近代历史上的几次民族浩劫对文化遗址造成了极大的破坏，如果那些无法避免，那在和平发展的今天，我们有什么理由再破坏。现在保护文化遗址已经越来越引起人们的重视，如何使城市现代化建设与文化遗址保护相互促进，如何完善文物保护制度，如何更完整、更专业地保护好文化遗迹也成为当今热门的话题。

一　陇南早期秦文化与秦王朝的统一

在以陇山为依托，以今天天水市为中心的这片地域，渭河与汉水支流密布，厕错邻接，形成了一个颇具特色的文化圈。这个文化圈远古时期即曾展现过炫目的光辉，为华夏文明的形成作出过卓越的贡献。创建我国历史上第一个中央集权大一统王朝的嬴秦，就是在这个文化圈内崛起的。

嬴秦族是东夷集团西迁陇右的一支，最初在西汉水上游建立了一个以殷商为宗主的小方国，商亡后又归属于周。面对戎邦林立、纷争不断的政治格局，嬴秦艰苦经营，奋力拼搏，扩拓领域，终于在两周替接的历史节点上勃然显兴，并迅速成长为西方唯一的诸侯大国。兹后又蓄力东向，挺进关中，征服诸戎，与列国逐鹿中原，最后实现了一统神州的宏图。嬴秦在汉渭文化圈的崛起，是中华民族伟大历史画卷中笔势雄健而又色彩缤纷的一页，对此后中国社会的发展，对西北地区民族关系的演变，尤其对汉渭文化圈的历史处位及人文传统，都具有深远的影响。

（一）嬴秦的崛起

1. 嬴族西迁与"西"邑立邦

嬴姓部族是脱胎于大汶口文化的山东龙山文化的主要族体，族势昌盛，分支繁多，远徙陇右的嬴秦，是其中的一支。五帝时期，以少昊为首领的鸟图腾部族和以颛顼为首领的日图腾部族结合为"两合婚姻联盟"，形成了复合性的阳鸟部族。嬴秦属于这个族体，故认少昊和颛顼为其始祖。

三代时期，尧派羲和四子率族众分赴东、南、西、北四个标位性极点，负责观测太阳的运行，并定期举行祭日仪典。和仲一族即肩负这一使命远徙陇右，"宅西，曰昧谷。寅饯纳日，平秩西成"。[1] 他们定居在以"西"邑为中心的西汉水上游一带，是该地区最早的开发者。和仲所属的羲和家族，是重黎的后代；而重黎家族，又是少昊与颛顼的后代。以他们为名号的这个族体，从五帝时期到夏王朝，一直职掌天文历法，其传承在古文献中彰然可寻。由于族体脉系、文化特性和活动地域这三大因素皆重合，故嬴秦应是和仲一族的后裔（见图1）。

图1　秦公簋（中国历史博物馆藏，复制品）

---

①　孙星衍：《尚书今古文注疏》卷1《尧典》，中华书局1986年版，第10—22页。

《史记》对嬴秦早期动向讲得很慎重，且具有较大弹性。《秦本纪》说夏末秦祖费昌时，族体支系已有流徙现象，其"子孙或在中国，或在夷狄"，但未言明"夷狄"在何处；《秦始皇本纪》又谓嬴族"及殷夏之间微散"，但未言明"微散"到了哪里。时代与地域皆明确的交代已经靠后了，《秦本纪》在叙述嬴秦先世因"佐殷"而"多显，遂为诸侯"文后，接着说："其玄孙曰中潏，在西戎，保西垂。"

以"西"邑为中心的这个嬴姓方国，是商王朝的属邦，中潏之子蜚廉，之孙恶来，都在商王朝担任要职。但方国地处姬周的背后，在文献中还找不到嬴秦与周国敌对的记载。事实是，在周灭商后，嬴秦很快便完成了政治依附关系的转变，改奉西周王朝为宗主。刚刚建立的西周王朝，诸事待兴，又面临东部商夷集团叛乱的威胁，非常希望在西方有个稳定的局面，这就需要借助嬴秦的力量。所以，周秦宗属关系不仅能和顺结成，而且有越来越亲密的趋势。

嬴秦方国所涉地域，将文献记载与田野考古综合起来考察，其大致范围比较容易确定，早期就在西汉水上游一带，即汉代的西县境域，合今礼县东部、西和县北部，以及和礼县邻接的天水、甘谷、武山部分地区。后来国域有了大幅度扩拓，包括今清水、张家川的某些部分。20世纪90年代礼县大堡子山秦公陵园及圆顶山秦贵族墓地的面世，不仅确证了嬴秦方国中心区域就在今礼县东部及西和北部的史实，也为西邑地望的判定提供了可靠的依据。

大堡子山位于礼县城东约26华里处的西汉水北岸，秦公陵园坐落在山顶部一处向阳且相对平缓的斜坡上。陵园面积近5万平方米，中心部位平行并列着坐西朝东的两座大墓。大墓周围有规律地分布着200多座中、小型墓葬，陵区出土了为数甚巨的青铜器和金器。青铜器中包括成套的鼎、簋、壶、盘、钟、镈等类礼器，以及大量车马器和兵器。金器也数量可观，其中有 4 对 8 件大型金鸷片最引人注目（见图2）。

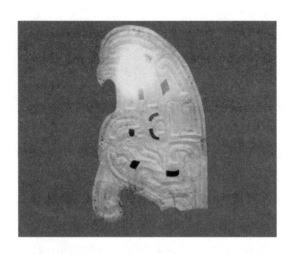

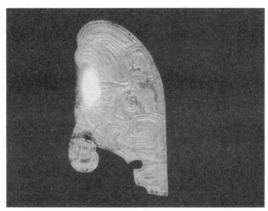

图2　秦公墓金鸟羽翼组成之鸷鸟金饰片复制品

2. 分族封秦与陇上始大

周孝王时代，嬴秦的首领名大骆。大骆与在关陇地区很有实力的申国联姻，娶了正在王朝中央任要职的申侯之女为妻，生了日后将继其君位的世子成。大骆还有个庶子名非子，庶子乃非正夫人所生，依当时的宗法传统，通常是不能继承君位的，但他因养马有功，孝王最初打算让他接大骆的班，但此意遭到权臣申侯的反对，孝王就从王畿西部划出一块地域"秦"封非子。《说文》："秦，伯益之后所封国。地宜禾，从禾，舂省。一曰：秦禾名。"非子封于该地，此后"秦"便由邑名而族名，而国名，而朝代名。秦邑地望，就在汧、渭二水交汇处附近。

非子脱离大骆族系复居嬴姓正宗，并被以附庸身份封于秦地，这在嬴秦发展史上具有划时代的意义，秦作为一个新生的政治实体，由此登上了历史舞台。这不仅是非子本人命运的大转折，也决定着整个西方嬴姓族体的存亡。非子所出的大骆主族后来被戎人灭掉，赖非子一支保存了嬴姓族脉。正是这支力量，经过艰险曲折的奋斗，完成了嬴秦在汉渭文化圈的崛起。

非子所处的汧渭之间，并没有太大的发展空间，因为那是个部族关系相当复杂的多事之域。在西周王朝对边域族邦强势犹存的情况下，非子一族背靠大树，尚能立足，当王朝衰落已无力控制局面时，羽翼未丰的嬴秦便不得不另谋发展了。这段史事文籍缺载，我们只知道后来嬴秦的活动区域已不在汧渭地区而转移到了陇上。这个转移很可能发生在非子的曾孙秦仲时代，许多古文献都说陇上之秦，为秦仲封地。如《诗·秦风谱》即云："天水本隶秦，在汧陇之西。秦仲始大，有车马礼乐侍御之好。"秦仲大约就是在西周王朝经厉王之乱，属国氏邦离心力陡增的那段时间决策登陇的。沿循古代邑地之名常随族体一起转移的通习，"秦"之名也便由汧渭地区徙至陇上。

在嬴秦历史上秦仲是个承前启后的显赫人物，古文献中对他的功业有很高的评价。《诗·秦风·车邻》诗序云："美秦仲也。秦仲始大，有车马礼乐侍御之好焉。"也就是说，秦仲时代嬴秦的领域和实力，远远超过了前世。这正是秦仲率领族体由汧渭地区西登陇上战略转移成功的结果。秦仲在王朝衰象已萌的背景下，决策向西，于陇上渭水河谷地带辟拓了一片新的国域。

陇上秦邑的地望，古今史志及工具书有大体一致的说法，认为在今清水县或张家川境内，有些文籍甚至明确说在今清水县的秦亭、秦谷附近，① 但考古学家考证当在张家川。②

3. 救周封侯与迁都关中

秦仲在位 23 年，死于伐戎之役。秦仲的战死引起西周王朝的震动，即位不久而力图中兴的周宣王，决心强化对嬴秦的支援，派兵 7000 人，组成周秦联军，与戎族决战。通过此役，嬴秦夺回了已被犬戎占领了 20 多年的西垂地区，并乘胜扩展地盘，使陇上秦域同西垂方国旧地连成了一片，国势空前壮大。

庄公在位 44 年，其长子世父声言要专力抗戎为祖父秦仲报仇，把世子权位让给了其弟襄公。襄公即位时（前 778 年）陇右局势仍相当复杂，但他是个既有魄力又有谋略的政治家，能清醒地认识到邦国处境，冷静地处理各种矛盾，在险涡骇浪中，把嬴秦领向了正确的航道。

襄公在位的时间不长，但他做了两件对嬴秦社会发展影响极其深远的大事。一件大事是在西周末年那场动乱中率兵救国，并因此而被封为诸侯，从而全方位地提升了嬴秦的地位和声望，把邦国历史推向了崭新的阶段。西周后期，幽王暴虐无道，导致西周灭亡的所谓"申侯之乱"。在这个历史场景大转换的关键时刻，秦襄公出现在舞台的聚光灯下。他以非凡的胆识，作出了极具战略远见的决策：挟军事实力，平息事变，拥戴原太子宜臼即王位，是为周平王，王都东迁洛邑。

秦襄公救周并不是救幽王的政权，而是救宗法体制下的王室正统。《秦本纪》载，为嘉奖秦襄公力战救周，拥立并护送平王的殊勋，"平王封襄公为诸侯，赐之岐以西之地"。襄公关键时刻出

---

① 祝中熹：《甘肃通史·先秦卷》，甘肃人民出版社 2009 年版，第 203 页。
② 徐卫民：《秦都城研究》，山西人民教育出版社 2000 年版，第 50 页。

手亮剑，在宏观政治格局中取得了发言权，不仅被晋封为诸侯，而且为嬴秦日后的崛起培育了巨大的潜能。这意味着西北历史舞台主角由周向秦的转换，已揭开了序幕。

秦襄公做的第二件大事，是在他受封为诸侯之后设畤祭祀白帝少昊。襄公的高明之处是把天帝分拆成五色帝，并把始祖少昊与西方之天合二为一称为"白帝"。周天子郊祭的灵魂是"以祖配天"，而襄公的畤祭则直接把祖神升格为西方之天。这无疑是我国贵族社会居绝对统治地位的政治哲学——天命观在宗教思想领域的仪礼化、物象化。天命观的宗旨就在于神权、族权、政权的三位一体，宗法制度下政权是以族权为基础的，族权来自祖神，而祖神就是天帝。襄公设畤祀白帝，确立了嬴秦最神圣的宗教观念和最高规格的国家祭典，为政权和君权构建了强有力的精神支柱。

襄公任诸侯的第五年（前765年），伐戎至岐山而死于军旅之中，壮志未酬即为自己的战略决策献出了生命，其未竟之业历史性地落在了继位者文公身上。文公实施东向发展的既定战略的第一步是迁都关中，以肥沃繁庶的八百里秦川为根据地向中原发展，填补周王室东迁后的权力空缺。

文公最后确定的新都点位，也就是当年非子封秦之处。也即司马迁史在《史记》中所称"汧渭之会"或"汧渭之间"，即二水交汇形成的扇形区域内。不少学者认为可能就在今陕西陇县磨心塬附近。在以神权强化政权方面，文公与襄公一脉相承，且更加发扬光大。在完善国家机器，提高政权功效方面，文公也大有作为。《秦本纪》重点讲了文公时的两项举措，一项是严格刑法，一项是建立史官制度。文公迁汧后经过较长时间的力量蓄积，终于具备了抗衡戎族的优势。《秦本纪》载，文公执政第十六年，"以兵伐戎，戎败走"。这是秦军的一次主动出击，而且获得了空前的胜利，不仅使国域有了较大幅度的扩展，而且进一步稳定了关中西部的局势。此役基本上解除了诸戎对关中的威胁，为关中经济恢复发展创造了条件，也为此后赢秦社会的长足发展奠定了基础。文公在位50年，其间赢秦在经济、政治、军事、文化诸方面都取得了辉煌的成就。文公时赢秦繁荣昌盛，可以视为国家崛起的标志。此后，以关中为基地，秦国羽翼日丰，虎视列国，威服百戎，一步步造就了霸业。

（二）赢秦崛起的历史影响

在中华民族历史发展的长河中，赢秦的崛起对中国历史的发展影响巨大，意义极其深远。

1. 加速了汉渭文化圈的发展和形成

"汉渭文化圈"指以陇山为依托，以今天天水市为中心，汉、渭二水上游支流密布的那片地域。从自然地理方面说，这里是黄河、长江两大流域水系唯一厕错相邻的地区。"汉中"地名即源自其处于汉水中游。先秦时代人们把汉水看得很重，常把汉水同长江连称为"江汉"，视江汉为南中国的主要命脉。《大雅·云汉》："悼彼云汉，昭回于天。"《小雅·大东》："惟天有汉，监亦有光。"均称天上的银河为"汉"。汉水既与天上的银河对应，它也就是地上的天河，"天水"地名即源此而来，意为汉水最高的源头。汉、渭二水在陇山周围支流近距离间错，形成了大致形同的生态环境。这里东望关中，南通巴蜀，西联中亚，北接宁朔，自古以来即处交通枢纽的位置，为人类群体会散流徙的孔道。

从史前考古遗存方面说，这里是比前仰韶文化还要早1000多年，并且持续不断发展了3000多年的大地湾文化源地，又是之后马家窑文化与齐家文化的密集分布区。这一带不仅发现过比山顶洞人早两万多年的旧石器时代人类头骨化石，在向阳而开阔的河谷台地上，几乎都能找到新石器时代先民的聚落遗存。与考古文化信息相呼应，被视为华夏始祖的伏羲、女娲，以及处于我国文明前夕，位居五帝之首的黄帝，有关他们的神话传说具有鲜明的历史性，寓含着远古先民生活的影像。完全可以说，这里是中华民族的重要发祥地之一。

从经济方面说，这里是农耕文化区与牧猎文化区的交汇带。在生态环境相对优越的汉渭川原，很早以前便发展起来原始农业和家庭饲养业，居民过着定居生活，而在周边的山林草原地区，则活跃着游徙无定、频繁流动的牧猎部族。后来，与关中经济一体的农业、畜牧业相结合的农耕文化区稳定发育，且形成了逐步向外推移的趋势。牧猎形态向农耕形态的转化演进，构成这一地区经济发展的基本特征。但在新石器时代晚期，由于自然条件的剧烈变化，以及代表优秀文化的族体不断转移，这一带的社会发展陷于滞缓。在距今4000—3500年的一次小冰河期，使这一地区原本趋于繁荣的农耕业遭受重创，齐家文化进入衰落期，之后出现的诸地域性青铜文化，都未能发育成一种开放性、引领性的大文化。在以黄、炎二帝为象征性首领并代表先进文化的姬、姜部族走下黄土高原之后，这一地区再未出现一支具有凝聚力和动员力的强势部族，建起足以联合诸氏邦的贵族制度国家，从而带动全地区跨入文明的门槛。在陇山以东从关中到海岱的辽阔地域，贵族社会正在走向成熟的岁月里，这一地区仍是酋邦林立、族体流徙、冲突频发的局面。直到嬴姓部族西迁此地，通过世代相继的艰苦奋斗，经营起一个显然具有先进性的方国之后，情况才慢慢发生变化。

嬴姓部族起源的山东龙山文化，农业和畜牧业均达到较高的水平。嬴秦远祖伯益，不仅是协助大禹治水的功臣，还是个成就卓越的农、畜业专家。在那个时代，部族首领的特长，也就是其部族的特长，嬴秦具有擅长农、畜业的文化"基因"，是不言而喻的。

秦文化遗存表明，陇右嬴秦族体很早以前便过着定居的农耕生活。嬴秦早期活动地域，正是汉渭文化圈的主体范围。嬴秦充分利用了较好的生态环境和自身的文化优势，世代相继地开发、经营了这一地区，以先进的生产技术和稳定的农耕生活，影响着相邻的氏邦族体，在经济形态上长期发挥着示范效应。同时，嬴秦以不断壮大的政治能力和军事实力，制约、遏制着攻掠性极强的牧猎部族对这一地区的侵扰，努力改造相对安定的政治格局，最终实现了统一的行政管理。总之，嬴秦的崛起，成为汉渭文化圈社会发展的主导性力量。农耕经济的日趋定型，是文化圈繁荣昌盛的基础，而政治体制的统一构建，则为文化圈的生命力提供了保障。

2. 促进西北地区的民族交往与融合

西北地区的地形和气候极其复杂，多样性的区域性生态环境孕育了多类型的史前文化，形成了多元化部族群体共存互动的局面。先秦文献中常见的西北部族名称即有羌、氐、戎、狄、鬼方、鬼亲、猃狁、狗国、畎夷、犬戎、犬夷、西戎、昆夷、绲戎、混夷、串夷、薰鬻（薰育）、荤粥等族称，其中不乏一族多名、同名异字的现象，但族体众多、活动频繁则是事实。由于前文中曾分析过的原因，这种部族多元并处态势，在汉渭文化圈内尤为突出。稍后的文献对该地区诸族泛称为"戎"，而各以其生活地域或族姓区别之。诸族的生活习性各不相同，许多部族以游牧和狩猎为生存手段，有的特具攻掠性和流动性。随着人口繁衍及族系分支的派生，为争夺有限的生存资源，部族流徙及部族间的利害冲突，必然日趋频繁，所以民族关系长处于复杂而又紧张的状态。

然而，社会的整体进步，要求相邻族体和睦相处，建立一种利益协调的平衡机制，逐渐促进民族间的融合。前提是政治的统一和经济的稳定，这应是历史发展的大趋势。形成这种趋势，首先，需要出现一支强势的主导性力量，出现一个具有文化凝聚力的族体，能够影响、制约甚至决定各个族体的行为，并以先进的生产形态作基础，扩大各族的共性，起到"涵化"作用。日渐崛起的赢秦，肩负起了这一历史的使命。

作为一支远徙新域的部族，赢秦从一开始便须和陇右土著即诸戎和平共处，密切交往，联姻通婚，吸收当地文化的优秀成分，适应当地的生态环境，熟悉当地的世俗民风。当然，随着时间的推移，利益冲突在所难免；干戈相见的情况，也会时有发生。特别是在同中央王朝命运攸关的大动荡时期，秦戎矛盾还可能是激烈的、反复的、持续的。但从历史演进的宏观角度看，秦戎关系友好交往的一面，应当说是主流。考古资料告诉我们，秦文化中容含了许多戎文化因素。所以，古文籍中常说秦人"与戎狄同俗"。

秦都东移关中后，赢秦在对戎斗争中越来越处于强势地位。为了控制关中的局势，为了占据更多的土地资源，一度采取过武力征伐后驱逐戎众的极端行为，导致秦戎关系极端恶化。秦穆公晚年对此有所醒悟，用由余之谋解决诸戎问题时，扭转了那种灭邦逐民的错误政策，立足于"威服"而不是"伐灭"，只要对赢秦表示臣服，族体氏邦照样存在。《史记·商君列传》载赵良语，称穆公"施德诸侯，而八戎来服"，指的就是这种格局：西戎诸族皆承认、接受赢秦的统属，而其各个族邦的治理与权益并未受触动。这也正表明，在民族关系事务中，赢秦已完全具备了主导性和决定性。应当说，赢秦的民族政策是成功的，战国后期赢秦能长驱远涉与列强争锋于中原而毫无后顾之忧，也是从腹地安定、民族关系和谐为前提的。

汉渭文化圈经济的繁荣稳定，是赢秦民族政策成功的基础。赢秦农、畜业相结合的生产形态，世代相继地发挥着示范作用，不断扩大着对周边地区的影响，逐步改变着许多部族的生存方式，使他们也开始了农耕定居生活，从而也能较顺畅地纳入统一的行政管理体系之内，从根本上消除了民族矛盾冲突的根源。在赢秦的主导和治理下，西北地区尤其是汉渭文化圈内，许多氏邦部族逐渐被涵化融合。过程中多重因素在起作用，既有嬴秦先进文化的影响和感召，也伴随着嬴秦军事力量的征伐与胁迫。一些族体向秦人学习，已适应农耕定居生活，并由于同嬴秦世代杂居而逐渐融为一体；一些族体被嬴秦征服后表示归顺，被纳入秦国政府管理体系之中，族统得以保留沿袭；也有些族体在嬴秦的挤压下，流徙他方，远离了汉渭地区。

随着嬴秦的崛起，西北地区民族关系的总体趋势越来越缓和，变化演进的线条也比较清晰。这既有利于西北地区特别是汉渭文化圈社会经济的长远发展，也加速了西北各族同华夏的融汇，推动了中国走向大一统的历史步伐。

3. 造就了完成统一大业的力量

晚至春秋后期还被东方列国视为僻处西北一隅，将之比于戎狄的嬴秦，后来竟能纵横捭阖，驰骋中原，最终完成了九州归一的大业，古人对此常感到困惑。其实，这个进程是一种历史的必然，嬴秦的崛起容含着许多列国并不具备的优势因素，其强盛的国力和精锐的军力，是在西北地区特殊自然条件及人文环境中长期磨炼出来的。

秦文化最鲜明并且一以贯之的特色，是具有包含性和进取性。嬴秦既是东方文化的传播者，又是姬周文化的学习者，更善于吸收诸戎文化中的优秀成分，实为多元文化的融合剂。也就是说，嬴秦部族的特殊经历，以及其特殊的活动地域，决定了族体文化素质的兼容优势。嬴秦最善于把不同的文化因素结合起来，升华为一种有利于自身发展的观念和举措，既秉承传统的精神，又不为传统所缚，而敢于以新的活力完善传统。以其禋祭而言，既承袭了海岱文化圈兴起的依托泰山的天帝崇拜意识，又吸收了后起的五色方域天神的观念，同时贯彻了周人郊祭以祖配天的政治宗旨，在用神权保障政权宗教领域，取得了最显著的效果。

　　这种多元文化兼容的特性，具有极强的生命力，在政治上表现为积极进取，勇于革新，讲求功效。嬴秦长期僻处西北，较少受中原王朝体制下礼乐伦理的熏陶，尤其是较少受贵族社会宗法制度的束缚，故在行政方式和人事理念上都相当开放，其政策多含功利主义色彩，对社会生活有较强的适应性。由于贵族宗法体制薄弱，大家族势力难以过度膨胀，国君的强势地位不易动摇。如同"三家分晋"及鲁国"三分公室"之类事件，在秦国是很难想象的。史家早就指出，秦国是不轻易对高爵位封土的，国君子弟及功臣虽爵高却无封地。[①]　这就使政权上下贯通减少了许多中间利益集团的干扰和壅阻，提高了行政效率。一些适应社会需要的革新性政举，如郡县制、军功爵制、户籍制等，都能顺利推行。郡县制的创设与全面实施，典型地反映了嬴秦政治的进取精神，这实际上是彻底否定了宗法分封制，从根本上剥夺旧贵族权力，营造封建性政体的一项关键措施。此举自上而下构筑起中央集权框架，在高度强化国君权力的同时，形成了由各种机构和各级官吏组配而成的整套行政网络，并能不断调整、完善这套网络。作为郡县制的一种补充，嬴秦还创行了"道"，实施行政管理。少数民族各有其文化传统和民风民俗，在行政与教化上理应区别对待，这是有利于民族和睦的明智之举。这些都充分体现了嬴秦政治的创新进取精神。

　　在用人方面，嬴秦眼界开阔，不拘一格，重才能而不究身份，吏治肃整，严而不污。他国的政治家，在秦国也能得到重用。李斯谏逐客书曾列举了一批来自他国的人士，如由余、百里奚、蹇叔、丕豹、公孙支、商鞅、张仪、范雎等，他们都在嬴秦崛起过程中发挥过巨大作用，李斯本人也非秦民而来自楚国。秦之最高长官"相"，许多人出身贫寒或来自异域，但秦君任命时并不考虑

---

　　① 孙楷撰，徐复订补：《秦会要订补》，中华书局1998年版，第233页。

其出身及国籍，完全以其治理能力定夺。战国时期各国皆施行社会改革，但只有嬴秦的改革最彻底，成效最显著，根本原因就在于嬴秦政治上一直挟有这种勇于进取、敢于革新的精神。

再来看经济。前文已指出，早在"保西垂"时代，嬴秦即已经营起发达的农、畜业；迁都关中后，又拥有了肥沃的泾渭平原，全面继承了周人先进的农业传统。在经济领域，嬴秦的创新精神突出表现在农业生产力的不断提高上；嬴秦是农业生产中最早使用铁制工具、最早普遍使用牛耕的国家。恩格斯说过，铁"是历史上起过革命作用的各种原料中最后和最重要的一种原料"。① 铁的使用被认为是人类历史上具有里程碑意义的事件，代表了生产力的一大飞跃。嬴秦最早用铁，古文献中能找到线索，而田野考古则提供了更有力的证据。② 迄今已发表的春秋早、中期铁器实例，几乎都出自秦域。

为适应农业生产力的大幅度提高，商鞅变法彻底铲除掉原井田制下份地规划躯壳，采用了 240 步的大亩辕田制，随之而兴的大型水利工程的修建，使耕地灌溉面积空前扩增，更使农业发展如虎添翼。在农耕操作技术方面，嬴秦也有许多创造性成就，这在战国后期秦相吕不韦主编的《吕氏春秋》一书中有总结性阐述。其《上农》《任地》《辩土》《审时》四篇农业专著，反映了秦国农业技术所达到的高度。农业繁荣首先表现在粮食产量上，《战国策·楚策》云"秦国境内，粟如丘山"，虽有点夸张，但应以为秦国农富粮足依据。

至于嬴秦在军事上的突出优势，尤为东方列国所望尘莫及。在诸戎林立的汉渭地区，经历了世代相继的生存斗争，锤炼了嬴秦的尚武精神和勇猛斗志。富国强兵，一直是嬴秦的基本国策，

---

① 恩格斯：《家庭、私有制和国家的起源》，人民出版社 1972 年版，第 160 页。
② 祝中熹：《中国古代始炼铁及秦人用铁考述》，《陇右文博》2001 年第 1 期。

为此颁行军功爵制，将军功同耕地、宅院、奴婢的分配直接挂钩，为军队的高效战斗力提供了可靠的制度保障，习战杀敌立功，成为民心同向的社会风气。同时，军功爵还可以持续积累，爵级越高，享受的政治、经济待遇越多。如此优厚的军功奖赏条件，其社会效益自不待言。《商君书·慎法》谓秦国"境内之民莫不先务耕战，而后得其所乐"。[①] 关陇地区居民本有强悍尚勇的风习，再导以军功厚奖政策，其军队战斗力他国均难匹敌。

除了人的因素外，物质性因素亦不可轻视。嬴秦之擅长畜马、驭马，前文已详述，其战马和兵器的数量和质量，列国中首屈一指。丰实的国力，勇猛的士卒，尖锐的兵器，再配以迅疾灵动的战车和奔马，秦军的战斗力令列国望而生畏，言之变色。列国后期的军事家曾作过这样的评价："秦带甲百余万，车千乘，骑万匹。虎挚之士，跿跔科头、贯颐奋戟者，至不可胜计也。秦马之良，戎兵之众，探前趹后，蹄间三寻者，不可称数也。山东之卒，被甲冒胄以会战，秦人捐甲徒裎以趋敌，左挈人头，右挟生虏。夫秦卒之与山东之卒也，犹乌获之与婴儿也。"[②]

以上内容约略勾勒了一下嬴秦在政治、经济、军力诸方面的巨大优势，可证由嬴秦完成统一中国的伟业，确是历史的必然。

4. 编织了联结汉渭地区与中原的纽带

汉渭文化圈同中原地区的联系，可追溯到远古时期。如前所述，这一地区是史前人类群体迁徙聚流的枢纽性孔道，又是炎、黄两大部族初兴之地。由此发育昌盛的大地湾文化，无疑是仰韶文化的母元之一，而仰韶文化后来发展成为我国北方新石器时代的主流文化。华夏文明的形成，是五帝时代几个大文化区系交往、碰撞、融汇的结果，汉渭文化圈应当是构建华夏文明诸文化流脉

---

① 高亨：《商君书注释》，中华书局 1974 年版。前引《境内》文见第 152 页，《慎法》文见第 183 页。

② 刘向：《战国策·韩策一》，上海古籍出版社 1985 年版，第 934 页。

的西部源头。所以，位处中原的部落联盟中心，对汉渭地区是非常关注的。《尚书·禹贡》言西部地理状况，最详尽的就是雍、梁二州的交接地带，那里是认知重点。《尧典》载尧命和仲一族"宅西"而执行测日、祭日任务，尤能表明该地区的特殊地位。值得注意的是，尧命和仲测日、祭日的"西"地，恰好就是首创八卦的伏羲传说集中的地区，也正是多种古文献盛言的日没之处"昧谷""蒙谷""卯谷""崦嵫"所在区域，该地区就处于汉渭文化圈内。① 嬴秦是和仲一族的后裔，汉渭地区与中原地区的联系，如溯其源，嬴秦可以说是参与了早期的构建。然而这些都只能视作远古史影留存，两个地区真正牢固的联结，只能发生在文明时代，以两个地区的社会发展为基础，并表现在政治、经济、文化各个领域。就此而言，两个地区联结纽带的编织，是在嬴秦崛起的过程中完成的。

嬴秦族体西迁陇右，不单是向汉渭地区传播了东方文化，更重要的是递展了中原王朝的政治影响。从某种程度上说，嬴秦是中原王朝伸向汉渭地区的政治触须。嬴秦在汉渭地区繁衍生息并建立的政治实体为时久远，其间一直和中原王朝保持着密切联系。至迟在商、周两代，嬴秦所建方国，就以中原王朝为宗主，担负着联络西部诸戎，维护王朝利益的重任，嬴族首领也常在王朝中央任职。在商、周两个王朝鼎革接替的历史关节上，尤能看出嬴秦处位之显要。嬴秦原本是殷商的忠实属邦，族体首领蜚廉、恶来父子同任商廷重臣。周武王灭商时杀恶来，蜚廉也因坚持反周而在数年后献身，但嬴秦不仅能在新兴的西周王朝治下保持了原来的方国，还与周王室建立了比同商王朝更亲密的关系，原因就在于嬴秦是王朝与汉渭地区之间的沟通者、联络者和协调者。嬴秦的存在，有助于王朝政治意图的贯彻，有助于王朝对西

---

① 赵逵夫：《秦史求知录·序》，上海古籍出版社 2012 年版，序文第 8 页。

部边疆的掌控。嬴秦的这种战略纽带作用，是无可取代的。

即使在王朝体制衰落，嬴秦迁都关中之后，其联结中原与汉渭地区的纽带地位仍未削弱。因为在面向东方扩展国势的同时，嬴秦并未放松对汉渭地区的关注和经营。比如文公在汧地生活了近半个世纪，死后要归葬于西邑；武公创设邽、冀二县，位置就在汉渭中心地带；穆公益国开地，重心仍在汉渭圈内。献公未即位时居于旧都西邑，即位后虽移都栎阳，却又回头在西邑立祀白帝的畤；秦昭王修长城西起临洮，北经今渭源、陇西、通渭、静宁、镇原、环县、华池而东入陕北，为汉渭文化圈划出了西部及北部的明确界限；晚至亡赵灭代，嬴秦还将公子嘉为首的末世赵王家族迁至西邑地区，以守嬴姓祖茔宗庙。在嬴秦崛起的全过程中，汉渭地区同关中和中原地区的联系从未中断过，嬴秦对这一地区漫长世代的开发经营和行政管理，是联结中原的决定性因素。

前文曾强调过，嬴秦文化具有示范效应和辐射效应，嬴秦政权具有震慑力和感召力，嬴秦对西北诸族的影响深远而持久。从王朝体制的宗属传统上说，从农耕文化圈的扩大与巩固上说，从华夏文明的宗教、伦理、艺术等人文精神与意识形态上说，嬴秦的存在与壮大，都在以汉渭文化圈为中心的西北地区，培育了对中原王朝的向心势能，强化着中央政权护导边域的观念，编织了一条联结中原与西北的坚韧纽带，并以此引领着西北地区的社会进程。在秦以后至今的两千多年间，西北地区存在过许多割据政权，出现过不少想当"西北王"的野心家，然而无一能久立成功。尽管他们可能拥有貌似强大的武装力量，甚至已经建立起结构完备的政权体制，但都无法稳固有效地控制全局，最终难脱败亡的命运。根由就在于作为心脏地区的汉渭文化圈，早已经过嬴秦的世代开拓治理，从经济形态到政治观念到文化心态，早已同中原构成了血肉难分的共生体。历史业已证明，没有一种力量能切断联结汉渭地区与中原间这条无形的纽带，因为它凝聚着中华民族的精神元气，贯通着华夏文明的经络命脉。嬴秦在汉渭地区崛起意义的这个层面，是对中国历史的特殊贡献，理应给予深度剖理和高度评价。

"礼县是秦人的发祥地和摇篮"，已成为史学界的共识，礼县西汉水流域丰富的史前文化遗址及出土的大量珍贵文物为研究大秦帝国建国的初创史提供了极其宝贵的资料。2004 年国家文物局等五单位开展的早期秦文化调查发掘项目是继中国夏、商断代考古工程后的又一个重大考古项目。为了更好地保护、利用独具特色的礼县秦早期文物，促进秦文化的系统研究和全面发展，使秦文化走向世界，同时，提高甘肃省在中国史学界的知名度，建立爱国主义教育基地，促进地方旅游业的发展，培育新的经济增长点，在征求国内文物部门和有关专家学者意见的基础上，礼县计划修建集陈列展示、文物收藏、学术研究为一体的"甘肃秦文化博物馆"。

甘肃陇南礼县大堡子山秦公陵园已确定为秦国第一陵园，遗址及墓群文物保护项目拟建地点位于礼县县城东 13 公里处永坪乡赵坪村和永兴乡文家村的交界处。遗址及墓群的发现，揭示了嬴秦崛起于甘肃东部那段被学术界忽视已久的历史，印证了《史记》有关嬴秦早期活动的记载，填补了秦史研究中相当关键的一段空白。考古发掘表明，大堡子山不是单纯的墓葬遗址，其不仅是秦国的第一陵园"西垂陵园"，且极有可能就是秦第一都邑西垂之所在。大堡子山遗址及墓群应属于中国古代城邑、墓葬遗址。遗存年代为西周至秦汉时期。

长期以来，由于大堡子山地区生态环境的急剧衰退和人为的不断破坏，大量文物古迹不能得到良好的保护与保存，已经完全消失，只有部分基本完好和少量残存，且这些基本完好或残破不全的文物古迹仍在经受着风沙等自然灾害的侵蚀。因此，该项目除了保护及修复好部分遗址外，还会在遗址周边地区进行增加林草植被，防风固沙，减少水土流失等生态环境综合治理。力求最大限度地实现绿地面积增加，促进生态系统改善，形成一个比较完整的生态循环系统。

礼县大堡子山遗址及墓群文物保护项目的实施，遵循了"保护为主、抢救第一"的方针，以全面保护大堡子山遗址及墓群文物，合理复原秦早期陵园自然风貌为总体设想，为考古科学研究、旅游、学习提供场所，更好地对遗址进行保护和开发利用，对考古研究及文物保护工作的发展具有积极的推动作用。

目前，旅游扶贫开展过程中存在着诸如资源利用率低、扶贫观念滞后等问题，制约了旅游产业在精准扶贫方面的功能发挥。对此，我们应准确定位精准扶贫中的旅游产业发展，提升旅游产业发展的精准性，激发群众参与旅游产业发展的积极性，拓宽旅游扶贫发展的思路和路径，以丰富精准扶贫成果。

该项目建成后，有利于强化陇南整体旅游形象，保持陇南旅游产业平稳快速发展，促进生态系统改善、进一步弘扬和解读先秦文化，增强民族自信心和民族凝聚力，构建和谐发展社会，建设社会主义精神文明，促进贫困地区的经济发展，有力地推动乡村开发建设，因为乡村旅游已经成为贫困人口脱贫致富的最好模式。项目将推动礼县旅游业走向一条以"文物带动旅游，旅游促进保护"的健康发展道路。

二　成果转化综述

该项研究产业化转化工作，由科研单位、相关企业、地方政府论证进行中。

甘肃陇南礼县大堡子山秦公陵园遗址及墓群的发现，揭示了嬴秦崛起于甘肃东部那段被学术界忽视已久的历史，印证了《史记》有关嬴秦早期活动的记载，填补了秦史研究中相当关键的一段空白。考古发掘表明，大堡子山不是单纯的墓葬遗址，其不仅是秦国的第一陵园"西垂陵园"，且极有可能就是秦第一都邑西垂之所在。

建议在礼县大堡子山建文化型主题公园是指整个主题公园的故事线在唯一确定的文化主题下展开，注重主题公园的文化展现，它既是一个文化主题乐园，又是一个文化主题博览园。强调先秦文化的独特性和代表性，打造品牌吸引力。

第一，做好先秦文化的梳理与整合、放大与穷尽，以及先秦文化的挖掘与吸引力转化。

第二，创新文化游憩方式，构建系列文化旅游体验节点，寻找文物旅游盈利点。

第三，通过文化旅游、产业导入，带动当地人就业，引导全域旅游大发展。

第四，以保护为先，合理开发为原则，运用散点透视画卷法，对项目进行活化，利用遗址和遗迹进行创新规划设计，提取项目地的核心文化，加以重塑。

依托相应资源，以旅游设施聚集为主体，形成规模型区域。景区式旅游产业聚集区，则以泛旅游产业为导向，以文化景区的旅游升级体验为核心，整合旅游六要素的旅游服务机构，延伸商务、会议、运动、康疗、养生、度假的产业发展，配套旅游创意品、土特产品、纪念品的旅游配套产业服务结构，形成人流聚集、资本聚集、服务聚集、人才聚集、产业聚集、品牌聚集，从而为地方政府、投资商、当地居民创造更大的综合效益。

作者：祝中熹（甘肃省博物馆副研究员）
邱林山（西北师范大学讲师）

生态文明与非遗保护

让民众成为博物馆的核心，
让博物馆成为社会的核心

当前，我国非物质文化遗产博物馆（简称"非遗馆"）的建设需求高涨，各种类型的非遗展馆孕育而生，然而质量却参差不齐。非遗馆的建设规划、设计思路不同于传统博物馆，其展示内涵强调非物质文化遗产"无形的"精神层面、实践过程的"活态性"及与外部环境"文化脉络"之间的关系。以上这些特点要求"非遗馆"的建设思路必须不同于传统博物馆，其中包括："非遗馆"应如何有效展示非物质文化遗产的核心价值？如何体现非遗的实践过程和无形的精神内涵？如何设计具有较高知识性和娱乐性的展示手段？如何推动非遗保护工作？上述这些问题都是"非遗馆"建设所需要探讨解决的难题。

一 博物馆服务的发展进程

博物馆是人类尊重历史、珍视艺术和崇尚科学的产物，作为一种文化现象，最早服务于西方上流社会。20世纪80年代，随着全球进入"博物馆繁荣"时代，国际博物馆领域确立了以"社会服务"为根本宗旨。从此，博物馆的社会服务功能开始拓展并趋于全面，除了征集文化遗产，保护、传承物质文化遗产，还对促进社会和谐稳定，支持所在地经济文化建设，起到了十分重要的作用。

从博物馆的发展趋势来看，"以人为本""为社会及其发展服务"的理念成为现代博物馆实现场馆设施和人力资源合理配置的重要依据。英国的博物馆将管理的根本目标定位为"让民众成为博物馆的核心，让博物馆成为社会的核心"，更加明确了新时期博物馆的服务宗旨。

我国的博物馆作为公益性文化服务机构，其使命就是"为社会及其发展服务"，不断满足广大民众日益增长的精神文化需求，促进人类社会的全面发展。在当前的社会发展背景下，博物馆工作的性质和特征都在发生着新的变化，承载着向国民弘扬传统文化的社会责任。

二 我国非遗博物馆的发展与职责

"非物质文化遗产"（the Intangible Cultural Heritage）的概念最早出现于 20 世纪 80 年代，成为与"物质遗产"相对而称的专业术语。2011 年《中华人民共和国非物质文化遗产法》正式颁布实施，标志着我国的非物质文化遗产保护进入了新的阶段。

当前，社会各界对于非物质文化遗产的保护投以广泛关注，全国各地都在积极兴建非物质文化遗产保护场所，据不完全统计，全国各省市共建立民俗博物馆 179 个，非物质文化遗产博物馆 424 个。2018 年 7 月 11 日，文化和旅游部办公厅、国务院扶贫办综合司发布了《关于支持设立非遗扶贫就业工坊的通知》（以下简称《通知》）。《通知》指出要以"非遗"为核心，带动"文化扶贫"，一举奠定了中国非遗保护和传承的主基调。非遗保护设施建设被列入了国家文化和遗产保护利用设施建设规划。非遗博物馆，除了具备传统博物馆的属性外，还应保护传承非遗传统文化、利用专业优势开展征集、展览、研究非遗藏品的工作，并兼顾扶持非遗传承人群体，在"为社会及其发展服务"的大前提下，为公众的精神文化需求提供优质的服务。

三 非遗博物馆服务的内容及新趋势

当前，中国文化的发展存在着城市现代化进程与文明发展的矛盾，对于博物馆而言应积极保留大量的传统文化，并发扬传统文化所具备的现代性并向世界范围传播推广。对于非遗博物馆而言，如何让社会关注非遗，保护非物质文化遗产，增强非遗保护意识，使之不仅仅留在"纸上名录"，如何让"纸上名录"真正成为"镌刻在人们心中的珍宝"仍然是摆在每一位博物馆人面前的问题。

因此，新时期非遗博物馆的服务就应兼顾"记忆"和"创造力"两个方面，所谓"记忆"，在非遗博物馆的语境中指的是"非遗馆"所占有的能给观众传递非遗历史文化的资源，包括非遗展品、传承人等。"创造力"是指非遗博物馆运用创新思维和创造力将传统文化和现代科技、理念巧妙融汇，改变以往传统、古板的说教展示形式，让观众在游乐、观赏中全方位了解非遗的文化内涵和传统技艺，努力达到探索传播、宣传、传承非遗的目的，从而让非遗文明的种子真正植入观众的心中，并为非遗的传承和发展引进新的思路和方法。

新时期的非遗保护应着眼于传统与现代的有效整合，因为两者虽然看似矛盾，但并非不能共存，应以开放性的文化心态和全球化视野，以文化主体认同和更好的持续性活态传承为原则并在服务理念和方式上有所创新。

四 甘肃非物质文化遗产资源的历史定位

（一）民族与历史文化渊源

甘肃以其地貌形态特征及构造成因大致可分为六个地形区域，即陇东南山地、陇中东黄土高原、甘南高（草）原、祁连山地、河西走廊和北山山地。甘肃民俗文化资源的特征及分布与上述六大地形区域的地理环境及人口构成有着十分密切的关系。

甘肃自古以来就是多民族聚居区，西戎、羌、氐、匈奴、吐谷浑、吐蕃、回鹘、党项、蒙古都在这块土地上生活或建立过政权。甘肃至今仍是一个多民族省份，主要有汉、回、藏、东乡、裕固、保安、蒙古、哈萨克、土、撒拉、满、维吾尔等。其中，东乡、裕固、保安为甘肃省的特有民族。正是几千年的多民族融合，共同创造了甘肃省异彩纷呈的民族民间文化，为后人留下了丰富的非物质文化遗产。

甘肃丰富多彩的多民族多地域非物质文化遗产不仅被一代又一代的人们在生产活动和社会生活中传承下来，也在历代诗文中得到一定的反映。如《汉乐府·陇西行》："好妇出迎客，颜色正敷愉。伸腰再跪拜，问客平安不。请客北堂上，坐客毡氍毹"，道出汉代陇上宴客以及居住和陈设方面的习俗。再如王褒《关山篇》："好勇自秦中，意气多豪雄。少年便习战，十四已从戎"，可见河陇尚武习俗由来已久。"婆娑依里社，箫鼓赛田神。洒酒浇刍狗，焚香拜木人。"王维的《凉州郊外游望》记写了河西农家祭祀农神的景况。而杜甫《秦州杂诗》的"对门藤盖瓦，映竹水穿沙。瘦地翻宜粟，阳坡可种瓜"，则可见古天水的居住和生产习俗。范仲淹知庆州（今庆阳）时写下了这样的《劝农》诗："烹葵剥枣古年丰，莫管时殊俗自同。太守劝农农勉听，从今再愿诵豳风"。从中可见陇东节日庆丰民俗之古老。从吴镇的"多雨山皆润，长丰岁不愁。花儿饶比兴，番女亦风流"（《我忆临洮好》），则可想见当时多民族儿女争唱花儿的盛况。地方志中关于非物质文化遗产和物质文化遗产的记载，更是不胜枚举。

（二）甘肃非物质文化遗产资源的分布状况

什么是非物质文化遗产？联合国教科文组织在 2003 年 10 月

17 日颁布的《非物质文化遗产保护公约》中是这样界定的："所谓非物质文化遗产，是指那些被各地人民群众或某些个人视为文化财富重要组成部分的各种社会活动、讲述艺术、表演艺术、生产生活经验、各种手工艺技能以及在讲述、表演、实施这些技艺与技能的过程中所使用的各种工具、实物、制成品以及相关场所。"国家非物质文化遗产保护名录把它们分为 10 类，即民间文学、民间音乐、民间舞蹈、传统戏剧、曲艺、杂技与竞技、民间美术、传统手工技艺、传统医药、民俗。

甘肃历史悠久，民族众多，地形复杂，这就造就了甘肃省民族民间文化资源的丰富性和多样性。在甘肃民间，一大批宝贵的非物质文化遗产项目，被一代代地传承了下来。花儿和环县道情皮影戏分别入选"人类非物质文化遗产代表作名录"。据统计，全国 2006 年、2008 年、2011 年共公布国家级非物质文化遗产项目 1524 项（含扩展项 306 项）。甘肃省进入国家非物质文化遗产名录和扩展项目名录的非物质文化遗产有 61 项，其中，临夏、甘南各 8 项，兰州 7 项，天水 6 项，庆阳、武威、张掖各 5 项，酒泉、定西各 4 项，平凉、陇南各 3 项，白银 2 项，金昌 1 项。

兰州：苦水高高跷、兰州鼓子、大水车制作技艺、兰州太平鼓、道情戏（陇剧）、秦腔（甘肃秦剧团）、永登皮影戏。

临夏：花儿、贤孝、保安腰刀、砖雕技艺、米拉尕黑、平弦、东乡族擀毡艺术、傩舞（永靖七月赛会）。

甘南：藏医药（碌曲）、南木特藏戏、藏族民歌、佛教音乐（夏河）、多地舞（舟曲）、巴郎鼓舞（卓尼）、洮砚制作技艺（卓尼）、藏族唐卡。

天水：太昊伏羲祭典、道教音乐（清水）、秦安小曲、旋鼓舞（武山）、雕漆技艺、女娲祭典。

庆阳：香包刺绣、唢呐、道情皮影戏（环县）、窑洞营造技艺、剪纸（镇原）。

武威：藏族民歌（天祝）、格萨尔、贤孝、宝卷、攻鼓子。

张掖：裕固民歌、裕固婚俗、裕固服饰、宝卷、蒙古族服饰。

酒泉：夜光杯雕技艺、宝卷、曲子戏（敦煌）、阿克塞阿依特斯。

定西：花儿、洮砚制作技艺（岷县）、巴当舞、通渭小曲戏。

平凉：曲子戏（华亭）、泾川西王母俗信、庄浪高抬。

陇南：乞巧节、武都高山戏、傩舞（文县）。

白银：剪纸（会宁）、曲子戏。

永昌：元宵节灯会（毛卜拉灯会）。

进入甘肃省省级非物质文化遗产名录的共有三批264项，其中有些项目属于一个项目多地传承。加上进入市县两级非物质文化遗产名录的项目，共计4133项。广为人知的主要有兰州市的羊皮筏子、刻葫芦、兰州牛肉面、永登老调、青城小调、金崖七月赛会、青城水烟制作技艺，甘南州的二月法会、插箭节、香浪节、博峪采花节、锅庄舞、玛曲民间弹唱、藏族唐卡，临夏州的回族宴席曲、口弦、咪咪、刻葫芦，天水市的云阳板、傩歌、花棍舞、甘谷麻鞋，庆阳市的荷花舞、徒手秧歌、周祖祭典、太白孝歌、陇东民歌，张掖市的黄河九曲灯、烧秦桧、金塔黄河灯会、甘州小调；酒泉市的阿克塞阿肯弹唱会、肃州民歌，定西市的拉扎节、剪纸、李氏宗祠、迎神赛会、陇西云阳板、陇西腊肉制作技艺、岷县点心制作技艺，平凉市的春官诗、仙鹤舞、崆峒武术、纸织画、剪纸、崆峒山庙会、崇信的点猴灯、跑旗、静宁马咀祭祖、灵台灯盏头、庄浪花儿、刘将军庙会、静宁烧鸡制作技艺，陇南市的陇南山歌、春官、羌寨碉楼、玉垒花灯戏、影子腔，以及永昌曲子等。

根据非物质文化遗产资源的蕴藏和传承情况，文化部、中国民间文艺家协会、中国民俗学会、甘肃省民间文艺家协会对甘肃省传承较好的项目所在的区域进行了"文化之乡"或"传承基地""示范基地"的正式命名。早在1999年10月，国际亚细亚民俗学会、中国民俗学会就命名泾川为"中国西王母文化名城"。2002年6月，中国民俗学会命名庆阳为"周祖农耕文化之乡""中国香包刺绣之乡""民间剪纸之乡""徒手秧歌之乡""窑洞民居之乡"，命名环县为"皮影之乡"。2003年，中国民俗学会命名庆阳为"荷花舞之乡"。2002年8月，甘肃省民协命名环县为"甘肃道情皮影之乡"。2002年10月，甘肃省民协命名岷县为"甘肃省花儿之乡"。2004年6月，中国民间文艺家协会命名岷县为"中国花儿之乡"，同年10月，中国民协命名临夏州为"中国花儿之乡"，同时命名康乐县莲花山为"中国花儿保护基地"，命名和政县松鸣岩为"中国花儿传承基地"；2005年6月，中国民协命名岷县二郎山为"中国花儿传承基地"。2006年6月，甘肃省民协命名永靖县为"甘肃傩舞之乡"。2006年7月，甘肃省民协命名兰州石佛沟为"甘肃省花儿传承基地"。2007年9月，中国民间文艺家协会命名永靖县为"中国傩文化之乡"；2008年5月，中国民间文艺家协会在永靖县成立"中国傩文化保护基地"。2007年3月，中国民间文艺家协会命名西和县为"中国乞巧文化之乡"。2011年6月，甘肃省民协命名清水县为"轩辕文化之乡"。2011年12月，环县道情皮影列入文化部公布的第一批国家级非物质文化遗产生产性保护示范基地名单。

非物质文化遗产既是历史的产物，又是现实的存在，它集中了历代民众的情感、智慧和思想，它是在人与自然、人与社会、人与人的同处共生中创造出来的文化，与人们的生活、生存息息相关，至今大部分非物质文化遗产依然活在我们的生活里。从与民众生活的关系这一视角来考察，甘肃省非物质文化遗产资源主要分布在以下十三个方面。

1. 岁时、节庆

岁时民俗与生产活动，特别是农事活动密切相关，这是岁时习俗能传承到今天的一个重要原因。从河西走廊到陇东高原，从黄河两岸到陇南山区，岁时习俗是汉族民众的普遍节日，其中春节、清明、端午节和中秋节被普遍看重。藏、裕固等民族也有过春节的习俗，但与汉族春节的时间各有差异，比如藏族是按藏历过春节的。由于地域和人文环境等原因，一些岁时节日的仪程在一些地方被比较完整地传承下来，就成为十分宝贵的非物质文化遗产项目。如被中国民间文艺家协会命名为"中国乞巧文化之乡"的西和以及礼县，乞巧节习俗就得到了比较完整的传承。每年的乞巧节，从农历七月初一的头天晚上到七月初七之夜，乞巧活动延续七天八夜，不仅有完整的仪程，而且有成套的唱词。

随着生产条件和生产方式的改变，一些岁时节日民俗活动已失去了它原初的意义和功能，但仍有一些民俗事项表现出较强的服务于农业生产的特征，如陇山西侧的农历五月五日点高高山、祭喇嘛墩的习俗，就表达了人们抗击雹灾的强烈愿望。陇东孩子们在农历二月二日清晨去地里打土块（打瞎瞎），还有炒棋子豆吃的习俗，便传达出农民预防虫、鸟危害庄稼的自觉。

伴随岁时节日而产生的民间游艺和祭祀活动，以及节日饮食、节日服饰等，也是非物质文化遗产资源形成的一个重要源头。这方面在甘肃比较突出的遗存有各地的春节社火，如兰州的太平鼓，永登的高高跷，陇东的春官诗，陇南西和、礼县一带的春官游乡说春，庄浪、清水的高台，河西地区的元宵节黄河灯会等。甘肃人有敬祖追远的传统，春节是祭祖活动的高潮。静宁马咀的家族春节集体祭祖风俗从明代流传至今已经有 400 多年了，过去是从腊月三十到正月十五，现在有所缩减，但是从腊月三十的"接家亲"到正月初三晚上"送纸"，尚有四天的规模。节日服饰方面，典型的如庆阳孩子们在端午节穿的五毒夹夹和佩戴的绌绌（香包），近年已经成为具有全国影响的香包刺绣产业。甘肃各地的节日饮食也极具特色，特别是崇信元宵节给新女婿蒸猴灯、燃猴灯、送猴灯的习俗，还有武威中秋节做面雀和孙悟空的习俗，更是全国少见的节日文化现象。

甘肃的节会习俗也是很繁盛的，特别是春夏季节，各地普遍举行节会活动。节会活动产生和形成的原因有三个方面：宗教活动、神灵或自然崇拜、服务农时。汉族的节会活动多和当地的以名胜之地为中心的庙会活动结合在一起，日子多是农历三月三、四月八等，也有以当地神祇的诞辰为庙会活动日的时间。著名的有天水伏羲庙会、秦安陇城女娲庙会、泾川西王母庙会、永靖以傩舞为特征的七月跳会、平凉崆峒山庙会、庆阳的老宫殿（公刘诞辰）庙会、庄浪正月十二的刘将军庙会、临潭、岷县的迎神赛会等。庙会的举办多和农事节气联系在一起，乡亲们从四面八方赶来过会，一是为娱乐，二是也可在庙会上采购一些东西，为即将开始的新的农事活动（耕种、收割等）做好准备。

还有闻名遐迩的和政的松鸣岩花儿会、康乐的莲花山花儿会、岷县的二郎山花儿会等，更是规模宏大，成为当地一年一度的狂欢节。

而流行于临洮、渭源、康乐、临潭等县的拉扎节，则是于农忙结束之后的农历八月开始举办，从八月初一到十月初一，历时两个月。这是当地汉藏民众共同的节日。

少数民族的节会多和宗教活动结合在一起，更有各自的特色。如夏河拉卜楞寺的毛兰姆节、二月法会、七月法会、晒佛节，甘南草原的香浪节、插箭节，回族的古尔邦节，蒙古、藏、裕固的祭敖包等。

2. 生产与传统技艺

（1）生产民俗是围绕生产环节而产生的民俗事项

生产民俗的产生一是来自地理环境、生产条件方面的原因，二是来自自然崇拜和神祇崇拜。因农、林、牧、猎、渔等生产性质和内容的不同而有各自不同的生产习俗。甘肃以农业区域居多，其次是牧区和林区，不同的区域各有自己鲜明的地理地貌特征和因生产方式不同而形成的特色民俗文化。这是一个驳杂的文化世界，不仅传递着历史的信息，也反映了当地民众的生活和精神需求。如重农的陇东地区，围绕农业生产就有拉兵（冰）马（腊八）、捉蚰蜒（正月十五）、燎疳（正月二十三）、打灰簸箕、打瞎瞎（二月二）、动农（开犁）、祭喇嘛墩、麦王生日（四月八）、祈雨、吃麦饭、挂镰、搭麦垛、敬祖先等一整套与农事活动息息相关的民俗事象，仍在民间流行。林、牧地区则流行祭山神。

（2）不同行业的习俗

铁、木、竹、泥瓦、加工、商贸等为生产服务的行业，不仅有各自的行业神崇拜习俗，还有因各自生产性质的不同而伴生的一系列传统生产技艺和民俗事象。但由于科技的进步和社会生产现代化程度的整体提高，一些行业原有的生产方式已废弃或即将废弃不用，与其伴生的技艺和习俗也在消亡中，如老式榨油作坊已基本见不到了。但是，用石磨、石碾、水磨加工粮食的传统方式在偏远的山区依然有人使用，走乡串户的货郎担在陇南山区偶尔还能碰到。木工技艺在农村还相当流行。

一些传统生产事项的功能并没有随着历史的进步而消失，其生产技艺得到了较好的传承，已进入国家或省级非物质文化遗产名录，如酒泉夜光杯磨制技艺、洮砚制作技艺、临夏砖雕技艺、保安腰刀制作技艺、天水雕漆技艺、东乡毛编织与擀毡技艺等，已成为甘肃的名片。还有庄浪麦秆辫、甘谷麻鞋编织技艺、陇南壳雕技艺等，在新时期重新焕发青春，向着产业化方向发展。

3. 交通

交通习俗由于地形地貌、经济条件和距离城区远近等因素，而有较大的不同。比如在陇东山区，毛驴是主要的交通工具，而草原上则依靠马匹；在沙漠地区骆驼是"沙漠之舟"，而在黄河、洮河沿线，羊皮（牛皮）筏子成为客运、货运工具，有专职的筏子客。在黄土高原沟壑区，河流上面多建造板桥或拱桥，而在谷深流急的陇南山区，至今仍以架设吊桥和索桥为主。这些桥梁中比较著名的有兰州"中山桥"、渭源灞陵桥、宕昌邓邓桥、兴隆山的握桥等。一些桥梁因建筑工艺的独特高超，或因与历史名人发生关联，已具有文物性质。如邓邓桥传说为三国时邓艾父子所建。当时邓艾率兵由狄道南下伐蜀，到此与子邓忠会合，并在当地修桥渡江。再如渭水源头的灞陵桥，建于明洪武年间，桥长40米，系纯木悬臂拱桥，其工艺令人叹为观止。中山桥经历了百年风雨，依然巍然屹立在大河之上，不愧为天下"黄河第一桥"；而兴隆山的握桥，则让人想到当年兰州握桥的壮观和建筑工艺之精妙。

4. 服饰

少数民族在服饰方面仍保持着鲜明的民族特色，体现出各自民族的个性和审美观念。从临夏到甘南，从陇南到肃南肃北，从天祝到阿克塞，在三千里的甘肃大地上，丰富多彩的少数民族服饰成为一道美丽的风景线。但即使同一个民族，其服饰也会因为气候差异和生活环境的不同而有所区别。如甘南的藏族，服饰就分了三种类型：牧区为一种类型，卓尼、洮河沿岸为另一种类型，舟曲等地又是一种类型。裕固族服饰、蒙古族服饰已进入国家非物质文化遗产保护名录。

5. 饮食

饮食民俗与民族和当地物产有着直接的关系。汉族饮食主食以面为主，藏、蒙古、哈萨克等民族以牛羊肉和乳制品为主要饮食。回、东乡、保安等信仰伊斯兰教的民族，则为清真饮食。

饮食习俗不仅受民族和物产的影响，也受气候和生活环境的影响。各地都有自己的时令风味小吃，如兰州的牛肉面、高三酱肉，陇西腊肉，陇东的羊肉泡馍、饸饹面、糖酥饼，河西的搓鱼子、炮杖子，天水的呱呱、猪油盒，临夏的酿皮子、民勤的沙米凉粉等。这些风味饮食是甘肃民俗文化资源的重要组成部分。改革开放后，各地风味饮食已开始走出地方，成为受更多群众欢迎的品牌饮食。如兰州的牛肉面，不仅遍及全国大中城市，更是走出国门，成为中式快餐的代表。兰州人自豪地称兰州有一条河、一本书和一碗面，这一碗面便是兰州牛肉拉面。

甘肃城乡都有饮茶的习俗。同是茶俗，因地方不同茶俗也有较大的差异。较有影响的有兰州、临夏的"三泡台"，陇中、陇东黄土高原和陇南山区的罐罐茶，藏区的酥油茶，平凉、成县的油茶等。康县、武都的"三层楼茶"，上层漂浮炒鸡蛋、中层悬浮核桃仁，下层沉浮着豆腐丁，在其他地方很是少见。

6. 居住

居住习俗因地理环境、从业性质、经济条件、民族习俗的不同而有所不同。如陇东黄土高原农民多住土窑洞，当地民谣曰："有钱修个面朝南，给个知县都不换"。窑洞又因地形不同，有地坑院、明庄、暗庄、半明半暗庄之说。陇东窑洞形制之丰富，实属全国仅见，其窑洞营造技艺已列进国家非物质文化遗产名录。藏、裕固、蒙古、哈萨克等民族由于主业是草原放牧，因此多住帐篷，不过现在也开始建设定居点了。

砖木或土木结构的房屋，在陇东多为厦房，屋顶铺瓦，而在降雨量很少的河西，屋顶无须铺瓦，牛毛毡上糊层麦糠泥即可。陇南地处长江流域，雨量充沛，屋顶多是两面坡型，铺瓦（过去由于经济拮据，也有苫草的），坡度较大，有中原建筑的风格。陇南羌寨别具特色。此外，在甘肃南部个别地方尚存板屋习俗。

但不论是哪类民居，在居室的分配上都讲究居住上的伦理关系，主房（窑）一般由尊长居住，牲口窑、磨窑、井窑都有特定的位置。

7. 人生礼仪

生命从降生的那一刻起，便进入了一系列的民俗仪程之中。汉族的人生礼仪习俗主要有带粮送奶、洗三、满月礼、过岁、戴锁子、全锁、成年礼、赎身等；进入老年，则要接受"贺寿"礼。一个孩子出生了，但他前面的哥姐难抚养，或孩子自己多病体弱，父母便要为他请干大。最有趣的是"撞干大"：由孩子的家长站在院门外或窑头路畔，等有过路的人便邀请至家中，酒宴款待，让人家做孩子的干大。"撞干大"在陇东一般要请三位。

人生礼仪还包括一些处世礼俗等，实际上蕴涵了许多"做人"的规范。人生礼仪中还有不少禁忌方面的"规约"。

少数民族人生礼仪习俗不同于汉族，但对孩子的期望和祝福都是一样的，也有一套各自的礼仪习俗。有的复杂，有的简单一些。但人生礼仪所体现出的尊老爱幼的美德则是共同的。比起汉族来说，回、藏、撒拉、土等民族，对成年礼显得更为重视。

8. 婚嫁

在甘肃的汉族地区，婚嫁习俗大同小异，都有相亲、提亲、纳吉、请期、迎娶、回门等严整的程序。但城市多为自由恋爱式婚姻，自然就少了"提亲"这道程序，但多数还要再请一个名义上的"媒人"。现今的婚嫁礼俗当来自古《仪礼》中的"士昏礼"礼制。受传统文化影响较深的地区，保持得更古朴一些。但要彩礼的现象比较普遍，特别是在农村地区。婚礼庆典大多在正午以前举行，也有个别地方在黄昏时分迎娶，俗称"娶黑媳妇"。过去娶亲多用轿子，现在有条件的家庭多用小轿车娶亲。旧时，庆阳市山区有"二驴抬轿"迎娶新人的习俗，现已消失。

少数民族各有自家的婚嫁礼俗，而且得到了较好的传承。土族、撒拉族新娘有哭嫁的习俗。同汉族的"闹洞房"不同，藏、裕固等民族在新婚之夜有聚众歌唱习俗。东乡族兴"打枕头"，闹房的青年拿着枕头追打新娘。积石山保安族有"难新郎"和"挤门"习俗。挤门是送亲队伍进村时，小伙子们一拥而上，鞭炮齐鸣，阻拦新娘和送亲人。争扯一阵后新娘由兄长中身壮力大者抱进洞房。河湟地区回民婚礼一般于"主麻"日（星期五）在女方家举行。回族、撒拉族和保安族一样，也有"挤门"风俗。

9. 丧葬

儒家讲究事死如事生，陇上农区的丧葬仪式是十分隆重的，体现了人们的终极关怀意识。汉族葬俗主要有烧倒头纸、落草（搁板）、跪草、出纸、报丧、家祭、选墓穴、下葬、攒山（添坟）、七七斋、百日祭、坐纸、周年祭、三周年祭等仪程。这期间，有的家庭还要为亡人作道场。合水太白一带还有唱孝歌的习俗。直到过了三周年，才能换下孝服，宣告孝期结束，进入正常祭祀。

少数民族葬俗各有不同。裕固族行火葬，藏族多为天葬，也有少数实行土葬的，中华人民共和国成立前还有水葬的习俗。穆斯林一般对亡故称"归真""口唤了"等，实行"土葬、速葬、薄葬"。待葬期间，一般不宴客、不披孝、不磕头、不设祭棚，也不能号啕大哭。

10. 游艺、竞技

在传统的农耕文明社会里，民众的精神文化需求主要靠自娱自乐，这就形成了带有地域和族群色彩的民间娱乐形式。有的是艺术性质的，有的是体育竞技性质的，我们把它们统称为游艺。

陇上游艺形式丰富多彩。游艺项目中，有一些是有固定时间的。如随节会和岁时节气而举行的娱神、娱人的民间艺术，像各地社火、陇南的池哥昼，陇西云阳板、天水夹板舞、羊皮扇鼓舞，永靖和陇南的傩舞、平凉跑旗、仙鹤舞等。

有的则是由地理环境的原因或民族特性而产生和形成的。如藏区跳锅庄，平凉赛麻鞭，泾川的出新牛，保安族的打五枪，蒙古族的赛马、叼羊等。

还有一些游艺习俗与当地的村俗民风有关。如甘谷、武山一带尚武习俗浓郁，人多习棍术、拳术。东乡族则喜"打吉咕杜"的竞技比赛。

11. 民间文艺

甘肃的民间文艺，影响最大的当属花儿。2009 年 9 月 30 日，在阿联酋首都阿布扎比举行的联合国教科文组织保护非物质文化遗产政府间委员会第四次会议上，"花儿"获批准列入《人类非物质文化遗产代表作名录》。甘肃是花儿的发源地，至迟在明代就有花儿传唱。甘肃花儿有河州花儿、洮岷花儿和关陇花儿（关陇花儿也叫六盘山花儿或泾渭花儿）三种类型，尤以河州花儿影响最大。

甘肃省是中华文明的发祥地之一，生活在这块土地上的甘肃先民在创造物质文明的同时，也创造了丰富的精神文化产品，为我们留下了大量的口承文学。在三大集成的编纂中，各地搜集整理了大量的创世神话，民间故事、民间传说和民间歌谣。藏族的史诗格萨尔、裕固族的史诗格斯尔，属于国家级非物质文化遗产保护项目。盲艺人演唱的凉州贤孝、河州贤孝，是西北大地上独有的风景；而由敦煌变文演变而来的河西、岷县宝卷说唱，成为村落、炕头伦理教育的生动教材。

进入世界非物质文化遗产名录的还有环县道情皮影戏。进入国家级非遗保护名录的有藏族民歌、裕固族民歌、阿克塞阿依特斯、庆阳唢呐、永登皮影戏、兰州鼓子、临夏平弦等。在历史上，从东到西甘肃各地都有唱民歌的习俗，在 20 世纪五六十年代，陇东民歌还十分盛行，我国在 20 世纪 70 年代推行的 5 首革命历史民歌，有 3 首就出自陇东的庆阳地区。陇南地区至今依然是民歌的富矿，西和政协退休干部杨克栋用 40 年工夫搜得陇南民歌数千首，至为宝贵。

甘肃各地普遍流行剪纸习俗，影响最大最具特色的当属地处黄土高原的庆阳、平凉和定西。

12. 传统戏曲

甘肃是秦文化的发祥地，周时秦人先祖非子在西垂为周天子养马。秦腔是甘肃的基本剧种,最为老百姓所喜闻乐见,随便找个农民都能吼两句秦腔。

1958 年,环县道情被文艺工作者改创成为陇东道情戏,第一次搬上了戏剧大舞台。1959 年 2 月,甘肃省陇东道情剧团成立,同年 12 月更名为甘肃省陇剧团。陇剧,成为甘肃省独有的代表剧种。

曲子戏也是甘肃地方戏曲的重要品种,影响较大的有敦煌曲子戏、华亭曲子戏、白银曲子戏、通渭小曲戏、秦安小曲、苦水老调、西厢调等。

陇南的高山戏、玉垒花灯戏、灵台的灯盏头、张掖的西秦腔、武威的半台戏、甘南的南木特藏戏等,都是甘肃独具特色的地方戏种。

13. 传统医药

藏医藏药治病,具有神奇的功效。甘肃碌曲藏医药已进入国家非物质文化遗产扩展项目名录,进入省级名录的有天祝华锐藏医药。灵台的皇甫谧针灸也是甘肃省重要的传统医术。

五 甘肃省非物质文化遗产资源的现状分析

(一) 丰富性和多样化特征

甘肃省在全国属于文化资源大省,非物质文化遗产项目的 10 个大类在甘肃省都有分布,并且同一类别的非物质文化遗产项目,在不同地区又有各自不同的特色,比如同是花儿,洮岷花儿与河州花儿就有很大的差异。甘肃非物质文化遗产的丰富性和多样化主要表现在它的多民族色彩和多区域特征上。宋元特别是近代以来,由于甘肃远离政治、经济文化中心,加之相当长的时期很多地方都交通闭塞,使这些多民族和多区域民族民间文化资源较少受到现代文明的冲击,呈现一定的原生态性。从区域来划分,大体可分为河西走廊、陇中高地、陇南山区、甘南草原和陇东高原这几个文化圈，从民族来划分，有汉文化、藏文化、穆斯林文化、裕固文化、哈萨克文化、蒙古族文化等。从民俗文化的性质来划分，陇东保留了纯正的农耕文化特征，甘南、肃北、肃南保留了草原游牧业文化特征，其他地区则是以农耕为主，兼具游牧文化特征。

非物质文化遗产得到了全社会的普遍重视，重新焕发了生命活力。以下几个方面的经验是共同的。

其一，政府主导、学者指导、专业人士传承、媒体宣传成为一种运作模式。有些项目还有商界的参与。由于各方面的共同努力，使一些"养在深闺人未识"的艺术瑰宝走出"绣楼"，为更多的人所欣赏、所认识。这些非物质文化遗产项目价值的实现，给其注入了新的活力。不再像之前那样自生自灭，或偷偷摸摸地进行。比如天水伏羲祭典、女娲祭典。

其二，挖掘、抢救工作取得了好的效果和实绩。如前所述，已有61个项目进入了国家非物质文化遗产名录，加上同一个项目多地传承，实际数量就更多了。花儿还进入了世界非物质文化遗产名录。抢救和保护，使一些项目脱离了濒危境地，一些项目不再面目模糊、暧昧不清。政府的责任明确了，专家的作用得到了更好的发挥，传承人的胆气壮了。

其三，一些有条件的非物质文化遗产向产业化方向发展，实现了文化价值向经济价值的转化，这为其自身的可持续发展提供了强大的动力。不少非物质文化遗产产业发展态势良好，不仅走向全国，而且走向了世界。

随着社会的发展，一些非物质文化遗产的原文化功能已经或正在消失。在这种情况下，如有条件可以使其文化价值向旅游文化方面转化，采取"两条腿走路"的策略。有些地方已经在这方面进行了有远见的尝试，并且收到了好的效果。有一些民族民间文化资源是可以走产业化道路的，如前所述，庆阳的香包就是这样，原来只是孩子们在端午节戴的"耍货子"，经过连续九届中国庆阳香包民俗文化节的成功举办，终于成为享誉国内、走出国门的品牌民俗文化产业。

其四，非遗保护工程和节庆活动及当地旅游文化结合起来，相得益彰，祖国的传统文化得到了弘扬，地方的知名度也进一步提升。非物质文化遗产成为重要的旅游文化资源，在当地的经济建设和文化建设中发挥着越来越重要的作用。对非物质文化遗产的重视，在改变单一经济模式的同时，也改变着人们旧有的理念。

其五，"各美其美，美人之美，美美与共，世界大同"，非物质文化遗产保护工程的实施，使多民族文化得到保护和发展，扩大了各民族之间的交流和往来，在建设和谐文化、构建社会主义和谐社会中发挥了重要作用。

（二）甘肃非遗保护的形势严峻

党和国家对文化事业的重视，为我国非物质文化遗产资源的保护及开发利用提供了前所未有的机遇，但面对的挑战也是十分严峻的。由于生长条件的改变和一些非物质文化遗产项目原本功能的丧失，随着现代科学技术特别是电子科技事业的迅猛发展和现代文明的冲击，一些珍贵的非物质文化遗产资源正在消失或濒临消亡，已是一个不争的事实。

笔者每次田野调查，几乎都有意想不到的收获，千里陇原遍地是宝，不经意间总有意外的发现。但是，伴之而来的是挥之不去的深深忧虑。一是非物质文化遗产项目基本上是农耕文明的产物，传统农业社会是其赖以生存的生态环境。但是社会毕竟是要发展的，中国社会已经进入了提速迈向现代化社会的历史时期。许多非物质文化遗产资源的生态环境早已经今非昔比，中国的乡村社会已经发生了很大的改变，随之而来是生活方式的变化。可以这样说，对于许多非物质文化遗产资源来说，要完整保护其生态环境几乎是不可能的。在现代文明的冲击下，民间文化资源消失的速度是很快的。比如陇南有一种"说春"习俗，过年时，一些人身背褡裢，手摇快板，走村串户说祝词，送历头，以讨一口吃喝，要一把粮食。有的村子全村人都是从事这种职业的。但随着吃饭问题得到解决，让他还背着褡裢去"说春"乞食，显然已不合情理了，他们本人也不愿意去。再比如刀耕火种的播种习俗，也必然要被先进的耕作方式所替代。这类遗产如何保护？就需要特别认真对待。

面对现代与传统的巨大冲突，保护非遗资源的任务显得异常艰巨。

1. 认识和措施还没有完全到位

各级政府对非物质文化遗产项目的价值有了认识，普遍重视非遗工作。但是，在如何保护，特别是开发利用上面还比较盲目，不排除一些地方在主导思想和工作方法上还存在误区或偏差。另外，非物质文化遗产项目得到了地方政府的普遍重视，但并不等于认识就一定完全到位，不排除有些地方还存在急功近利心态，把当地的非物质文化遗产项目当成了"摇钱树"。单纯经济观点，导致"轻保护、重开发"，很可能会采取失当的行政措施来"规约""文化"，这对于非物质文化遗产的生存同样是一种严重威胁。在这种形势下，制定合理的非遗保护和开发利用的对策和措施，就显得尤为关键。

2. 非物质文化遗产资源传承人缺乏，断档现象严重

非物质文化遗产资源产生危机的另一个原因是传承人缺乏，断档现象严重。比如，陕甘交界的太白山区流行唱孝歌的丧葬习俗，这在周边地区是绝无仅有的。笔者20世纪90年代初去调查时，四五十岁的农民都能唱几曲孝歌，而青年人多数不会唱，也不愿意学，因为不如听流行歌曲过瘾。

一些非物质文化遗产在学界地位很高，对当地的年轻人却没有产生应有的吸引力。其原因一方面与年轻人对此认识不足及审美差异有关，另一方面也与传承人不容乐观的生活状况有关。在一些地方，非物质文化遗产产品价格或演出报酬与传承人付出的劳动不相称，普遍较低。比如皮影戏，艺人们辛辛苦苦演出一场，每人所得报酬不到10元，当地的年轻人多表示不愿学该门技艺。这也是一些非物质文化遗产项目后继乏人的一个主要原因。这种现象，应引起政府的重视，做出必要的调适，采取特别的激励措施。

毋庸讳言，在经济全球化的大背景下，在西方文化强势入侵的时下，我国的民族民间文化资源处于十分尴尬的境地。甘肃民族民间文化资源的处境也是如此，除了少量能够产生较好经济效益者外，多数非物质文化遗产项目保护的任务都很是艰巨。我们必须要有十分清醒的保护和抢救意识，要有一种紧迫感。

六 关于甘肃非物质文化遗产资源保护的几点思考

（一）非物质文化遗产资源的保护应采取"传承本色、活态保护"的原则

和全国一样，甘肃的非物质文化遗产的保护已进入了各级政府的议事日程，并且拨出专项经费，这给非物质文化遗产的生存和发展提供了坚实的保障。但也应该看到，非物质文化遗产保护的任务依然十分艰巨。非物质文化遗产，本来是一个充满历史感和文化感的稀有资源，因此非遗保护也是一项具有重要历史责任的工作。可是在一些地方，申请的积极性很高，真正保护的行动却少，甚至打着保护旗号申请项目保护资金以生财牟利，把非遗当成经济资源使用，不按文化遗产价值规律办事，致使申遗变成

了一种变相的牟利行为。① 文化部曾对由于履责不力，未能采取有效措施开展保护传承工作的 105 个国家级非物质文化遗产代表性项目保护单位做出调整、撤销的处理决定。这说明一些地方在对待非物质文化遗产工作方面，已经出现了严重的偏差，对此必须引起足够的重视。

在非物质文化遗产的保护与开发这个问题上，必须防止假"遗产""伪遗产"的出现，同时还要处理好"保护与开发""继承与创新""原生态文化与次生态文化""旅游经济与文化保护"几个方面的关系。实施非物质文化遗产保护工程，首先是保护，其次才是开发，要谨防因过度"开发"，使"遗产"变色变味，最终导致遗产不是"遗"产，而是"现"产。在实施非物质文化遗产保护的过程中，对以下几个方面的问题需要认真甄别和辨析。

第一，随着非物质文化遗产为越来越多的人所认识、所喜欢，一些项目走出村巷山野，走进了现代化都市，走上了舞台。一些人出于"好心"，在舞台演出时，总是要对它进行精心"包装"，从演出的服饰到音乐、舞蹈的"改进"，煞费苦心。结果，使一些项目奢侈化、豪华化、文人化，失去了民间的"土"气"土"味儿，不再古朴鲜活。

第二，旅游经济激发了一些可以作为旅游文化资源开发的非物质文化遗产项目的生命力，却也使一些项目的本色不再。这样的"开发"对非物质文化遗产来说，带来的必然是灾难性后果。

第三，由于生存环境和生长条件的失去，有些非物质文化遗产只能成为"博物馆里的艺术"。比如甘肃陇南最后一个盐婆婆的土法熬盐技艺，还有一些已经被时代淘汰的土作坊，如油坊、染坊等。这些"作坊"，在 20 世纪 70 年代的农村还很普遍，眼下已经很难见到了。对于这类遗产，也应有意识地保存一些"历史的

---

① 左岸：《申遗成功不等于一劳永逸》，《中国艺术报》2012 年 10 月 19 日。

风景"。

那么，如何才能使非物质文化遗产资源得到有效的保护呢？方法和途径可以有很多，笔者认为有两点是必需的：一是坚持活态保护的原则，二是做好数字化保护工作。

（二）非物质文化遗产的保护应确立本色传承的主体地位，处理好继承与创新的关系

要确立本色传承的主体地位。非物质文化遗产是在长期的历史过程中形成的，一般都具有不可再生性。一定要抱着十分珍视的态度，把抢救、保护放在首位，尽可能地保持这些珍贵遗产的"原汁原味性"。即使需要革新，也要先把原生的状态完整地记录下来。在这方面，数字化技术为我们提供了便利。

许多农业民俗事项，特别是具有仪式特征的民俗文化活动，都是与当地民众的民间信仰维系在一起的，而今，由于生态环境也发生了变化，许多民俗事象纯粹成了表演性质的，很难保持"基质本真性"，发生变迁是必然的。在发展文化产业上，宜把原生态文化与次生态文化区分开来，我们既不能让原生态文化因保护不善而人为地消失，要创造宽松的社会环境使其传承绵延，同时又要适应时代的变化，拓展生存空间，继承和发展优秀的民族民间文化。比如庆阳香包文化，其目前的生长就有两种状态，一是乡间节日的常态生存状态，二是商品经济状态。这也可以说叫"两条腿走路"。中国民间文艺家协会原副主席、党组书记，现中国作家协会副主席白庚胜先生指出民间文化有两种保护方式，他说仅仅静态保护是不够的，"我们还要继续使用我们的语言、书写我们的文字、穿戴我们的衣物、居住我们的房舍、过我们的节日、祭我们的祖先、拜我们的神灵、讲我们的故事，这叫动态保护。民间文化产业建设属动态保护，让我们的民间文化变成能吃的、能穿的、能住的、能享用的、能审美的、能增强自信心与自豪感

的产业与产品传播开去，传承下去"。这段话对于我们发展民间文化产业，是有指导意义的。

（三）非物质文化遗产的开发，传承人的培养是重中之重

传承人是非物质文化遗产的承载者和传承主体，他们在非物质文化遗产的传承和保护中处于核心地位。再优秀的非物质文化遗产项目，如果没有传承人，就失去了存在的基础。目前，最大的任务是传承人的培养问题。甘肃省在实施非物质文化遗产保护工程的工程中，对非遗项目的传承人给予了很大的关切和重视。甘肃省文化厅在各地申请和推荐的基础上，通过审议，前后公布了3批264项省级非物质文化遗产项目和295位项目代表性传承人；61个项目进入了国家非物质文化遗产名录，33人为国家级项目代表性传承人。

然而，后继乏人仍然是许多非物质文化遗产项目生存的最大难题，传承断档是非物质文化遗产资源面临的最大危机。

师徒传承是非遗传承的基本形式，应该采取激励措施，使老艺人乐于带徒弟，年轻人喜欢地方文化资源，乐于做非遗项目的传承人。同时，要重视发挥大专院校和研究机构的资源优势，成为培养非遗传承人的辅助力量，相关机构应该做好协调工作，使有条件的大专院校成为非物质文化遗产传承人培训基地。

一个优秀的非遗传承人，往往也是一个有着高度文化自觉的人。提高民众的非遗传承自觉，是非遗传承最根本的保证。民族民间文化，是一个国家的身份和标志，是民族之根、民族精神的家园。要继续加大非遗工作的宣传力度，提高全民的文化自信和文化自觉，夯实非遗传承的社会基础，使人们敬重非物质文化遗产传承人，使喜爱者乐于做非物质文化遗产传承人，从基层把非遗传承工作落到实处。

七 甘肃非物质文化遗产开发利用的对策研究

非物质文化遗产项目是很好的文化增长点，关键是要有好的政策和措施激活这些文化因子。文化是历史的产物，一些民族民间文化事项能够沿着历史的长河延续传承下来，总是有其存在的理由的，亦即当代价值，当代价值也就是它在新的历史条件下的生长点。要唤醒沉睡或朦胧的开发意识，发掘传统文化的当代价值，增进自身活力，使有转化条件的文化事项向产业转化，将"历史资源"的当代价值发挥到极致，使文化资源优势成为文化发展优势。

（一）在学术研究方面应深入文化内涵建设，增加非物质文化遗产的商业附加值

在非物质文化遗产的开发利用中应遵循"政府主导、社会参与、明确职责、形成合力；长远规划、分步实施、点面结合、讲求实效"的原则，充分发挥政府的主导作用，动员相关方多方参与，尤其要发挥专家学者在非物质文化遗产内涵建设及产业开发方面的指导作用。

首先，在高校和科研院所设立甘肃非物质文化遗产研究中心，对各项非物质文化遗产的历史渊源、传承沿袭及文化内涵进行深入研究，挖掘隐藏在非物质文化遗产当中的文化因子，不断强化非物质文化遗产项目的内涵建设，拓展新的文化增长点，增加其商业附加值。

其次，组织专家学者和非物质文化遗产传承人，编制《甘肃省非物质文化遗产名录》，以文字、图片、数字化的形式全方位展示甘肃非物质文化遗产资源，建立一个让外界了解甘肃非遗文化的窗口。

最后，通过立项攻关的形式，联合地方政府和专家学者，做好非物质文化遗产产业开发的规划，推动甘肃非物质文化遗产产业走上集群化、规模化和可持续发展的道路。同时，加强对非物质文化遗产的宣传，让甘肃的非物质文化遗产走出国门、走向世界。

（二）在实践应用方面应发挥本土文化资源优势，积极发展民间文化产业

党的中央十七届六中全会决定指出，"必须坚持把社会效益放在首位，社会效益和经济效益相统一，推动文化产业跨越式发展，为推动科学发展提供重要支撑"。这也是党的十八大报告的内容之一，报告提出要"扎实推进社会主义文化强国建设"。文化产业是一种新的经济增长方式，文化产业在我国既有潜力很大的市场空间，又有众多的消费群体，基本属于"无污染、低消耗、高效益"的朝阳产业。日本、美国等发达国家的成功经验告诉我们，文化产业完全可以成为一个国家经济发展的支柱产业。美国的文化娱乐业年收入4000亿美元，为美国的第二大产业；日本在2002年推销到美国的动画片及相关产品的总收入就高达43.6亿美元，动画片形象权收益39亿美元，动画片对美出口收入是钢铁出口收入的四倍。而我国的文化产业还仅是粗具规模，文化产业产值占GDP的2.6%。各地的发展也不平衡。甘肃省文化产业产值仅占GDP的1.2%，落后于全国平均水平，这与文化大省的建设目标是不相适应的。

本土文化资源是发展文化产业的基石，也是建设甘肃文化大省的重要基础和有力支撑。如何使文化资源优势成为发展优势，是我们要做的一篇大文章。这里主要就如何发展甘肃民间文化产业提点想法。

1. 积极发展特色文化园区

特色就是个性，就是优势，在加强公共文化基础设施建设、健全公共文化服务体系的同时，一定要明确甘肃自身的文化资源优势，突出特色文化建设。切忌搞"一刀切"、模式化，走形式主义的老路。要结合各地的区情民意，深入发掘地域文化资源优势，找准方向，科学定位，采取积极的政策和措施保障，大力推进文化产业建设，培育一批在全国能够产生重要影响的文化亮点。甘肃省各地都有自己叫得响的历史文化或民族民间文化资源，这就是自己的优势文化、特色文化。要在充分论证的前提下，建设一批特色文化园区，发挥其示范、窗口和辐射作用，以带动整个区域文化产业的发展。现在，已在兰州、庆阳、天水、临夏，武威分别建立了创意文化产业园、农耕和民俗文化产业园、中华始祖文化园、民族文化产业园、武威天马文化产业园等。仅此还是不够的，各市、州都应该有自己的示范园区。丝绸之路纵贯河西地区，沿线较为集中地留下了一些重量级的文化景点，开发潜力巨大。甘肃提出"一带三地十三板块"的文化建设构想，决定着力构建丝绸之路文化产业带，建设东部历史文化利用展示基地、河西走廊自然人文保护传承示范基地、兰白都市圈现代文化和民族文化产业开发创新基地是符合甘肃实际的。

2. 努力培育市场主体，形成文化产业链

文化产业要做大做强，成为一种新的经济增长方式，积极培育市场主体，形成自己的产业链非常重要。有人说过，民间文化作为文化产品具有直观化、符号化、象征化的特色，民间文化所拥有的巨大资源是任何一种文化形态都不可比拟的，民间文化所特有的民族性、地域性、大众性与市场的辐射度天然契合。从价值发掘、产品研发到市场营销、消费群体的培育，以及通过现代科技和产品生产线转化为多品类的衍生产品，是一个完整的产业链，发展的前景非常广阔。甘肃的民间文化产业发展前景是广阔的，文化产业发展

整体却是滞后的，亟须拓展文化市场，扩大产业规模。

党的中央十七届六中全会决定提出，要加快发展文化产业，推动文化产业成为国民经济支柱性产业。党的十八大提出，要"推动文化事业全面繁荣，文化产业快速发展"。在民间文化资源的开发利用方面，甘肃省的一些地方也已经创造了好的经验，如庆阳市的香包刺绣文化产业发展就比较成功。走进庆阳，从市县到乡镇都可以强烈地感受到浓郁的香包刺绣文化氛围。他们把加快文化产业开发，强化文化产业基地建设作为丰富群众精神文化生活、助推经济社会又好又快发展和文化大市建设的重大举措，立足优势资源，制定完善政策，积极开发以香包陇绣为代表的民俗文化产业，促进了文化事业的繁荣发展。2008 年，庆阳市被文化部命名为"国家文化产业示范基地"。

发展文化产业宜采取先易后难的办法，先从有一定基础的项目入手做起。一般而言，民间工艺、民间美术、风味餐饮以及民间艺术一类的文化事项都有较好的产业开发的基础。发展最好的是兰州牛肉面，已经成为甘肃的名片。还有上述的庆阳香包刺绣等。其他如保安腰刀、天水漆雕、临夏砖雕、平凉纸织画、陇南壳雕、兰州刻葫芦、陇东、陇中剪纸等，有些业已形成一定的规模。目前亟须的是扩大产业规模，完善、延伸、拓展产业链，提高市场占有的份额，这就需要有创新的理念来引领。还有一些项目，是利用本土所产经过精加工而形成的文化品牌，比如天水、陇南一带农民手编的麻鞋，在历史上就有影响。这类项目市场潜力很大，关键是如何开拓市场。

3. 加强文化创意，实现文化产业跨越式发展

改革创新是文化发展的动力，搞好文化创意是建设甘肃文化大省的突破口，在这方面我们一定要有紧迫意识，抢抓机遇，同时又要合理规划，坚持科学发展，用好的创意引领一些基础好的文化产业项目突破临界线，实现跨越式发展；重点突破，形成群

落，精心打造出一批具有广泛知名度的品牌项目、精品项目，以进一步提高甘肃文化的影响力和吸引力。

基于甘肃的基础，人们寄希望于"读者"和"敦煌"是有道理的。前者除了继续做大做强"读者"这个品牌之外，作为广有影响的现代传媒集团，应该进一步提高综合实力，发挥品牌的辐射作用，尽快发展动漫和游戏等新兴文化产业，尽早在国内市场占据高地，打入国际市场；后者要充分利用敦煌品牌的国际影响力，除了整合甘肃旅游市场，做大甘肃旅游业之外，还要有奇思妙想，用文化创意催生敦煌系列产品，使敦煌文化增值，再造西部辉煌。

对于发展文化产业来说，资源是基础，处于优先的地位；创意是关键，处于主导地位。敦煌，由于其特殊的文物价值已经成为著名的世界文化品牌，每年吸引着大量的中外游客前来观光旅游。敦煌，不只是有着文物、文献和旅游价值，而且有着重要的再生、增值潜力，通过创意使其巨大的文化价值向其他领域延伸，产生连锁的社会、经济效应，拥有广阔的开发前景。舞剧《丝路花雨》和《大梦敦煌》就是敦煌品牌向演艺领域延伸而获得增值的成功范例。《丝路花雨》在改革开放伊始，就像一只金凤凰飞出甘肃，飞出国门，飞向世界，为甘肃赢得了景点的声誉，至今风光依然。截至2012年4月，《大梦敦煌》已经在全国40多个城市与世界多个国家演出960场，观众逾百万人次，累计票房1.204亿元。

需要加大力度，引进人才和资本。要完善文化产业政策体系，广泛吸引社会力量参与发展文化产业，构建具有甘肃特色的现代文化产业体系，使之和公共文化服务体系、现代传媒出版体系、文艺精品创作体系、人文精神建设体系一起，构成和丰富甘肃文化大省的内涵，在经济、文化协调发展的道路上迈向小康社会。

4. 大力发展区域旅游经济

甘肃是旅游资源大省，但是与云南等旅游文化大省相比差距很大。差距大，发展空间也大。要把甘肃建成旅游文化大省，首先应该搞好总体规划、科学规划，点、线、片通盘设计，发挥旅游资源的连带效应、整体效应、最佳效应。其次，旅游文化是文化产业的重要组成部分，旅游经济的发展在理念上要突出文化的灵魂地位，深入发掘提炼旅游景点的文化内涵。发展深度旅游、文化旅游，以文化来吸引游人、感染游人、影响游人，而不是仅以景点的自然状态招徕游人。再次，利用现代传媒手段，像魅力丽江、魅力西湖那样，根据各个景点不同的文化内涵，把地方历史、文化编成剧目上演，利用现代声光电技术和实物展览，展现景观的文化内涵，展现当地的历史和风物的亮点。复次，特色民间文艺进景区，在景点和民间文艺、民俗表演之间，建立相辅相成的关系。这样，人们对于景点不再是走马观花一掠而过，民族民间艺术也有了更为广阔的施展舞台；最后，建设内容丰富的能够让游人参与、体验的活动场所，使其亲身领略、感受其间的精妙和乐趣。甘肃省的旅游景点和许多非物质文化遗产项目，都是有条件发展文化旅游的。

非物质文化遗产的开发利用是发挥其文化价值的必由之路，但也应根据非物质文化遗产的种类和性质的不同，区别对待，并且要防止过度开发。同时，还要使人们清楚地知道，并不是所有的非物质文化遗产项目都可以成为文化产业；可以作为产业开发的，仅是其中的一部分。有一些项目，本来就是和市场经济相联系的，比如传统制作技艺、传统体育，一些戏剧、歌舞艺术等，大力开发是其应有之义。还有一些项目，其中的某些元素是需要发展的，如花儿的歌词、春节社火的春官词，本身就是活态的，具有与时俱进的特征。而有些非物质文化遗产，如史诗、神话、民间故事、歌谣、传统音乐、手工技艺等，其价值就在于它的"原生态"。如果为了演出或扩大宣传的需要而进行改编，是可以的，还可能是很需要的，但改编后的"作品"就成为"次生态文化"了，不再是保护意义上的非物质文化遗产了。

八 甘肃非物质文化遗产对策研究的成果转化

（一）国家级非物质文化遗产——河西宝卷

河西宝卷是在唐代敦煌变文、俗讲以及宋代说经基础上发展而成的一种民间吟唱俗文学，现已发现的最早卷本属元代至正年间的《绣红罗宝卷》，明代到清代是鼎盛时期，主要流传于甘肃河西走廊一带，是我国至今仍有讲唱活动的少数地区之一。它以流行民间的讲唱艺术——"念卷"或"唱卷"的底本，吸收和沿袭了敦煌佛经的结构，在继承的同时将之进一步民族化、地方化、民俗化，使其成为中国民间讲唱文学的一种形式和丝绸之路文化的一个重要分支。

河西走廊自古以来就是东西方文明交往交融的大通道，一方面由于远离中原王朝，交通闭塞、生产落后、文化缺失，各民族互动拉锯，兵燹灾祸不断，特殊的地域环境为宝卷文化的生长提供了土壤；另一方面由于佛教东渐，与本土的儒学、道教交会融合、相互渗透、彼此杂糅，为宝卷文化的传播创造了条件。因此，河西宝卷一经形成，就深受百姓喜爱，作为河西人民的精神寄托和文化娱乐形式，历数百年而不衰。

党的十八大以来，围绕传承和弘扬中华优秀传统文化，习近平总书记发表了一系列重要论述，特别强调"要讲清楚每个国家和民族的历史传统、文化积淀、基本国情不同，其发展道路必然有着自己的特色；讲清楚中华文化积淀着中华民族最深沉的精神追求，是中华民族生生不息、发展壮大的丰厚滋养；讲清楚中华优秀传统文化是中华民族的突出优势，是我们最深厚的文化软实力；讲清楚中国特色社会主义根植于中华文化沃土、反映中国人民意愿、适应中国和时代发展进步要求，有着深厚历史渊源和广泛现实基础"。"优秀传统文化是一个国家、一个民族传承和发展的根本，如果丢掉了，就割断了精神文脉。""中华优秀传统文化已经成为中华民族的基因。"党的十九大报告明确指出："中国特色社会主义文化，源自于中华民族五千多年文明历史所孕育的中华优秀传统文化，熔铸于党领导人民在革命、建设、改革中创造的革命文化和社会主义先进文化，根植于中国特色社会主义伟大实践。""要加强文物保护利用和文化遗产保护传承。"习近平总书记深刻阐明了中华民族历史与中华文化传承弘扬的辩证关系，将中华优秀传统文化提升到崭新阶段，赋予中华优秀传统文化时代内涵，为我们在新形势下弘扬中华优秀传统文化提供了根本指引。

（二）国家级非物质文化遗产——天水雕漆技艺

天水漆器艺术历史悠久，在漆器史上发挥着重要的作用，在漆器行业的改革和发展中历经两千多年。天水雕漆技术在中国已成为优秀的品种。

（三）国家非物质文化遗产——庆阳香包刺绣

按照剪纸的图样，在丝绸布料上用彩色的线绣出各种各样的图案，然后缝制成不同的造型，内芯填充上丝棉、香料，就做成一种小巧玲珑、精致漂亮的刺绣品。这种刺绣品叫作香包，又叫荷包，庆阳民间称作"耍活子"，是庆阳的一种民间民俗物品。庆阳香包是一种立体造型和平面刺绣兼容的纯手工艺制品，构型简单质朴，按制作技艺分有"绌绌"类、线盘类、立体刺绣类、平面刺绣类四大类型。

庆阳香包刺绣工艺是遗风千古的针工造型艺术，是立体造型艺术和平面刺绣相兼融的一种纯手工工艺，立体造型技艺和技能主要有三个类别：一是"绌绌"类，二是线盘类，三是立体类，分单面挂件、佩件、双面挂佩件、立体挂件和摆件。

庆阳香包原始生态文化味浓。庆阳位于黄河流域，是华夏民族最早繁衍生息的地方，远古文化积淀深厚，很少受外来文化的影响。民间工艺刺绣中，大量蕴藏着人类童年期的多神崇拜和以"龙蛇虎鹿"等为图腾的原始文化痕迹，很多香包中渗透着巫神文化和古代阴阳平衡的哲学观念。如用绿布卷成盘蛇，再扎上几个梅花，便是龙的化身。它是龙蛇崇拜和以龙蛇为图腾的原生态文化在民间刺绣中的遗存。

庆阳香包表现手法奇异多样。庆阳香包刺绣手法多变，不讲透视，不求比例；不讲形象，只求神似；夸张变形，突出头身。各种动物香包，或大头小身、有头无尾，或有头无足、有头有身无腿，或身长蹄短，以爪代腿等。如肩头狮虎，一般头比身大，有爪无腿，既不是真实形象，又不合形体比例，完全由刺绣艺人随艺术思考刺就。庆阳妇女对生活、对环境观察相当熟稔。她们把身边最常见的、最丰富的素材，比如花卉树木、虫鱼鸟兽、日月风云，比如楼台亭榭、几何图案，以及人物，都作为自己绣制的范畴。通过一针一线一把剪刀，活灵活现的龙、凤、金鱼、胖娃娃、小老虎、狮子、老鼠、蛇、青蛙、螃蟹等常见的图案就出现在我们无比温馨的世界里了。

庆阳香包比喻象征，托物言志。祛邪祈福，是庆阳民俗文化的永久主题。以比喻象征的手法托物言志则是庆阳香包的主要表现手法。比如借老虎狮子的勇猛威武，祛除邪恶之气，保护自身安全；借鱼儿钻莲喻男女爱情；借葫芦、石榴多籽，盼望多子多福；借大枣、花生、桂圆、莲子之名，取其谐音，寓早（枣）生贵（桂）子之义。

庆阳香包审美观点独特。它不从物质生活着眼，而从意念出发，采用意象手法夸张造型、幻化姿态、多变视点、随意创作，与专业美术有天壤之别。很多专业美术家认为无法理喻的东西，在庆阳民间艺术家眼中是合情合理的。

庆阳香包历史悠久，民间文化艺术沉淀十分丰厚，与岐黄医学一脉相承的香包便是这民间艺术之花中的一朵奇葩，不仅具有极高的审美价值，更有防病治病的特殊功效，千百年来，为人类的繁衍生息做出过一定的贡献。

（四）国家非物质文化遗产——张掖裕固族服饰

裕固族是分布于甘肃的少数民族。约1.2万人（1990年）。为回纥后裔之一。裕固族自称"尧呼尔"，一般认为这一名称与历史上的"黄头回纥"和"撒里畏兀"有密切关系。据史籍记载，宋代裕固族先民被称为"黄头回纥"，是宋朝初期出现于塔里木盆地东南部的回纥分支，元代裕固族先民称"撒里畏吾"，明代称"撒里畏兀儿"，清代称"锡喇伟古尔"。中华人民共和国成立后，根据本民族的意愿，统称裕固族，也取汉文富裕巩固之意。

1. 民族历史

裕固族的祖先可以追溯到公元前3世纪的丁零、4世纪的铁勒和居住在色楞格河和鄂尔浑河流域的回纥。回纥是东部铁勒（亦称狄历、敕勒、高车）的六大部之一。后来东部铁勒在反抗东突厥汗国的斗争中，形成了以回纥为核心的部落联盟，被称为"九姓铁勒"或简称"九姓"。8世纪中叶，回纥击败突厥在乌德勒山（今杭爱山支系）、温昆河（今鄂尔浑河）建立回纥汗国。9世纪中叶，回纥汗国为黠戛斯所破，回纥各部四处迁徙，其中一支投奔河西走廊，与早先迁来的部分回纥会合，在这里生息繁衍，成为当今之裕固族。

2. 民族物质及文化遗产

裕固族本民族的文字虽然已经失传，但是民间仍然保留着自己优秀的文化传统。包括神话、传说、寓言、民歌、叙事诗、格言、谚语等。其民歌曲调独特，曲调朴实优美，内容多是表达劳动和爱情。有学者认为裕固族民歌格律，分别与古代文献中记载的突厥语民歌、蒙古族民歌有许多共同之处，其中还保留着一些与《突厥语词典》中记载的四行一段押尾韵的民歌形式相一致的民歌，同时又吸收了汉族的小调，回族和东乡的"少年"，藏族的山歌、酒曲以及蒙古族的划拳曲等，并且把各种风格巧妙地融为一体，成为独具本民族特色的优秀民歌。

3. 民族服饰

裕固族无论男女，多穿高领的宽松长袍，束以腰带，这种源自甘州回鹘的传统装束，使人显得洒脱、大方、庄重、刚毅。袍子一般用绿色或蓝色布料制作，下摆两边开衩，大襟上部、下摆、衣衩边缘都镶有云字花边。腰扎桃红色或绿色腰带，腰带右下方挂红、绿或天蓝色的正方形绸帕，少则二块，多则四块；腰带上还佩挂3寸小腰刀，刀鞘上饰有精美的刺绣图案和红缨穗，大襟衣扣上挂有刺绣的荷包、针扎。"衣领高、帽有缨"，是裕固族服饰的一大特点，生活和文化传统形成了服饰上的审美标准，服饰的样式、花色、刺绣图案、花纹都按其民族习惯形成并代代相传。民间流传着"水的头是泉源，衣服的头是领子"，"帽无缨子不好看，衣无领子不能穿"的民歌。裕固族妇女的帽子，特点非常鲜明。西部地区裕固族的帽子是尖顶，帽檐后部卷起，用白色绵羊羔毛擀制而成的，宽沿上镶有一道黑边，内镶狗牙花边并用各色丝线绲边，帽顶腰部前面，有一块刺绣精致的图案；东部地区的大圆顶帽，形似礼帽，顶比礼帽细而高，是用芨芨草杆和羊毛线编织成坯，用红布缝帽里，用白布缝帽面，帽檐缝黑边，镶花边。裕固族女帽不论是西部还是东部，帽顶都用红线缝成帽缨。裕固族妇女的帽子，是姑娘和已婚妇女的区别标志，姑娘到了成婚年龄，举行出嫁戴头面仪式时才能戴帽子，表示已婚。

头面是裕固族民间工艺品中的精华，色彩强烈而鲜明，花纹图案排列整齐又对称，构思精巧，裕固族姑娘佩戴后显得端庄美丽大方。头面即头饰，裕固语称其为"凯门拜什"。头面用料考究，做工也相当精细。用红色珊瑚珠、白色海贝壳、玛瑙珠、珍珠、孔雀石、银牌、铜环穿缀，用红布、青布或红色香牛皮做底，中黄、淡黄、中绿、翠绿、黑、赭、紫红、大红诸色丝线合股绲边，用各种珠子穿缀成色彩斑斓的图案。一般以红色珊瑚珠做底色，白色蓝色珠子为图案，把特制的银牌、孔雀石、珍珠镶嵌在图案中。头面分三条，胸前分左右两条，上端在耳际以上编入发辫，下端至脚面，中间勒入腰带，前面两条的图案，色彩完全对称统一，每条又分为四节，每节都有一定的象征意义；还有一条在背后，裕固族语称为"阿尔擦勒"，比前面两条要窄，同前面一样戴在脑后帽盖的发辫上。一般用青布做底，各色丝线绲边，上缀二十三块大小不一用白色海螺磨制的圆块，也有红色珊瑚珠做底色，称为"董"的白色海螺圆状块镶在中间，从上到下一长条。

裕固族的服饰喜欢用红、蓝、黑、白等对比强烈的色彩，给人以深刻的印象。如头面的编织图案，虽然极为简单，仅以方、圆几何形状组成，但因以红色为底，以蓝、白、黄、黑构图，故十分显目，而不使人觉得单调；尤其是银牌缀在红色的头面上，更见效果，立体感极强。又如白毡帽上镶以红、黑色的边沿饰纹，也因色彩的对比分明，而使边沿饰纹非常清晰，令人产生玲珑、轻快的美感。这种以强烈对比色彩来造成图案醒目、生动的手法，在绿色的大草原中，显得很得体，与裕固族粗犷、豪放的性格相协调。

（五）国家非物质文化遗产——甘南藏医药

藏医药起源于青藏高原，是藏族人民在高寒缺氧的自然环境中，通过长期丰富的生产和生活实践，博采中医学、古印度医学和古阿拉伯医学之长，逐步积累、完善而形成的独具特色的传统医学体系。藏医药学是民族优秀文化的瑰宝之一，也是我国传统医药的重要组成部分，它是仅次于中医中药而有系统理论的民族医药，几千年来为藏区人民的健康和繁衍做出了重要贡献。

藏医药学是一种特殊文化，它体现了千百年来藏族人民对自然、健康和生命的求索，对人与自然内在关系上的探索，以及战胜病魔的种种成功经验。在吐蕃王朝时代，藏族古老的苯教中就流传着有关鸦片及其毒害作用的民谣。由于藏医药学研究人与生物之间的相互联系，而这种相互联系包括人—植物、人—动物间的特定关系，涉及文化的、地理的、生态的和各种生物的多重影响，所以具有多样性的特点。这恰恰是藏医药学反映出的丰富多彩和别具一格的民族文化内涵。藏医药学与藏传佛教、天文历算、自然生态学、植物学、动物学、矿物学等存在千丝万缕的联系。

综上所述，甘肃对建立一所全国非遗博物馆有义不容辞的责任。2015 年 3 月 27 日，甘肃省十二届人大常委会第 15 次会议通过的《甘肃省非物质文化遗产条例》提出，为继承和弘扬中华民族优秀传统文化，加强非物质文化遗产保护、保存工作，推动华夏文明传承创新，根据《中华人民共和国非物质文化遗产法》等有关法律、行政法规，结合本省实际，建议在东西方文明交往交融的大通道张掖市甘州区建立国家级的非遗博物馆。

九 张掖建立非遗博物馆的优势

我国历史悠久，非物质文化遗产丰富。但是，众多的非遗项目资源大多数散落在民间，流传在个人，持续保护或传承受到影响，不少珍贵的项目濒临失传。非遗亟须保护与传承及合理开发利用，在文化传承、教育、相关产业等方面发挥出更大的价值。

张掖市位于甘肃省西北部、河西走廊中段，东邻威武和金昌，西连酒泉和嘉峪关，南与青海省毗邻，北和内蒙古自治区接壤。中国人民大学教授、国际儒学联合会教育传播普及委员会主任张践认为，"一带一路"要"走出去"的不仅是商品、技术、资本，更重要的是文化，没有文化的充分沟通与理解，经济的发展必然受到牵制。我们有必要将当今中国的发展与人类未来的蓝图，放置于传统文化的大背景下，通过中西对比的视角，探讨其背后所蕴含的文化特质和价值脉络，通过融合中西、会通古今，逐步梳理并构建起一套阐释中国方案的崭新思路和话语体系。"张掖是古丝绸之路上的一个重要节点城市，南北中三条线路在此交汇。如今又处于新丝绸之路经济带上，正位于时贯古今、地通中外的重要位置，有条件成为复兴中华传统、汇通中西思想的重镇。"

张掖作为丝绸之路经济带上重要的节点城市，光电水热资源丰富，生态环境良好，交通便利、通信便捷，随着"一带一路"建设的深入推进，张掖已成为国家向西开放的重要窗口和门户。境内地势平坦、土地肥沃、林茂粮丰、瓜果飘香。雪山、草原、碧水、沙漠相映成趣，既具有南国风韵，又具有塞上风情，有"不望祁连山顶雪，错将甘州当江南"这样的佳句。

近年来，张掖市非遗保护工作实践日渐活跃，很多非遗项目的存续状态发生了积极变化。活力再现的非遗对于弘扬优秀道德价值、培厚社区文化积淀、培育良好民风习俗、助力张掖乡村振兴和精准扶贫，发挥着重要作用。张掖非遗实践成为国家和地方很多重大发展战略的助推力量。非遗保护工作进入巩固抢救保护成果、增强传承实践活力的新阶段。

一是张掖非遗保护工作指导思想更加明确，理念得到深化。把习近平新时代中国特色社会主义思想和习近平总书记关于弘扬传承优秀传统文化，实现创造性转化和创新性发展的重要论述，作为非遗保护工作的根本遵循。对非遗本质特征、保护规律的认识更加清晰，"见人见物见生活""活态传承活力再现""保护非遗实践、传承能力和传承环境"等，不仅成为共识，也成为广泛的实践。

二是工作机制已经建立，名录体系逐步完备。自2005年张掖启动非物质文化遗产保护工作以来，全市非遗保护工作机构、队伍、经费等方面的保障力度不断加大，工作基础逐步夯实。市一级及六县区均建有非遗保护中心。并形成了市、县区、乡镇（街道）、村（社区）四级非遗保护格局。目前，已申报有国家级非物质文化遗产保护项目名录4项，省级33项，市州级158项，县区级362项；国家级代表性传承人5人，省级58人，市州级199人，县区级332人。

三是积极创建文化生态保护区，开展传统村落保护，对非遗及其得以孕育、滋养的人文环境实行整体性保护。近年来，全市上下以国家、省级非物质文化遗产项目为依托，加大保护经费投入，以"遗产丰富、氛围浓厚、特色鲜明、民众受益"为开发建设目标。积极创建文化生态保护区，传统村落保护与非遗传承有机结合，相得益彰，正在形成新的趋势。如张掖市甘州区以省级非遗项目九曲黄河灯阵为依托，打造文化旅游综合大景区项目，已建成"中国规模最大的灯阵"——甘州区碱滩镇"九曲黄河灯阵"，建成九曲黄河灯阵传习所、灯笼工坊等，带动周边农民致富。同时，九曲黄河灯阵正在成为张掖发展民俗旅游的名片，焕发出新的生机。

四是传承与传播实践活跃，传承人群积极性和活跃度明显提高，非遗的活力明显增强。每年的文化和自然遗产日活动主题鲜明、丰富多彩，成为人民群众共享文化成果的重要节日。目前，已连续组织了4届敦煌文博会，连续承办了3届敦煌写经艺术节和一届全省民族民间工艺品展，在其他重要时间节点、传统节日，六县区的非遗主题活动日益丰富。传统媒体和新媒体踊跃加入非遗传播。面向青少年的非遗普及教育深入开展，越来越多的优秀非遗项目进入校园、课堂和乡镇街道。社会大众尤其是年青一代传承实践非遗的热情明显提高，非遗实践的社会基础日益厚实。例如，在深入开展非遗进校园进课堂的基础上，张掖市甘州区成立了国内首支由120人组成的少儿传统社火队，其活动成效被新华网等多家媒体宣传报道，引起了社会各界的高度关注，非遗保护的新经验和新途径正在形成。

五是文旅融合，"非遗＋"助力旅游发展。作为文化领域中最具代表性的非物质文化遗产，是一项具有巨大优势和潜力的旅游产品和文化旅游业态。近年来，张掖市积极探索文旅融合发展的新路径，非物质文化遗产助推旅游发展的独特作用日益显现。

在张掖甘州区拟建国家级非遗博物馆，以创新的方式促成非遗的使用和消费，依托现代生态成为非遗传播的终极力量，扶持帮助传统手艺人增收，让非遗走进每一个寻常百姓家。

十　成果转化综述

该项研究产业化转化工作，由科研单位、相关企业、地方政府论证进行中。

我国历史悠久，非物质文化遗产丰富。但是，众多的非遗项目资源，大多数散落在民间，流传在个人，持续保护或传承受到影响，不少珍贵的项目濒临失传。非遗保护、文化传承是历史赋予每个人的责任，不能等待，应主动承担起保护非遗文化遗产、弘扬优秀传统文化的重任。博物馆是人类尊重历史、珍视艺术和崇尚科学的产物，作为一种文化现象，最早服务于西方上流社会。20世纪80年代，随着全球进入"博物馆繁荣"时代，国际博物馆领域确立了以"社会服务"为根本宗旨。从此，博物馆的社会服务功能开始拓展并趋于全面，除了征集文化遗产，保护、传承物质文化遗产，还对促进社会和谐稳定，支持所在地经济文化建设，起到了十分重要的作用。

在国家对非遗保护和文博事业日益重视的环境背景下，甘肃张掖甘州区以"物"为核心价值的博物馆接纳"非物"的形态，并有效诠释与表达非遗的深层价值，正在成为博物馆对非遗的呈现方式和表达理念。在"博物馆＋非遗"模式下的保护性生产和版权转化成为新亮点，利用非遗元素与非遗技艺精髓，糅合博物馆文创衍生品的优秀设计，一大批具备文化性、知识性、实用性、趣味性的文创产品孕育而生，有力地推动了文博事业、非遗保护以及文化产业的健康发展。

作者：杨　华（西北师范大学传媒学院副教授、博士）

　　　　邱林山（西北师范大学文学院副教授、博士）

通讯作者：张　兵（西北师范大学文学院教授、博士生导师）

西和乞巧文化的现代价值与
产业融合的思考

乞巧节，即农历七月初七"七夕节"，在中华民族众多民俗节日中独具异彩，相应的民俗文化在国内多个地区都有所体现，而作为乞巧风俗发源地的陇南西和一带，长期采用多种活动形式对该文化进行传承，且成为当地的文化特色。结合学术成果可见，乞巧民俗文化具有重要的研究价值，但如何将其与现代价值进行衔接，并深度融入西和当地的文化旅游产业，则是一个有待进一步探索的领域。

一 西和乞巧民俗文化的历史渊源

源于西汉年间的乞巧节，既有庆祝恋人相会的内涵，又曾因历史因素一度演变成为以女红手艺比试和提升为主题的节庆活动。作为乞巧风俗发源地，陇南西和的乞巧民俗有着悠久的历史传承与丰富的文化色彩，其重要的文化价值也引发了学界的广泛研究与思考。

（一）乞巧节的起源

乞巧节，即农历七月初七"七夕节"，是我国广泛流传的传统民俗节日之一。在中华民族众多的民俗节日中，七夕节独具异彩，其中尤以女子乞巧为盛，即向神灵织女祈愿智慧以使自己心灵手巧，以及向她求赐美好的姻缘，在女性心灵和一生中占据着重要地位，故又有乞巧节之称。因参与乞巧活动的仅限于少女，故而乞巧节又称"女儿节"。乞巧节的产生缘由大都和牛郎织女浪漫的爱情传说有关。而西和民众所崇拜的织女神却和该地历史有很大关系。大量文献和考古文物资料证明，陇南西和一带是中华人文始祖伏羲的诞生地、大秦帝国的发祥地，是乞巧风俗的发源地。西和乞巧民俗源自古代秦人星辰崇拜和祖先崇拜的祭祀仪式，是先秦文化的遗留。传说中秦人始祖女修便是以善织巧手闻名于世，据《史记·秦本纪》记载："秦之先，帝颛顼之苗裔孙曰女修。女修织，玄鸟陨卵，女修吞之，生大业。"在西汉水上游生活的女修以她聪慧的天资发明了织布，也是乞巧核心象征"巧娘娘"的原型①。20 世纪 90 年代初，位于西和北部礼县一带的大堡子山出土了秦先公墓葬群。作为最早统一中国，建立中央集权的秦王朝，其先祖早期就生活在地处西汉水上游的西和、礼县一带。《尚书·禹贡》写道："嶓冢山导漾，东流为汉水。"由漾水引出的西汉水不仅是一条有着悠久文明史的河流，其流域还"率先步入了农耕社会，成为我国农业的发源地"，为男耕女织的小农生产模式和牛郎织女传说的产生奠定了基础。一般而言，民众为了不轻易忘记某一文化创造者往往会将其神化。随着时代发展，人们渐渐忘记了牛郎织女背后真正的含义而将其简单地看作两颗星宿，并随着自给自足的农业经济的发展升华为反映自耕农家庭生产生活模式的传说，影响至今。② 总之，西和乞巧节是在当地深厚的历史文化背景下自发产生的一个独具地方性特色的民俗节日。

---

① 霍松林、赵望秦：《宋本史记注译：第一册》，三秦出版社 2011 年版，第 138 页。
② 赵逵夫：《汉水与西、礼两县的乞巧风俗》，《西北师范大学报》（社会科学版）2005 年第 6 期。

（二）乞巧节的发展演变

据史料记载，乞巧节早在西汉时期便已产生，最早有《西京杂记》记载："汉彩女常以七月七日穿七孔针于开襟楼，俱以习之。"所谓彩女，即宫女，皆为青年女子，她们来自民间，又成群生活在深宫之中，脱离了人间的正常生活，没有夫妻恩爱，没有家庭欢乐，故将民间姑娘在七夕乞巧的风俗带至宫中，算是对民间女儿生活的一种回味，多少寄托了对家乡的思念。七夕节是侧重于庆祝牛郎织女相会的，但宫廷又有宫廷的忌讳和规程，宫廷中显然不能让宫女举办以庆祝青年男女相会为主题的节庆活动。因而将七夕节完全变成了一个赛女红手艺、做小型手工艺品的节日，后世则逐渐演变为"乞巧"的习俗①。

魏晋南北朝时期，百姓被迫处于战乱之中，在现实生活中难以实现追求平稳安定的幸福生活，便将这一愿望寄托于神灵。在七夕时节，人们便向牛郎织女祈求实现愿望，表达对幸福美好生活和坚贞不渝的爱情的向往。因此，这一时期的七夕节不仅继承发展了"乞巧"的习俗，更衍生出乞子、乞禄、乞寿的习俗。与此同时，牛郎织女的爱情故事变得更加丰满动人，而且与乞巧节结合得更加紧密，由此乞巧节庆的活动内容也变得更加丰富，牛郎织女的传说也就广为流传。在社会大动乱的时期，人们将自己的情感寄托于牛郎织女两人之间坚贞的爱情，表达自己的追求向往之情。

隋唐时期，社会繁荣昌盛，乞巧节的规模不断扩大，唐玄宗甚至在宫中修建了一座乞巧楼。在这一时期，文人学者写下了无数吟咏七夕的诗篇，全唐诗中就有近千首佳作。如崔颢诗云："长安城中月如练，家家此夜执针线。仙裙玉佩空自知，天上人间不

---

① 赵逵夫：《七夕节的历史与七夕文化的乞巧内容》，《民俗研究》2011 年第 3 期。

相见"，充分展示了当时长安乞巧节日的盛况。

宋代以后，社会进一步发展、繁荣，从朝廷到民间都将牛郎织女作为神灵来祭祀，这种祭祀活动迅速地推动了七夕节的发展。与此同时，习俗活动更加丰富，民众在七夕节庆期间进行各种各样的娱乐放松活动，除了保存流传下来的求灵巧、水浮针、看巧芽、拜魁星等习俗，自七月初一开始，人们就设立"乞巧市""乞巧棚""乞巧楼"等来售卖多种多样的巧物和巧果，还出现了《天河配》《长生殿》等戏曲。宋代七夕是一个很隆重的传统节日，当时的许多文人都写下了很多颂扬牛郎织女爱情故事的词曲。

明清时期，七夕已经是重要的民间节庆节日，节俗活动更加丰富多彩。据记载，明代七夕时，民间"女子以碗水暴月下，各自投小针浮之水面，徐视水底月影，或散如花、动如云、细如线、粗如椎，因此卜女之巧"。清朝时叫"掷花针"，主要用松针来卜巧。此俗一直保留到近代。据《清嘉录》记载，人们在庭中或露台上陈设香烛和各种果实，对牛郎织女二星进行膜拜以此来乞巧。

1911年，辛亥革命取消了中国沿用了几千年的农历纪年，还把中国传统节日改为按照公历庆祝，传统节日也因此遭到了强烈的冲击。中华人民共和国成立以后，包括乞巧节在内的传统文化经历了跌宕起伏，但仍然得到了民间的传承以及来自多方力量的保护①。

2005年，西和乞巧节被甘肃省政府列入第一批省级非物质文化遗产保护名录；2006年，西和县被中国民间文艺家协会命名为"中国乞巧文化之乡"；2008年6月，西和乞巧节被国务院列入国家级第二批非物质文化遗产保护名录。据此，西和乞巧民俗文化的传承、保护受到了前所未有的重视。而与此同时，远在岭南地

---

① 孙蕾、张勃、毕啸南：《当代七夕节的保护与传承》，《遗产与保护研究》2017年第7期。

区的广州也在通过当地特有的节庆活动方式传承和保护着先民南
迁带到珠村的乞巧文化，在广袤的中国大地上，乞巧民俗在南北
之间遥相呼应。

（三）理论研究现状

对西和乞巧民俗文化的理论研究，早期主要是以陇南地区本
地学者的研究为主，主要力量来自西和、礼县和陇南师专，研究
重点主要集中在西和乞巧民俗文化的起源、与秦文化的关系以及
对西和乞巧民俗文化的传承方面，时间上从 2006 年起渐趋强劲。
张芳通过在西和历时 4 年多的调查，比较真实、全面地记录了西
和、礼县境内的乞巧节的原貌和节日歌舞的状态[①]。温虎林认为西
和、礼县的乞巧民俗属秦人遗风，完整地保存了古老的民间乞巧
的活动范式，以原生态方式流传，在乞巧文化中具有原型价值，
兼容伏羲文化、炎黄文化、秦文化、氐羌文化等文化渊源[②]。高应
军则通过对乞巧民俗的历史渊源、基本内容以及特点价值等的探
究，对西和乞巧文化的保护与开发提出了一系列意见建议，认为
西和乞巧文化在开发中需要避免纯商业化操作，要做到文化保护
先于经济效益，采取保护性开发方式，同时要注意处理好社会各
方的利益关系[③]。余永红研究指出，西汉水上游地域乞巧风俗中的
巧娘娘崇拜，体现出十分鲜明的地方特色：崇拜者的纯女性化、
崇拜方式的巫傩化和偶像造型的民艺化。这种现象的产生既与西
汉水上游地域深厚悠久的历史文化密切相关，也与当地相对封闭
的自然条件和经济发展水平有关。余永红还对乞巧风俗的文化生

[①] 张芳：《西和、礼县乞巧节乞巧仪式歌舞专题调查报告》，《音乐时空》2014 年第
9 期。

[②] 温虎林：《西和、礼县乞巧民俗原型考察》，《兰州文理学院学报》（社会科学版）
2014 年第 6 期。

[③] 高应军：《陇南西和乞巧民俗旅游的深度开发》，《甘肃高师学报》2012 年第 1 期。

态与世代传承，以及在经济和文化全球化、工业文明快速发展的大环境下，如何有效、科学地保护乞巧民俗文化进行了深入思考①。蒲向明通过对西汉村完整乞巧活动的考察研究，发现西汉水流域乞巧民俗活动是陇南地区具有代表性的古老民俗和精神资源，对推进华夏文明创新区建设、丝绸之路经济带文化建设有重大现实意义②。赵淑莲则对陇南乞巧活动中，从坐巧迎神到娱神送巧等环节表现出的女子在乞巧时的虔诚、依恋心理进行了较为深入的探讨：她认为在乞巧歌中，能真真切切地感受到乞巧姑娘们崇尚忠贞的爱情，多才多艺、淳朴善良、坚强能干，巾帼不让须眉的人格魅力③。2017 年以来，陇南本土学者对西汉水流域（西和一带）乞巧文化的研究，数量势头似有放缓迹象，但研究得到了进一步深入。

陇南本地以外学者对西和乞巧民俗文化的研究，早期参与研究的学者较少，研究起步最早、起点最高者当属赵逵夫先生。他的研究不仅试图解决陇南乞巧文化的起源、七夕与乞巧的关系问题，而且还对西汉水上游地区处于黄河、长江流域毗连区的文明起源、民俗文化演变作了更扎实的基础性探讨。今所见赵逵夫先生研究陇南乞巧民俗文化的 20 余篇论文，涉及西汉水流域西礼两县乞巧文化方方面面，新见迭出，加之他出版的著作《西和乞巧节》（2014）、《西和乞巧歌》（2014）、《中国女儿节：西和乞巧文化》（2015）等，使他在陇南乞巧文化研究方面的深广度无人能及，也是推动西和地方政府加强文化名片建设的主要动力之一。自 2007 年 8 月举办了首届"中国乞巧文化论坛"以来，越来越多

---

① 余永红：《文化生态视阈中陇南"乞巧"风俗的传承状态》，《齐鲁艺苑》2012 年第 4 期。

② 蒲向明：《从一个村庄解读中国乞巧民俗——关于西汉村完整乞巧活动的考察研究（上）》，《甘肃高师学报》2016 年第 2 期。

③ 赵淑莲：《西和乞巧歌中女性的独特人格魅力》，《甘肃高师学报》2017 年第 5 期。

的学者开始探索西和乞巧文化的神秘内涵。大量研究成果主要出现在 2010 年以后，主要以学者发表的期刊文章为主，也有不多的几篇硕博士学位论文，研究重点主要集中在西和乞巧民俗文化的原初性、其中蕴含的女性智慧以及乞巧民俗文化的科学保护和传承等方面。郭昭第通过深入探讨西和乞巧节的地域表征及乞巧歌的文化精神，认为西和乞巧习俗虽在一定程度上具有神话甚至巫术的性质，但今天的人们仍兴味盎然地沿袭着这种古老习俗，根本原因是能借此有效抵制现代工业文明甚至科学技术所导致的物化和异化趋势，且能最大限度地彰显自然崇拜、社会协作与自我解放等文化精神①。张婷、秦莹将"乞巧节"与"中国农民丰收节"进行了比较分析，认为传承乞巧民俗文化，不仅有助于优秀传统文化的传承创新，而且对乡村文化振兴有重要的影响②。马丽娜、马向阳对西和乞巧歌进行了较为深入的研究，认为西和乞巧民俗活动中的乞巧歌是民间女性最直接的表达其内心世界、精神愿望的形式，是古代女性关注自身命运的言语符号，是一种时代的反映和复制，蕴藏着大量可考究的内容，值得我们深度思考和探究③。柯杨从多个角度分析了西和乞巧节的原初性质和岁时节日与民间信仰相统一的地域特色，强调在保护传统民俗节日过程中，要尊重各地的民俗传统和特色，不能人为地划一，更不能改变其原初性和本真性，将"乞巧节"称为"中国的情人节"④。另外值得一提的是，储冬爱对西和与广州珠村两地乞巧文化的节日名谓

① 郭昭第：《西和乞巧节的地域表征及乞巧歌的文化精神》，《兰州学刊》2011 年第 4 期。

② 张婷、秦莹：《以"乞巧节"为原型创办"乞巧民俗文化活动"探析》，《云南农业大学学报》（社会科学版）2019 年第 3 期。

③ 马丽娜、马向阳：《西和乞巧古俗唱词中的女性意识探析》，《阴山学刊》2014 年第 5 期。

④ 柯杨：《浅谈西和乞巧节的原初性及其地域性特征》，《民间文化论坛》2013 年第 5 期。

与时间周期、乞巧仪式与程序、文化内涵与功能、节俗传承与变迁四个方面进行了比较，发现西和乞巧传统相对稳固清晰，表现出抒情的审美特质，礼仪性突出；广州则经历了复杂的变迁，表现出强烈的务实风格，更注重个性自由。认为两地承载了各自的地域文化传统，都折射出乞巧习俗的传承态势①。

总的来说，学者对西和乞巧民俗文化的研究，主要是通过实地探访调研、文献研究以及对遗存的乞巧歌舞等的深入研究，进而探讨西和乞巧民俗文化的溯源、其中蕴含的文化意义、反映的历史以及传承保护价值等。自从西和乞巧节被列入国家非物质文化遗产保护名录以来，随着官方和广大媒体对保护传承西和乞巧节的宣传推介，越来越多的学者开始探索西和乞巧文化的神秘内涵，取得了一定的成果。但总的来说，当前的研究参与者仍然不多，且研究领域相对单一，主要限于文化范畴，相关的经济、社会、制度等其他领域尚未充分涉及。

二 西和乞巧民俗文化的保护

西和一带的乞巧习俗具有区别于其他地区的地域表征，具有准备充分、持续时间较长、仪式丰富、程序明确、态度虔诚、礼仪隆重等特点，蕴含着丰富而突出的民族文化精神，但当前的保护与传承方式存在着注重仪式而忽略内涵，古典特色有余而现代色彩不足等问题，难以发挥对当前社会经济发展的支持作用。

（一）西和乞巧民俗文化的活动内容

西和县乞巧民俗活动一般分为节前准备阶段和乞巧活动阶段。

---

① 储冬爱：《甘肃西和与广州珠村两地乞巧文化的比较》，《文化遗产》2014年第6期。

节前准备阶段主要包括个人的事先准备和集体乞巧活动的筹备，个人的事先准备主要为乞巧节半月前生巧芽，以供乞巧时"投芽卜巧"之用，同时也是供奉巧娘娘之需。集体准备包括选择坐巧人家、联络筹资、练歌备装、请巧造巧等活动，都是为后续的乞巧活动做准备①。

从农历六月三十晚到七月初七半夜，是乞巧活动正式展演的时间，也是乞巧活动的主要内容。在这七天八夜里整个活动包括六大环节，每个环节都围绕着一定的仪式活动来展演。一是迎巧。为了能让织女顺利来到人间接受当地民众的祭拜，在农历六月三十晚上，姑娘们会进行"手襻搭桥"迎巧仪式，并点蜡、燃香、焚表，集体跪拜并唱《搭桥歌》，将织女像迎到坐巧人家。直至七月初七送巧仪式结束前，这户人家就成了织女临时"驻扎"场所，家门全天开放，随时迎接村内外其他姑娘前来祭拜织女。二是祭巧。祭巧分个体和集体两种祭拜形式，其中最为隆重的祭拜是七月初七举行的集体供馔祭巧仪式。这天姑娘们会在坐巧人家的庭院中央摆放一张八仙桌，将所有供品陈列其中，并由两位姑娘站立两旁，其他姑娘们则列队跪拜在供有织女神像的神桌前。跪拜结束后，正式开始馔饭仪式。大家列队从正庭出发走向庭院，边走边唱《转饭歌》。当到八仙桌时，旁边两位姑娘会虔诚地将供品递给前来转饭的姑娘。这样依次传递，直到所有供品都被放在供桌上，整个仪式才算结束②。三是拜巧。过去由于受封建观念的影响，当地女性地位一直很低下，活动范围仅限于家庭，没有社交自由，只有在乞巧的这七天八夜里，年轻未婚女性才被允许走出家门，接触外面的世界，拜巧环节就是她们拓展自己生活空间的

---

① 王亚红：《甘肃陇南汉水流域乞巧节的"通过仪礼"意蕴阐释》，《临沧师范高等专科学校学报》2010 年第 1 期。

② 韩雷、刘宪：《从本真性视阈看甘肃西和乞巧节的传承与展演》，《温州大学学报》（社会科学版）2014 年第 2 期。

主要途径。所谓拜巧就是指相邻乞巧点的姑娘们互相拜访，除了彼此之间相互切磋针线技艺和唱巧外，还要互相赠送一种特殊的礼物——巧芽。由于要到外村拜巧，姑娘们都会穿上此前精心准备的新衣服，认真打扮一番。当姑娘们唱着乞巧歌列队经过本村的时候，往往会吸引很多父母和青年男子的围观，也为将要结婚的青年男子选择伴侣提供了绝佳机会。四是娱巧。娱巧又称唱巧，姑娘们相聚在坐巧人家，通过歌唱诉说对织女的祈望，抒发自己内心郁结的情绪，传达自己对智慧、生活技能、美好的爱情和幸福生活的向往。这些乞巧歌都是直接从现实生活中提取而来，以方言的形式呈现，有很强的现实性、实用性和抒情性以及地域性特征。五是卜巧。乞巧的目的是向巧娘娘祈愿求得心灵手巧，其方法是借助那些既普通又神圣的自然物来验证乞巧成功与否。当天清早，姑娘们集体来到村子附近的泉水边或井边汲水，当地人称之为"迎水"。来到迎水点，姑娘们在鞭炮的轰鸣中手拿香盘集体跪拜并唱《迎水歌》，等打满所带碗罐后，回到坐巧人家。当天深夜姑娘们集体跪拜在织女神像前，虔诚地唱《照花瓣歌》，将之前供奉给织女的巧芽放在早上迎来的圣水中，过了一段时间后，再看巧芽在水中的倒影，以卜祸福、巧拙。由于投影如同花瓣般大小，当地民众将这种占卜方式称为"照花瓣"。六是送巧。传统送巧时间一般是在初七深夜，姑娘们在悲伤的送巧歌声中，抬着织女像缓缓地来到迎巧点。大家齐跪，焚香，燃蜡，点鞭炮，焚烧织女像，整个过程显得很伤感。过去由于女性很少有自由，这一年一度的乞巧节日就成了她们最大的慰藉①。

（二）西和乞巧民俗文化的保护现状

传统的民俗节日文化是一个民族的历史积淀，西和乞巧节作

---

① 刘宪：《从传统到当下——甘肃西和乞巧节文化空间变迁研究》，《天水师范学院学报》2013 年第 6 期。

为中华民族一种古老的民俗节日，蕴含着深刻的生活伦理、价值判断与人文关怀。如对心灵手巧、容颜美丽、生活美满、家庭幸福的祈求体现了中国女性敬畏自然、勤劳朴实、聪慧灵巧的传统美德。在大力倡导社会主义核心价值观、弘扬文化自信、强调传统民族文化的今天，其保护和传承显得尤为重要。

近些年来，当地政府对乞巧节与乞巧民俗文化保护与传承的重要性有积极认识，认真贯彻落实"保护为主、抢救第一、合理利用、传承发展"的方针，以举办文化节会为主线，以活态化传承和创新发展为目的，进行了一系列的官方保护传承活动，取得了一定的成效。2006年起西和县官方开始举办以乞巧为主题的文化艺术节，以此为基础，展开了一系列对于乞巧文化保护传承的活动。一是文化推广与学术研究方面。2013年8月，第五届"中国陇南乞巧女儿节"以在北京举办乞巧文化论坛为重点，全国著名民俗学者云集京城，就乞巧女儿节的保护、传承、发展进行了广泛而热烈的讨论。2014年8月，举办第六届中国（陇南）乞巧女儿节与国际妇女发展论坛，对于宣传推介、保护传承和创新发展乞巧文化，推动全市妇女事业发展，提升西和乃至陇南的知名度都具有重要意义。二是文化遗产传承方面。当地政府积极开展乞巧文化遗产普查，建成了乞巧文化民俗展览馆和乞巧文化非物质文化遗产档案库，通过传统与新型教育辅导等方式，强化各级各类传承人保护，选拔认定乞巧文化代表性传承人138名，表彰命名了"乞巧世家""乞巧之家"，建成乞巧文化传习所等培养传承群体。三是产业发展方面。有关部门专门针对乞巧民俗采取了一系列措施，出台了《西和县民间民俗保护工作"十一五"计划》《西和县民间艺术创作规划》《西和县优秀民间文化作品奖励办法》等一系列政策性指导文件，旨在为民间文化提供政策保护，意图精心打造乞巧文化品牌。当地成立了西和县乞巧文化发展有限公司，策划研发了"乞巧坊"文旅产品并通过电商平台销售。成立了西和县乞巧文化演艺中心，创作编排了各类乞巧文化相关剧作与歌曲，并整理出版了《西和乞巧风俗志》和《西和乞巧歌》等乞巧文化专著 30 余部，建成了中国乞巧女儿节网站，注册了与乞巧文化相关的多个网络域名。以"中国乞巧文化之乡"为依托，聘请了专业的旅游策划公司对当地文化资源的运用进行了详细规划，旨在打造"东方乞巧湖，中国女儿节"旅游品牌。2014 年，晚霞湖成功创建为国家 4A 级旅游景区，西和县被评为"全国十佳最具投资潜力的旅游县"。四是民众就业方面。当地以乞巧文化为主题，打造"巧嫂""巧妹""巧汉子"劳务品牌，大力实施妇女创业就业、技能培训工作，旨在帮助当地妇女走出大山，活跃于北京、天津、上海等地劳务市场，带动农村妇女增收致富①。

可见，当前西和县乃至陇南市对于乞巧文化的研究、传承、保护与开发运用较为重视，采取了一系列措施，也取得了一定的效果。然而，现有文献和相关资料显示，被列入国家非物质文化遗产保护名录之后，西和乞巧民俗文化的保护出现了民间与官方博弈的状态，导致实践中的保护传承面临一定的困境，直接影响了乞巧文化的影响力及其与产业融合的深度。

一方面，随着城市化的发展，西和乞巧节民间传统仪式的组织越发困难。受现代教育和大众媒体、网络信息的影响，年轻人在心理上对传统乞巧歌和向神灵祈愿的活动产生了抵触，节日生活和神圣体验也已渐行渐远，作为传承主体的乞巧姑娘们参与活动的积极性逐年降低。因此，传统乞巧活动的很多仪式已然消逝，甚至知道"名"的人都越来越少。

另一方面，申遗成功后，利益的诱惑使得乞巧民俗文化的内

---

① 《陇南乞巧文化的起源发展》，载陇南市官方微信公众号，https：//mp. weixin. qq. com/s？3rd = MzA3MDU4NTYzMw% 3D% 3D&_ _ biz = MjM5NzA4NTI3Ng% 3D% 3D&idx = 2&mid = 216950572&scene = 6&sn = 744f1280218350d03fca3c6479494c3a。

涵有被掏空或被遮蔽的危险①。学者调查发现，西和乞巧节申请国家级非物质文化遗产名录成功后，被作为乞巧节展演示范点的村落经常有相关部门人员前来考察和指导。为了能够顺利展演，传统的乞巧活动仪式有所删减，且趋向于形式化，这些"保护"实际上并没有起到应有的作用。

（三）西和乞巧民俗文化保护的问题所在

根据前文所述，无论是官方还是民间，原本都出于最淳朴的目标对于乞巧文化进行着传承和发扬，但由于多种因素的影响，申遗后的乞巧节、乞巧仪式与现实生活渐行渐远，成为一种形式化的"展演"，失去了乞巧民俗文化所具有的本真，在产业发展中的支持作用也较为有限，引发这些问题的根源有以下几个方面。

首先，过于注重仪式而忽略了精神内涵。与广州等地的乞巧文化节以及各地的传统民俗活动相比，西和民间的乞巧文化活动充满了隆重的仪式感。每年一度长达七天八夜，前后六大环节不仅以乞巧歌贯穿始终，更多的是焚香、跪拜、放鞭炮等传统仪式。仪式的进行是为了更好地体现文化中蕴含的精神，但未明确价值导向与精神内涵就盲目进行复杂的仪式则难免本末倒置。当地村民大多文化程度不高，对于乞巧文化的认识不足，这样过于强调仪式而忽略了精神内涵的培育传承会导致多种问题，如年轻人由于未曾受到这方面的文化教育，不理解其中的内涵，很可能因此对烦冗的传统仪式有所排斥，又如，为了应对官方对保护和传承的要求，仪式成为唯一的检验标准，而真正的文化传播及其在经济社会发展中的支持作用则越发淡化。

其次，传统色彩浓厚而缺乏与现代价值的衔接。西和乞巧文化最初源于天象和民间传说，在演变与传承过程中随处体现了浓厚的

---

① 高应军：《陇南西和乞巧民俗旅游的深度开发》，《甘肃高师学报》2012 年第 1 期。

传统色彩，由于过去当地劳动人民尤其是女性生活艰苦，自由受限，内心烦恼无处诉说，只有在乞巧节的活动中能够通过向神灵祈愿、歌唱、相互走访等方式释放心中的郁结，简单地参与社交活动，并为男女婚恋创造机会。这些活动的许多环节都显现了古代人民对神灵的信仰和精神寄托，有时还会体现出一定的封建迷信色彩。如娱巧环节中会不定期地进行一种占卜活动，当地人称作"跳麻姐姐"，认为"麻姐姐"是可以预卜福祸和未来的女巫，通过不停地起跳请神附体，明显存有原始巫术的遗迹。到了现代，当地人的生活水平和女性地位都有了巨大的提升，不再有通过乞巧活动参与社交、抒发内心郁结的需求，一些原始的神灵宗教观念也与现代的价值观念发生了冲突，活动中的古典传统色彩甚至引发了部分年轻人的反感。若仍以传统价值观作为文化传承和推广的基础，会成为在推动社会经济发展及与相关产业融合方面的桎梏。

最后，与现代产业融合的形式较为单一。自从西和的乞巧文化得到了国家层面的认可，当地政府就颇为重视其与相关产业的融合，如文化创意产品的开发销售、戏剧影视作品的创作、相关品牌的打造等。然而，由于前文分析的精神内涵与现代价值不够明确等因素，目前当地乞巧文化尚未形成具有较大影响力的产业链和精品品牌，在文化旅游产业的开发方面力度不足，尤其未能与时下最新的文化产业进行有效融合。因此，明确西和乞巧文化的内在精神意义，并赋予其时代价值，是探索其与现代产业融合尤其是助力当地文化旅游产业发展的基础。

三　西和乞巧民俗文化的传承价值与现代意义

中华民族传统民俗节日往往蕴含着丰富的内涵与文化，西和乞巧风俗作为有着固定活动场所、固定时间和多样仪式以及特定祈愿对象和祈愿内容的非物质文化遗产，集中体现着特定区域内人们的生活、信仰和文化。"巧娘娘"是乞巧民俗文化的核心象征，心灵手巧、婚配如愿、生活美满等价值取向便是其核心价值观，乞巧歌、乞巧舞是其符号象征。西和乞巧节不仅是西和历史文化的传承载体，也是其集体精神和历史记忆的产物，自身具备独特多样的价值。

（一）传承价值

从社会层面来说，乞巧风俗作为一种社会制度影响下的民俗文化模式，以"人相习，代相传"的方式传承延续至今，并以群体参与的形式表现出来，为社会特有人群自觉遵守，仍有值得传承的社会价值。首先，众人聚集在一起，共同进行活动的前期筹备、商讨节日期间的各项事宜以及活动过程中的相互配合，达到了群体聚拢与协商合作的社会效果；其次，传承主体之间的相互走访，是集中交流学习生活经验、交流感情、提升素质和才艺技能的重要途径，有利于个人身心的全面发展，而且有利于维护村落社区的公共秩序。乞巧民俗活动本身对丰富群众文化生活，提高综合素质、构建和谐社会有一定的正面影响[①]。

从历史视野出发，西和乞巧民俗文化的长久传承，体现出该固定空间地域内延续的悠久历史和深厚文化底蕴。首先，西和乞巧民俗所展现出的生产生活方式，是研究我国古代农耕文明时期社会制度、生活习俗、审美取向及其演变的宝贵资料。其次，研究西和乞巧节，对追寻、研究中华文明特别是对秦早期文化的探究有重要的历史研究价值，对发掘整理民间文化艺术也有一定意义。另外，从遗存的乞巧歌可以看出，乞巧过程所折射出的古代女子争取家庭地位和社会认同的积极性、乞巧愿望所表达出的古

---

① 参见王文生《礼县乞巧的艺术形式及社会功能》，硕士学位论文，西北民族大学，2013 年。

代女子对人生理想和道德价值的憧憬与追求，反映了古代女性对封建男权社会制度的挑战和争取女性权利的努力，为我们研究古代女性意识的觉醒提供了重要依据。

从文化角度来看，西和乞巧节以完整的习俗仪式、鲜明的地域特色体现了丰富的文化色彩。乞巧风俗主要以歌舞为载体传达人们的内心信仰。迄今流传的大量乞巧唱词皆出自未受过多少教育的女性之口，情感自然真挚，语言生动，生活气息浓郁，具有较强的文学价值。乞巧的诗歌唱词主要通过古今故事、神话传说来表达人们对真善美的追求，在深层次上折射出智、艺、礼、情、美等中华民族文化的精神内核。同时乞巧文化中蕴含的以牛郎织女传说为核心的爱情故事具有广泛的群众基础，具有可发掘的重要价值①。

从经济价值考量，乞巧风俗蕴藏着丰富的文化资源，具备经济开发价值，可为文化产业发展提供资源基础。目前，诸多精美的民俗手工艺品，诸如刺绣、根雕、草编、剪纸等，成为当地发展文化产业的珍贵资源。西和近年来举办了乞巧旅游文化节，突出乞巧风俗的文化内涵和多彩的地方特色，注重对当地文化资源的挖掘整理与保护开发，使传统民俗、手工技艺与现代市场经济相融合。当前塑造以乞巧为核心的文化品牌从而展现其经济价值的工作尚处于初期阶段，还有很大的探索和提升空间。

（二）现代意义

传统的民俗节日文化是一个民族的历史积淀，西和乞巧节是古文化的活态遗存，其崇拜对象"巧娘娘"是祖先崇拜（善织的女修）与星辰崇拜（被神化的织女星）的结合，反映了我国传统岁时

---

① 李少惠、赵军义、于浩：《文化治理视域下非物质文化遗产保护研究——以中国陇南乞巧节为例》，《西北民族研究》2018年第2期。

节日与民间信仰的密切关系。而且它是一个以未婚少女为主体的
"女儿节"，对心灵手巧、才智双全，希望获得更多的生存本领、过
上幸福生活的祈求，是其价值观念的核心，包含着原生态的民间信
仰，体现了女性对智慧与生活技艺的追求，承载着中国女性独有的
期望和梦想。在今天的时空环境下去看，显然它带有一定的民间迷
信色彩，但难掩其璀璨的光芒与传承的价值。乞巧文化承载着人们
长久积蓄的情感需求和价值观念，其中既有对幸福生活的执着追
求，也有对真、善、美的热情歌颂与对假、恶、丑的无情鞭挞。许
多生活伦理、价值判断与理念皆与当代社会价值取向相契合①。今
天，我们应该抛却偏见，摒弃乞巧文化中的糟粕之处，取其精华，
赋予其新的时代意义，使其适应现代社会的发展需要。

乞巧文化中的女性自主意识是传统与现代价值衔接的关键所
在。乞巧文化的核心载体——乞巧歌所传唱的内容，反映了在封
建社会地位低下、生活艰苦的农村妇女向往独立自由的心声，蕴
含着当地女子对技艺能力的祈求、对美满爱情和美好生活的向往、
对强权压迫的反抗和对自己人生自主性的探寻。乞巧节的各项活
动是历代西和女性在有限的现实生活空间里求得自身发展、追求
精神满足而逐步创造的，也是古代女性话语权力独特的实现方
式②。随着现代社会发展与理念进步，农村妇女地位已经有了本质
上的提高，不再受到封建思想的压迫，乞巧文化的根源发生了重
大变化，它不再以求取救赎和索取利益为目的，而重在娱乐性的
彰显与文化色彩的体现，相关的活动主体男女老幼皆宜。变化是
不可避免的，但其中深刻的生活伦理、价值判断与人文关怀，劳
动人民对于美好生活的追求不曾改变。乞巧活动有原始民间信仰

---

① 李振华：《七夕乞巧节的现代文化内涵探析——以广州市黄埔区乞巧节为例》，《广州社会主义学院学报》2012年第2期。
② 雷霞：《民间与官方的博弈："非遗"文化中的仪式传播——基于西和乞巧节个案》，《新闻与传播研究》2018年第6期。

的成分，但它始终以人为中心，围绕女性聪慧、幸福、安康的主题。乞巧文化传承至今，其中的女性自主意识应当有更具现代色彩的体现，如通过文化活动体现性别之间的平等，凸显社会对女性的关怀和尊重，以及用多种方式鼓励女性实现自身的人生追求。

乞巧文化中体现的勤劳朴实、聪慧灵巧的传统美德与我国扶贫攻坚政策践行具有高度的契合性。西和县是"十三五"期间国家扶贫工作重点县，扶贫攻坚是当地现阶段的重要工作，而当地村民自身的技能水平与增收能力提高应当成为扶贫工作的突破口。传统的乞巧文化以女性为主体，但传承至今则不该再有明显的性别区分。遥远的岭南，早在20世纪40年代末50年代初期，就有"巧男"参与乞巧文化活动，通过制作各类手工艺品，为乞巧节注入了更多的内容与活力。在西和县的扶贫攻坚与经济发展中，乞巧文化的现代意义在于鼓励人们参与劳动、提高创造性、提升技能水平，增强用双手实现脱贫致富的内生动力。因此，以乞巧为品牌的技能培训、优秀技能奖励、创新创业的激励工作是乞巧文化现代价值的最佳展现，而当地的"巧嫂""巧妹""巧汉子"等品牌也应当逐步扩大影响力，打造西和人民勤劳朴实、心灵手巧的总体形象。

乞巧文化的精神内核对树立创新意识与发扬工匠精神具有支持作用。制作各类精致的手工艺品，相互比试技能手艺是传统乞巧活动的重要内容。李克强总理曾在政府工作报告中提出要培育精益求精的工匠精神，一时工匠精神成为关注度很高的热词。所谓工匠精神是优秀工匠对技艺精益求精、对产品精雕细琢、对顾客高度负责的精神。中国的工匠精神源远流长，代代相传。《尚书·大禹谟》提到的"人心惟危，道心惟微；惟精惟一，允执厥中"思想对中国各个阶层的理念都产生了影响。乞巧文化中的"巧"是心灵手巧的技艺，也是巧夺天工的产品，其中蕴含着对手工艺执着专一、认真敬业的追求，这与工匠精神不谋而合。故而，在新时代的乞巧文化传承中，以大国工匠为品牌特性，不仅可以激励人们锤炼技能，提升当地产品的品质，还可以更好地起到宣传营销的作用。

四 西和乞巧民俗文化与旅游产业的融合策略

西和县，长江流域西汉水上游的山乡小城，是国家扶贫攻坚重点县。所以，西和县可在传承和保护好乞巧民俗文化、赋予其现代价值的基础上，借助"中国乞巧文化之乡"这张名片，依托当地良好的生态环境和丰富的自然、人文景观，顺利实现新时代供给侧改革背景下的产业转型升级，而其中最重要也最能发挥乞巧文化优势的莫过于文化旅游产业的开发。

（一）融合前提：正确处理乞巧文化与乡村旅游的关系

对于西和县以乞巧民俗文化为主题的文化旅游产业开发而言，充分利用乡村旅游资源，实施全域旅游战略，是使旅游产业迸发强大活力并成为助推西和县完成脱贫攻坚、实现经济社会发展和全面建成小康社会的强大引擎。乞巧民俗深厚的文化底蕴，根植于西汉水上游这片神奇的沃土，具有神秘性、原生性，散发着浓郁的乡土气息。西和乡村旅游资源开发，可围绕乞巧文化，依托当地的自然生态环境和景观，让旅游者通过当地人对乞巧文化的理解和乡村的相关活动，感受当地的生活风貌，获得真实的文化体验。但是，前提是一定要处理好乞巧民俗文化的保护传承与文化旅游产业开发之间的关系。

乡村民俗旅游资源开发，首先要深入挖掘民俗文化的内涵和积极因素，剔除民俗文化中的负面效应，在保持民俗文化地域性与本真性的同时，建立起乡村旅游与民俗文化之间的良性互动关系。西和境内的乞巧民俗虽因时代变迁和现代化进程增加了些许流行时尚元素，但作为先祖生活印记的乞巧习俗被完整地保留了下来，体现出这一根植于民间的古老习俗旺盛的生命力。根据前文分析，乞巧民俗活动反映地域社会组织的伦理规范、民歌民舞等民间文化形态，还包括丰富的精神文化内涵，具有较高的旅游开发价值。但也应该认识到乞巧节民俗内容也存留一部分封建迷信的成分，这是节令性民俗在旅游开发中普遍会遇到的问题①。因此，西和在以乞巧民俗文化为主题进行旅游开发过程中，应以现代的视野对其加以审视，取其精华去其糟粕，去除不符合现代社会发展的部分，赋予其新的时代意义。该项工作是当地乡村旅游开发的前提，不仅需要从官方宣传角度展开，更要有专业机构主导、专业人士参与，从民众的思想与文化教育方面入手，才能实现现代语境下的乞巧文化与旅游产业的深度融合。

（二）品牌打造：与时代紧密结合的乞巧文化旅游节

乞巧文化集信仰、歌谣、音乐、舞蹈、劳动等元素为一体，传承体现了传统女性敬畏自然、尊重劳动、热爱生活、展示巧慧、感恩拥有的精神内涵，至今引领着西和妇女的思想发展。乞巧文化旅游节是西和县乃至陇南市一年一度的重要官方文化活动，并已升级为国家级节会，成为甘肃省积极打造华夏文明传承保护和创新示范区的重要举措。目前，该节会的主要内容大致包括文化、旅游、商务、会展等类型，发展至今具体体现为歌舞表演、书画比赛、艺术作品展览、学术论坛、招商引资项目推介签约仪式等活动。在未来的传承发展中，应当更加注重时代特色的体现与经济价值的发掘，用具有现代意义的主题贯穿节会，并力求通过"中国乞巧文化旅游节"的品牌力量实现经济效益。

首先，对于工匠精神与创新创业的奖励活动应当作为该节会

---

① 张婷、王文棣：《西和县乡村旅游产业发展研究》，《山西农业大学学报》2014年第3期。

的重要主题。每年或每隔一年的节会之前，通过网络宣传、自行报名、他人推荐等方式推选出当地的能工巧匠、劳动致富模范等，并进行考察和评选，在节会的开幕环节予以表彰奖励，奖励方式可多样化，充分体现时代精神，增强人们勤劳致富的动力，并借此对相关产品进行大力度的宣传推广。其次，巾帼标兵的评选也可以在此环节进行，对于当地在各个领域做出突出贡献或具有优秀品质的女性进行奖励，还可以对那些具有优秀技能的农村妇女优先奖励或设置专门奖项，并宣传她们的事迹。再次，乞巧节不仅在于乞巧，还有七夕佳节的文化含义。将婚恋活动作为该节会的主题之一，邀请专业的策划机构进行设计，结合互联网与综艺节目的宣传，能够吸引更多的年轻人驻足。最后，有关乞巧文化与七夕佳节的诗词小说等文学作品的赏析探讨，也可以使节会与学术论坛相结合从而引发学者关注的主题。

（三）宣传营销：充分利用新媒体的力量

互联网时代，我们应该注重新媒体的力量，利用电视、网络、微博、微信公众号等多种宣传方式结合的全方位宣传方式，将具有时代特色的乞巧民俗文化带到大家的视野中。让更多的人了解、参与体验，进而达到文化传承的效果。

影视节目是宣传营销最为有力的途径。一是节庆晚会类。2012 年以来，央视每年都会举办七夕主题晚会，陕西西安昆明池、江西新余仙女湖都曾因与牛郎织女的传说有关而被设置为会场，极大提升了景点的旅游知名度。西和乞巧节历史悠久，独具特色，应以此为基点，吸引各大电视台来此举办节庆类晚会节目，宣传乞巧文化。二是真人秀类综艺节目。随着《爸爸去哪儿》《向往的生活》等节目的热播，观众对节目拍摄地的兴趣也日益高涨，其节目的拍摄地北京灵水村、云南普者黑、杭州桐庐县合岭村、湘西古丈县默戎镇翁草村等景点从"名不见经传"一跃成为热门景点。这些综艺节目中包含旅游目的地的最新信息，同时也为旅游目的地树立了一个新的形象，使旅游地的吸引力和影响力得到了巨大提升。西和县自然、人文景观丰富，可以邀约综艺节目前来拍摄，增强其知名度，在此基础上扩大当地文化的影响力。三是纪录片类。近些年来，高质量的纪录片越来越受到观众的欢迎，例如，通过用具体人物故事串联讲述的方式展示地方美食、文化以及一方水土的过去和现在，传达当地人们的生活观、价值观，这不仅是一种地域特色的宣传，更是一种文化的宣传和传承。所以，可以以西和乞巧民俗文化为核心，充分利用地域特色，拍摄乞巧节纪录片，讲述乞巧节的起源、乞巧文化活动、当地人民的生活，以强烈的文化精神内涵塑造"中国乞巧文化之乡"的美好形象。四是影视剧类。邀请具有专业能力的团队，以乞巧节庆活动为创作源泉，可以拍摄"乞巧缘"网剧、微电影，或者以"牛郎织女"故事为线索，拍摄影视剧。

除了影视节目之外，新兴的文化传播方式也值得关注和运用。如通过互联网平台进行宣传营销，创办"中国乞巧网"，专门推送乞巧节相关信息；创办"西和乞巧文化"微信公众号和微博账号，推送乞巧节相关信息、相关民俗文化知识、传说故事等。又如发挥"网红"效应实现宣传效果，随着抖音、快手、微视等一大批短视频 App 的火热，带火了一批曾经小众的景点。西和县独特的地理位置，人文景观和自然景观都很丰富，可以吸引粉丝多、形象力大的短视频博主、微博博主、旅行达人前来打卡，宣传西和乞巧文化。

（四）生态保护：文化旅游与森林康养产业的有机结合

森林康养是以森林生态环境为基础，以促进大众健康为目的，利用森林生态资源、景观资源、食药资源和文化资源并与医学、养生学有机融合，开展保健养生、康复疗养、健康养老的服务活动。2019 年 3 月 13 日，国家林业和草原局、民政部、国家卫生健康委员会、国家中医药管理局联合印发《关于促进森林康养产业发展的意见》。意见提出，到 2022 年建设国家森林康养基地 300 处，到 2035 年建设 1200 处，向社会提供多层次、多种类、高质量的森林康养服务，满足人民群众日益增长的美好生活需要。

在这样的政策背景下，西和晚霞湖景区可以进一步完善利用，通过森林康养产业，在保护的基础上妥善开发，作为文化与生态旅游相结合的重要基地。晚霞湖是陇南市十大重点旅游景点之一，位于西和县城以西 5 公里处的姜席镇境内，周围群山环抱、苍翠起伏，湖上鱼游虾戏、莺歌燕舞。近年来，西和县委、县政府充分依托晚霞湖资源优势，把环境保护、景区打造与农村环境卫生治理、生态文明建设、美丽乡村建设、弘扬乞巧文化、精神文明创建等内容有机结合起来，将晚霞湖景区建设成了卫生整洁、生态优美的大型综合风景旅游区，并被评为"国家水利风景区""国家 4A 级风景区"。因此，以现有的自然资源和景区开发为基础，可以围绕"一水"（晚霞湖）、"一带"（滨水景观带）、"三林"（背景林、经济林、景观林），在谢庄、青沟、姜尧、董坡、峰坪、麻庄等晚霞湖周围 23 平方公里范围内实施森林康养工程，建设晚霞湖西部、南部和北部森林康养重点功能区，发展森林康养教育、森林康养食药、森林康养养老等产业，并将乞巧文化旅游项目与之结合进行具体项目设计，实现资源共享，协同发展。

具体而言，应当以乞巧民俗文化为龙头，整合各类资源要素，在保护传统特色村落的前提下，打造复合型深度休闲民宿集群，科学制定森林康养产业规划，明确发展重点和区域布局，规范森林康养市场行为。建议加大政策扶持力度，创新机制模式，探索建立政府引导基金，以融资担保、贷款贴息、项目奖补等方式，大力培育森林康养龙头企业。鼓励贫困地区发展森林康养产业，促进就业增收、脱贫致富。建议加强用地保障，依法依规满足森林康养产业用地需求。建议拓宽投融资渠道，鼓励各类林业、健康、养老、中医药等产业基金、社会资本以多种形式依法合规进入森林康养产业。健全共建共享机制，鼓励当地推进森林康养与医疗卫生、养老服务、中医药产业融合发展，实现互促共赢。

（五）项目设计：丰富西和乞巧民俗文化旅游的内容

为挖掘保护传承乞巧民俗文化，西和县请甘肃省著名雕塑家何鄂在乞巧岛完成了大型织女雕像，在谢庄村修建了集乞巧民俗表演、乞巧动漫播放、乞巧旅游工艺品展示为内容的乞巧民俗展览馆，常年向游客免费开放。在此基础上，以乞巧民俗文化为龙头，整合各类资源要素，将民俗游、特色村镇观光游、农业体验游等旅游体验形式有机融合，实现文化传承与经济效益的双重目标。

就旅游项目本身而言，除了充分发挥乞巧文化旅游节的作用，实现一年一度的游客聚拢效果，更要针对平时的文化旅游产业进行重点项目的开发，保证当地文化旅游长年的吸引力。一是完善现有的乞巧民俗文化陈列馆或乞巧民俗文化博览园。运用高科技手段通过虚拟现实技术模型给人们展现历代具有特色的乞巧活动过程，让游客仿若身临其境去体验乞巧民俗文化。二是主题表演。改变单一的歌舞演出形式，可以借鉴《千古情》大型歌舞系列或西安大唐芙蓉园水幕电影的演出方式，用先进的声、光、电科技手段和舞台机械，选取晚霞湖等具有一定开发基础和适当自然条件的景区，重新演绎牛郎织女的传说等故事的新编版，展示西和乞巧文化。三是增设体验性、参与性的项目。建设乞巧文化主题公园，开展乞巧民俗表演，设置游客参与体验乞巧节俗活动项目，引导游客去体验和感受物质生活背后折射出的民俗文化①。加强乞

---

① 江金波：《论城市传统节庆旅游开发的原则与市场运作——基于广州乞巧文化节旅游开发的实践思考》，《中国区域科学协会区域旅游开发专业委员会会议论文集》，2008年8月。

巧民俗文化保护，打造具有浓郁西北地域文化特色的乞巧民俗系列活动。

在旅游由简单观光向深度休闲转变的背景下，良好的生态环境和特色文化富集地成为旅游消费的主战场，民宿旅游成为消费热点。西和县地处秦岭西侧南坡的沟谷丘陵地带，气候湿润，植被茂密，林果渔业资源丰富，具有开发民宿旅游的天然优势。西和开发民宿旅游，首先要认识到绿水青山就是"金山银山"，强化生态环境保护意识，以可持续发展理念为引领，结合森林康养产业，形成"有文化、有品位、有情怀"的乡村旅游开发模式①。建立民俗文化村、民俗风情区、民俗娱乐城等，综合民间歌舞、民间小吃、民间手工艺品等旅游体验形式有机融合，形成文化、乡情、景观三者和谐统一的地域旅游综合体，满足游客求新、求异、求乐、求知等旅游心理需求②。其次要充分调动地方民众的参与意愿，对民众进行文化教育、服务技能和环境卫生培训，在保护传统特色村落的前提下，打造复合型的深度休闲民宿集群，让农民获取收益。

文化创意产品是文化旅游产业的重要组成部分。深度开发乞巧民俗旅游商品，利用西和乞巧文化独特的符号性元素，打造西和乞巧文化系列文创产品品牌。注册"乞巧"系列商标，设计乞巧系列精美手工艺品，如具有特色和带有西和乞巧文化独特符号性元素的情人结、荷包、百合花等刺绣产品；U盘、充电宝、鼠标垫、杯子等实用性产品；以及明信片、手绘画、饰品挂件等纪念品。另外，可以开辟"乞巧民俗文化一条街"进行商品销售，并设置消费者体验项目，如设立乞巧手工艺吧，让游客现场参与

① 李金峰：《西汉水上游民俗文化传承助推乡村旅游华丽嬗变——基于陇南西和县乞巧民俗的考察》，《江西师范学院学报》2018年第1期。
② 曹瑞琴：《浅议民俗文化的旅游价值及其开发策略》，《现代经济信息》2011年第8期。

制作传统手工艺品，情侣、朋友一起参与制作、相互赠送等。通过以上多措并举，全面提升乞巧民俗文化旅游品牌效应。

五　结语

乞巧文化是贯穿西和县千年历史的宝贵财富，也应是西和县经济和产业发展的重要着力点。乞巧民俗活动集中反映了人们对美好生活的憧憬、对浪漫爱情的期盼，在一定程度上塑造了坚韧的群体性格，无疑为当地的社会交往关系的和睦与社会秩序的稳定注入了积极的因素。正如习近平总书记所讲："中华民族从来不是一帆风顺的，经历了无数艰难困苦，但我们都挺过来了，其中一个很重要的原因就是世世代代的中华儿女培育和发展了独具特色的中华文化，为中华民族克服困难、生生不息提供了强大精神支撑，中华文化使中华民族保持了坚定的民族自信和强大的修复能力。"然而也不必讳言，对于乞巧文化中包含的不适应现代社会的部分内容，应予以果断剔除，进而使乞巧文化在萃取思想精华、坚持优质元素、不忘本源的基础上，不断适应现代社会生活观念、契合现代人群的知识结构，焕发出全新的当代价值，更加自信地面对未来。在旅游开发上，要以现代意义上的乞巧文化为遵循，尊重旅游发展规律，注重生态保护和文化传承，通过人们喜闻乐见、具有广泛参与性的方式，让继承优秀传统又弘扬时代精神的乞巧文化走出西和，走向更广阔的天地。

六　成果转化综述

该项研究产业化转化工作，由科研单位、相关企业、地方政府论证进行中。

西和县地处秦岭西侧南坡的沟谷丘陵地带，气候湿润，植被茂密，林果渔业资源丰富，具有开发民宿旅游的天然优势。以乞巧民俗文化为龙头，整合各类资源要素，将民俗游、特色村镇观光游、农业体验游等旅游体验形式有机融合，结合森林康养产业，形成"有文化、有品位、有情怀"的乡村旅游开发模式。

建立民俗文化村、民俗风情区、民俗娱乐城等，综合民间歌舞、民间小吃、民间手工艺品等旅游体验形式有机融合，形成文化、乡情、景观三者和谐统一的地域旅游综合体。根据"林改发〔2019〕20号"文件精神，以现有的自然资源和景区开发为基础，可以围绕"一水"（晚霞湖）、"一带"（滨水景观带）、"三林"（背景林、经济林、景观林），在谢庄、青沟、姜尧、董坡、峰坪、麻庄等晚霞湖周围23平方公里范围内发展森林康养产业。以满足多层次市场需求为导向，着力开展保健养生、康复疗养、休闲游憩等森林康养服务。

积极发展森林浴、森林食疗、药疗等服务项目。充分发挥中医药特色优势，大力开发中医药与森林康养服务相结合的产品。推动药用野生动植物资源的保护、繁育及利用。建设晚霞湖西部、南部和北部森林康养重点功能区，发展森林康养教育、森林康养食药、森林康养养老等产业。依托森林生态标志产品建设工程，培育一批特色鲜明的优质森林康养品牌。

作者：白牧蓉（兰州大学法学院副教授，法学博士）

何晓梅（兰州大学法学院硕士研究生）

中华黄河文化圣地
首曲生态环境保护

　　黄河是中华文明的摇篮，是中华儿女的母亲河。浩浩荡荡的黄河养育了中华民族，孕育了中华文明，培育了黄河文化。黄河发源于青海，成河于甘肃，在长达913公里的黄河甘肃段上，有以玛曲黄河天下第一弯、永靖黄河三峡、景泰黄河石林为代表的黄河上游自然奇景，还有展现现代黄河都市风采的兰州百里黄河风情线，在这条旅游线上，游客不但可以欣赏到黄河在初成时期的婉约秀丽，还可领略到黄河成河后的磅礴气势和高峡平湖，饱览沿途众多的名胜古迹，更可体验独特的黄河上游民族风情和黄土高原民间艺术。

　　黄河之源为卡日曲，出自青海巴颜喀拉山脉各姿各雅山麓，东流经四川入甘肃，过宁夏入内蒙古，穿行陕西、山西、河南，由山东北部而入渤海，全长5494公里，为中国仅次于长江的第二大河。黄河分为三段，内蒙古自治区托克托县河口镇以上为上游；河口至河南孟津为中游；孟津以下为下游。黄河之源有三条小河，北支叫扎西，西支名曰古宗列曲，西南支便是黄河的正源卡日曲。三曲汇为一道东流入星宿海。黄河之水遂成地上之河，直如由天而来，奔向大海。

一　古代文化遗存

　　黄河的古代文化遗存几乎遍及整个流域。黄河中下游广大地区是仰韶文化的集中地，从陕西的关中、山西的晋南、河北的冀南到河南大部，甚至远达甘肃交界，河套、冀北、豫东和鄂西北一带。早期的代表就是陕西临潼的姜寨。面对姜寨村落遗址，会让你生出无限的遐想。一个古代先民群居的场所，把远古拉到你的面前。河北中南部的磁山文化，河南的裴李岗文化，关中、陇东的老官台、大地湾文化，是仰韶文化的前身。黄河上游甘肃地区的马家窑文化、齐家文化则是仰韶文化的后期，生产和社会的发展都跨入了一个新的阶段。甚至有人判断，齐家文化的下延可能已属奴隶社会。

　　黄河下游海岱地区文化则自成系列，北辛文化、大汶口文化、山东龙山文化一脉相承。有人说其依旧是仰韶文化的支系，有人则说是受南方良渚文化的影响，因为陶器和玉器的制作都有良渚文化的特色，更有人说，大汶口文化和山东龙山文化是独立的文化中心中的一个。无论学者怎样指点古代的文化遗存，那些无声的文物都在为我们说明，在古代，那浩浩荡荡的黄河全流域的岸边、阶地活跃着我们先祖的身影，根据我国古史传说时代有关文献的研究，结合考古学文化推定，仰韶文化、中原龙山文化和陕西龙山文化，可以看作华夏诸族的文化遗存。

　　高志凌说：甘肃是中原文明的重要发祥地之一，汗青遗存浩繁，文化旅游资本丰盛，不仅拥有享誉天下的敦煌莫高窟等七处天下文化遗产，并且拥有《读者》《丝路花雨》等当代文化经典，成为中华民族重要的文化资本宝库。近年来，甘肃抢抓"一带一路"建设时机，出力打造丝绸之路黄金通道，加速文化与旅游的深度融合，鼎力促进文化旅游财产增长，推进文化旅游资本大省向文化旅游强省转变，实现了文化旅游业规模和速率的高增长、质量和效益同提升。甘肃有若干古丝绸之路上的重镇，特殊的地舆与汗青情况，孕育和形成了雄浑博大的人文底蕴和艺术积淀以及独特的文化旅游资本。

二 黄河首曲藏族传统文化与生态环境保护研究

黄河首曲草原繁茂，群山巍峨，雪峰高耸，牧场辽阔，水草丰美，景观极为优美，曾被《中国国家地理杂志》评为中国最美的湿地草原。

黄河首曲位于甘南藏族自治州西南部的玛曲县，西与青海省果洛藏族自治州久治、甘德、玛沁县接壤，东南接四川省阿坝藏族羌族藏族自治州若尔盖、隔黄河与阿坝县相望，西北紧连青海省黄南藏族自治州河南蒙古族自治县，东北以西倾山为界与甘肃省甘南藏族自治州碌曲县接壤。从行政区划看，它是甘、川、青三省的交界部。从自然地理区位看，是青藏高原的东北边缘；从水文地理看，是黄河上游水源地；从人文历史看，是藏族的传统居住区；从经济地理看，是传统的高寒草原畜牧业经济。从行政区划看，黄河首曲在甘、川、青三省的接合部，玛曲县是黄河首曲的中心地带，具有特殊的影响和地位。玛曲藏语，即黄河之意，玛曲县是我国唯一以黄河命名的县，也是甘肃省唯一的纯牧业县。现设尼玛镇、曼日玛乡、采日玛乡、齐哈玛乡、欧拉乡、欧拉秀玛乡、阿万仓乡等，总面积10190平方公里，总人口为4.6万人，其中藏族人口35781人，占总人口的88.13%。黄河从青海省巴颜喀拉山发源，由果洛藏族自治州的久治县门堂乡进入甘南州玛曲县木西合乡，自西向东，在玛曲县境内流经433公里呈U形的180°大弯，从南、东和北三面环绕玛曲县，复入青海省的河南蒙旗自治县，形成"天下黄河第一弯"，简称黄河首曲。黄河首曲素有黄河"蓄水池""高原水塔"和"亚洲第一牧场"之美称。草场与湿地的相互依存和共生，进一步增强了黄河首曲的生态系统功能。兰州大学牛叔文教授说："它比三江源的意义更重大，它的意义不能从甘南来看，也不能从甘肃来看。它是黄河的'蓄水池'，沿黄河流域九省区，大大小小的水电站，整个农业的灌溉，工业生产，人民生活用水，地位很重要。"黄河首曲独特的生态系统，是我国重要的生态宝库和生态安全屏障，其生态环境好坏对黄河流域乃至中华民族的发展具有全局性的意义，这是因为首曲生态环境功能不仅影响当地的社会经济发展，而且影响整个黄河流域的长远发展。同时对新时代维护藏区社会稳定发展和加强民族团结具有十分重要的现实意义。

（一）黄河首曲的重要战略地位

1. 黄河首曲的草原生态地位

水是生命之源，也是人类文明之源。保护水源，就是保护自身赖以生存和发展的家园。黄河流域的文明之所以能兴盛、延续和发展，原因之一就是有稳定的水源补给。黄河干流全长约 5400 公里，流经 9 省 98 个县，流域面积达 75.24 万平方公里。其中，黄河首曲是黄河重要水源补给生态功能区之一。由于其独特的地理环境和特殊的气候条件，使其成为全流域的补给峰值最高区域。有关专家研究表明，黄河源头青海玛多段多年平均补给量为 6.99 亿立方米，仅占河源区径流量的 3.8%。近十多年来，源头地区已多次出现断流现象。黄河从青海果洛州吉迈（38.9 亿立方米）至玛曲（147.0 亿立方米）段径流量的增加高达 108.1 亿立方米，占黄河源区总径流量 184.1 亿立方米的 58.7%。可以说，黄河发源于青海巴颜喀拉山，经过果洛吉迈至玛曲段的水量补给，才真正形成一条大河。黄河自青海果洛州久治县门堂乡进入玛曲木西合乡，自西向东，绕180°的大弯，从南、东和北三面环绕玛曲县的木西合乡、阿万仓乡、齐哈马玛乡、采日玛乡、曼日玛乡、尼玛镇、欧拉乡、欧拉秀玛乡后复入青海省的河南蒙古族自治县，绕行玛曲境内呈"U"形，总流程433.3公里，流域面积达10190平方公里，形成"天下黄河第一弯"。在黄河首曲境内黄河一级支流有28条，二、三级支流达300余条。黄河从青海果洛州久治县进入玛曲时水流量为173亿立方米，只占黄河总水量的20%，而从玛曲境内进入青海河南蒙旗自治县时水流量增加到164.1亿立方米，占黄河总水量的65%左右，补充地表水27.1亿立方米，补充水量达45%。黄河首曲除众多的河流外，还有许多大小不等的湖泊和大面积湿地，构成了黄河上游完整的水源体系。黄河首曲湿地是我国湿地的主要组成部分，面积达562.5万亩，主要分布在曼日玛、采日玛、齐哈马、阿万仓四乡及河曲马场地，这些湿地对黄河水源具有重要的涵养作用。鉴于玛曲特殊的生态地位，1998年被全球环境基金会和联合国开发计划署列入了"中国湿地生物多样性保护和可持续发展项目"范围。2005年，国际湿地专家汉斯先生对黄河首曲湿地考察后认为："甘肃玛曲县黄河首曲湿地的泥炭资源是如今我所见到的国际上保存最原始、最完好、没有受到人为破坏的最好的泥炭地。这里是自然遗产和人类有独特性质的文化历史遗产相结合保存最完好的典范。"湿地国际—中国项目办事处主任陈克林先生在考察后说："我去过世界许多著名的湿地，但像甘肃玛曲这样的湿地在世界上不多见，是我目前见到的保存最原始、最完好的高原湿地。玛曲首曲湿地保护区和四川若尔盖草原湿地巨大的生态功能和保护价值可与三江源保护区相提并论！"由于玛曲境内众多的黄河支流和丰富的湿地资源，被称为"高原水塔"和黄河上游的"蓄水池"，生态地位和水源涵养功能不言而喻。

习近平总书记提出了"生态文明建设是关系中华民族永续发

展的根本大计"像保护眼睛一样保护生态环境，像对待生命一样对待生态环境""生态环境保护是功在当代、利在千秋的事业""生态兴则文明兴，生态衰则文明衰""金山银山不如绿水青山"等重要思想。中央把生态文明建设纳入"五位一体"的战略布局，明确了青藏高原的战略定位。《青藏高原生态文明建设状况》白皮书指出，青藏高原是亚洲多条主要江河的源头区，也是中国水资源管理和水环境保护最严格的区域之一。国家不断加大对青藏高原水环境保护力度，推进水生态环境保护与修复，保障青藏高原水生态环境安全。黄河首曲是全国重要生态功能区，其特殊的生态环境地位对黄河上游地区防风固沙、蓄洪、涵养水源、净化空气、防止水土流失、改善区域气候等方面起着不可替代的作用。同时，对减少黄河泥沙淤积、降低黄河中下游地区水灾隐患、防止荒漠化发展和控制沙尘暴危害具有重要的生态屏障作用。"它不仅维护黄河源头生态系统的平衡，而且在一定程度上关系着生态系统的演替，是黄河上游生态系统的绿色生态屏障，一旦失去这个生态屏障，则整个生态系统就向无序发展，甚至导致系统的崩溃。"黄河首曲的生态系统所产生的巨大生态效益不仅是局部地区的，而且是全国性的，直接关系到黄河流域经济的可持续发展。

2. 黄河首曲生态经济地位

黄河是中华民族的母亲河，黄河流域孕育了五千多年的华夏文明，是我国北方淡水资源的主要补给线。黄河以其占全国河川径流总量2%的水资源，承担着向全国12%的人口、15%的耕地和50多座大中城市进行供水的任务。我国北方降雨较少，水资源短缺，黄河沿岸地区的生产生活和生态环境对水资源依赖性较强，特别是中下游地区人口和城镇密集，经济较为发达，对黄河的依赖性更强，因此，黄河首曲水源的安全保障对中下游经济社会发展至关重要。

根据国际上对湿地价值的评估结果，认为湿地价值是所有生态系统中价值最高的，"沼泽生态系统服务价值为2760.61元/公顷，高寒草甸生态服务系统价值为5158.14元/公顷"，黄河首曲共有37.5万公顷湿地，其中25.5万公顷沼泽所产生的生态服务价值为每年7.04亿元，12万公顷高寒沼泽草甸所产生的生态服务价值为每年6.19亿元。玛曲全县44万公顷高寒草甸所产生的生态服务价值为每年22.70亿元。因此，保护好玛曲湿地生物多样性，生态效益非常显著。如果不有效保护湿地，生态价值就大大受到损失。从20世纪60年代到目前为止，玛曲湿地面积减少了1/4，损失25亿美元。黄河首曲高寒湿地属青藏高寒湿地区，是全球保存状态最为完整和原始的湿地，是青藏高原湿地面积最大、特征明显、最具代表性的高寒沼泽湿地，也是我国沼泽分布密度最大的地区之一，是我国的重要湿地之一，对于全国生态战略乃至全世界生态以及区域气候改变都具有十分重要的影响。玛曲县境内丰富的水资源只有很少一部分被当地用于生产和生活，大部分被黄河中下游所利用，这一观点符合玛曲县和黄河中下游地区各自的经济特点。玛曲县是一个纯牧业区，牧业收入占GDP的90%以上，工业生产所占比例很小，以畜牧业用水和生活用水为主，用水量不大。而黄河中下游主要是农业生产和工业生产十分集中的地区，农业和工业用水量大，如果黄河首曲地区生态环境恶化，黄河水量减少，下游就会出现断流现象，直接影响人民生活和工农业生产的发展。如1997年，黄河断流给山东省造成经济损失就达135亿元，其中20亿元以上损失是由于黄河首曲湿地退化、水源涵养能力下降造成的。据有关专家分析，黄河承担着全国12%的人口、50%的耕地和50多座大中城市的供水任务，同时承担着向流域外部分地区远距离调水的重担。保护和治理黄河首曲生态环境、涵养水资源、强化水源补给的功能，已成为关系国家生态安全的大事。黄河首曲生态环境好坏，对整个黄河流域经济社会可持续发展具有极其重要的作用，这些生态系统所产生的巨大生态价值和经济效益不是局部的，而是全局性的。

3. 黄河首曲的游牧经济地位

藏族是黄河首曲一带世居居民，占当地人口的90%以上。他们世世代代生活在这里，一代代顽强地在这里繁衍生息，也一代代延续着自己的游牧生活。从世界范围而言，藏族是一个典型的高原地域民族。由于世界只有一个青藏高原，地球只有一个"黄河首曲"，从此意义上说，藏族为适应高原地域所创造的生活方式及其独特文化无疑具有世界意义和人类价值。青藏高原地域特点乃是藏族同其他民族相比最突出的特点，这也是藏族生活方式及其文化的价值所在。青藏高原环境是非常严酷的，在青藏高原环境中，空气中的含氧量常常仅为内地50%—60%，一些高海拔地区甚至不足内地的40%。高寒缺氧、植被稀疏和物产单一，也是造成青藏高原地旷人稀的原因。在黄河首曲这个地域广袤、人烟稀少之地，牛羊是他们主要也是唯一的生产生活来源。

藏族在几千年的游牧实践中积累了丰富的放牧、牲畜管理与合理利用草地的知识，如划分季节性草地，实行不同季节轮牧；在季节性草场内根据各类牲畜不同特点习性，合理划分利用不同的草场。藏族一般称从事牧业的人为"卓格"或"卓瓜"，"卓格卓纳"即完全从事牧业的人，黄河首曲的藏族就是纯粹的牧人。黄河首曲平均海拔3700米以上，气候寒冷、日照充足、长冬无夏春秋，四季不分明，春秋相连，冷、暖两季无特别明显差别，牧草只分枯草期和青草期。许多灾害与寒冷有关，寒冷是灾害之源，大灾之因，对牧民的生产生活影响最大。独特的地理环境和脆弱的生态环境，决定了草地季节性划分，牲畜迁徙轮牧的游牧方式。

游牧方式是一种典型的既饲养家畜又保护草原的方式，游牧的最大特点是"逐水草"，从"水"的方面来说，牧场一般限于沿河流湖泊一带的地方，从"草"的方面来讲，每一块牧场承载的牲畜种类和数量是有限定的。随季节而搬迁，本质上就是出于对草地利用的有效选择，否则他们不会去冒着冬天的严寒和冰雪、早春的凛冽寒风、夏日的酷暑和虫害，逐水草而牧。四季转移轮牧能最大限度地减少牲畜对草原的破坏，称游牧为"逐水草而居"，实际上"逐"是循自然规律所动，按自然变化而行的行为。藏族的传统游牧方式，以居住迁徙为标准，一般分为游牧、半定居游牧、定居轮牧三种，采取何种方式以及每年游牧迁徙次数多少，取决于部落草场面积大小和草场管理使用方式。游牧并不是毫无界限，漫无目的，也不是水草丰美就可以随意迁徙部落帐篷，而是在部落草场范围内，按季节早晚和草场好坏，有路线、有组织、有秩序地在不同的草场之间循环式迁徙流动。牧民对草原的认识源于长期的游牧生产活动和经验积累，牧民判定草原好坏的方法很简单，就是看一块草地上有多少种草，如果能达到150种左右，就认为是好草场，如果只有几十种，就认为草场不好。以一块草地之内草种的数量来判定草原的好坏，这是牧民千百年来总结出的经验。

牦牛是牛属动物中最能适应高寒高海拔气候而延续至今的畜种资源，牦牛的先祖野牦牛被列为国家一级保护动物。全世界现存的牦牛总头数约1500万头，其中，我国青藏高原有牦牛1400万头，占全世界牦牛总头数的92%以上。牦牛是高海拔地区的一个生物品种，它在夏季的活动范围可以达到海拔5000—6000米，直抵雪线附近。牦牛对高原环境的适应力无与伦比，耐寒、耐饥、耐渴，而且是高原上最好的交通运输工具，是藏族在高海拔地区赖以生存的重要生物基础。牦牛是被藏族先民最早驯化的一种牲畜。牦牛涉及藏族政治、历史、战争、教育、文化、商业、医学、经济、娱乐、物质用品等各方面，深刻地影响了藏族人民的精神世界，也影响了藏族人民的物质生活，对青藏高原和藏族的重要性不言而喻。十世班禅大师曾经说过："没有牦牛就没有藏族"，这句话揭示了牦牛和藏族是生死相依的关系。牦牛在藏语中总称为"雅"，母牦牛称"智母"，牛犊在藏语中称"亚日"。牦牛全身都有用，牧民吃的是牦牛肉和牦牛奶制品，坐垫、皮绳和皮口袋是用牦牛皮制成，住的帐篷、绳子和毛口袋是用牦牛毛编织的。牧民做饭、煮奶茶、煨桑烧的燃料都是牦牛粪。因此，牧民很形象地称牦牛为"诺日"，即宝贝之意。藏族牧民依靠牦牛在青藏高原地区形成一个完整的自然循环，牧草滋养牦牛，牧人依赖牦牛来生存，这是一个非常自然的循环。从藏族牧民生计对牦牛的依赖程度，可以看到他们为了适应高原，同牦牛这一独特物种建立起非常密切的依赖关系。离开牦牛这个物种，几乎很难在高海拔地区生存。所以从牦牛这样一个优秀坚忍顽强的生物品种可以体会到牧民在高海拔地区为什么能够创造出一套独特的生存方式。如果没有牦牛，藏族绝不可能在如此高海拔的地区生活，牦牛为传统的藏族社会提供了人们生存的基本保障。藏绵羊是青藏高原藏族牧民长期培育的独特优良品种，长期发展过程中适应了严酷的气候条件和自然环境。黄河首曲的欧拉羊和乔科羊是代表性的品种，也是藏区优良藏羊品种。黄河首曲是中国名马河曲马的中心产地，河曲马以体格高大、适应性强、能爬高山、善走水草地而闻名，与内蒙古三河马、新疆伊犁马并称为中国三大名马。

黄河首曲因丰富的草地资源成为甘肃乃至全国的重点牧区，是我国优势畜产品牦牛、藏羊的主产区之一，素有"亚洲第一牧场"的美称。黄河首曲的阿万仓牦牛、河曲马、欧拉羊和乔科羊是我国著名的优良品种。草地资源是首曲藏族维持生计的基本生产和生活资料，草地畜牧业是支柱产业，因此，草原生态系统的好坏，直接影响牧民生计的可持续发展。游牧是一个区域的生产生活来源和文化载体，不能说游牧就是艰苦的，游牧有它的合理性。在青藏高原上，游牧正好是通过与自然和谐相处的方式，把游牧的生活方式利用好，这才是真正的科学发展。

4. 黄河首曲的文化地位

青藏高原是人类的发祥地之一。黄河首曲是青藏高原的重要组成部分之一,在这里发现的石器时代和青铜器时代许多人类文化遗迹表明,3000 年前甚至 5000 年前这一地区已经有了人类的活动踪迹,远古人类在这一地区迁徙繁衍。而科研人员在夏河县甘加乡白石崖溶洞发现的古人类下颌骨化石,被命名为"夏河人",这一巨大发现将史前人类在青藏高原活动的最早时间从距今 4 万年前向前推至距今 16 万年前,揭示了青藏高原史前人类适应高海拔环境的悠久历史。这一发现证明青藏高原也是人类发祥地和人类文明的起源地之一。

黄河在藏语中叫玛曲,"玛"字有三种藏文解释:一是"伤"或者"疤"的意思。据传说黄河的水可以治愈伤痕,所以叫玛曲。二是这个"玛"字还可以解释为孔雀,藏语把孔雀叫玛夏,从巴颜喀拉山顶往下看,黄河源头的星宿海就像一个开屏的孔雀,所以叫玛曲。三是玛曲是阿尼玛卿的女儿,姓玛,所以叫玛曲。传说玛曲,也就是黄河,本想嫁给四川阿坝地区一个叫雪宝顶的神山,为了爱情她改变了一直向东的流向直奔南方,到了若尔盖再向前三四公里快要到长江流域时,阿尼玛卿发话,西北是一个贫瘠的地方,如果你放弃了它,没有水,就会断了那里的烟火,生命万物无法繁衍生息,让她回头。她毅然决然地放弃爱情,近180°大转弯向北流去,拯救北方干旱的土地和百姓。这样的结果,是长江和黄河成为灌溉中国南北两地的两条大动脉,成为养育中华各族人民的母亲河。这个赋予人性化的美丽传说,有很高的文化内涵和文化价值。

青藏高原最古老的土著居民是羌人,其后裔就是今天的藏族。黄河首曲一带是我国的游牧文化区域,而这里也正是古代羌人主要活动地区之一。羌人部族众多,活动范围宽广,生活在黄河首曲和周边川西和青海的有先零羌、烧当羌、钟存羌、鸟吾羌及党项羌、参狼羌等诸多羌部，其中黄河首曲一带主要活动的是钟存羌和党项羌。隋唐时期整个青藏高原民族迁徙频繁，你来我往，谁的势力大谁就掌控局势成为中心。吐蕃向东发展占领甘青后，古羌人在文化及语言、宗教、风俗等方面的同源关系，促进了羌人诸部融入吐蕃的过程。吐蕃王朝向东的发展，不仅是军事占领，更是一次民族大迁徙和文化的大传播，在吐蕃文化生态环境的强烈影响下，羌人诸部逐渐从多元融为一体发展成安多藏族。与此同时，由于吐蕃的强大，甘青大批羌人南下川西地区，因此，黄河首曲地区也是"藏彝走廊"的源头地区，在民族史、人类学以及文化史方面有重要地位和研究价值。宋代党项羌人又进入黄河首曲一带，所以如今玛曲藏族部落中有着不少与古党项人风俗相同的地方。元明时期整个青藏高原有不少大大小小的吐蕃部落，各自为政。元代藏族人对自己所聚居的地区，已经有了明确的地理概念，大致分为三大区，即卫藏法区、康巴人区、安多马区。黄河首曲地区盛产良马，有名的河曲马便是由那时的马演变发展而来的。明朝中后期蒙古土默特部俺答汗率部西入青海，占据海南、黄南和果洛等地的大片牧地，一大批藏族部落迁徙到黄河首曲地区，后蒙古火洛赤部占据黄河首曲，许多藏族部落接受蒙古管辖。纵观黄河首曲的历史，既有羌人的血缘脉络，又有鲜卑吐谷浑等多民族基因，同时还有党项和蒙古人的基因，在文化上也是如此。这些多样性文化共同形成了游牧文化，在研究人类迁徙史和文化多样性史时，黄河首曲具有不可或缺的重要地位和价值。

黄河首曲地区藏传佛教寺院遍布，僧侣人数和信众很多。自从藏传佛教文化传播到黄河首曲后，文明程度大大提高，不断地影响着那里土生土长的一代又一代人们，贯穿于他们的生与死。辽阔的草原上自从有了寺院，就开始有了学校和知识分子，开始有了掌握文化的识字人，开始有了固定的活动场所和定居点，"在当时的部落社会制度下各部落头人也把本部落有无寺院视为衡量权势大小的重要标志"。藏传佛教寺院是历史上藏族唯一的文化教育机构，僧人不仅是而且是唯一的知识阶层和社会精英。藏传佛教寺院覆盖黄河首曲各个部落，是当地僧俗百姓普遍信奉的宗教，掌控着精神生活和文化生活，凝聚了藏族政治、教育、经济等所有力量。时至今日，藏传佛教文化和寺院教育以及僧人群体，还深度影响着藏族的精神世界和社会各个方面，指导着人们行为规范和社会实践。

青藏高原是拥有独特文化与自然价值的地理区域，如果文化系统和生态系统平衡被打破，我国及亚洲的水资源安全就会受到影响，并可能导致一系列严重的环境与社会问题。黄河首曲独特的宗教信仰、建筑、雕塑、绘画、文学、音乐、歌舞、藏戏、语言文字、英雄史诗、传统体育和风俗习惯等在内的文化和艺术，是中华民族的重要特色文化，这些独特的文化与生态环境息息相关。藏族游牧文化、藏传佛教文化、民间文化、格萨尔文化以及自然风光等是黄河首曲丰富的资源。与此同时，黄河首曲独特的自然环境、动植物资源和生产生活，塑造了牧民的特定习俗，包括生产、生活方式以及性格特征等，形成独具特色的地方文化和民族文化。黄河首曲藏族在高原环境下，形成了淳朴善良、乐天吃苦的民族性格。从另一个层面来讲，游牧文化就是生态文化，牧民对草地有着深厚的感情，他们认为草地上忌开挖水渠，因为水道会造成水土流失，造成沙化；忌砍伐森林，因为野生动物特别是鸟类会失去家园；忌动土动石采矿挖掘金银铜铁，因为大地会失去地力，地动山摇；忌无选择地狩猎杀生，因为它们是神山的家畜，会报复人类；等等，不一而足。这些禁忌都蕴含着古老的环保意识。这些禁忌背后的文化内涵，正是我们需要挖掘、探索、梳理、归纳进而传承的。这种对自然的敬畏与遵从是藏族祖祖辈辈在青藏高原生活所积淀下来的文化经验，代表了藏人对高原自然环境的一种独特理解与认识，凝聚着其生存的智慧。因此，藏族为适应高原地域所创造的生活方式及其独特文化无疑具有世界意义和人类价值。黄河首曲草地植被类型多样，花季错落有致，一年四季不同色调的自然景观极富观赏性，当地独特的藏族游牧文化、山水文化和藏传佛教文化，对促进我国文化多样性发展，倡导生态环境道德伦理等具有重要的现实意义。千百年来，黄河首曲藏族对神山圣湖的信仰是青藏高原生态文化的重要内容，是藏族生态伦理和生态习惯的基础，也是藏族崇敬自然、尊重生命的价值观。正是这种崇拜和信仰，建构了自然人文统一的生态系统，形成了适应高原环境的游牧生产生活方式，保护了青藏高原这块非常脆弱的生态环境。

5. 黄河首曲在科学研究中的地位

青藏高原是中国的"五源"，即生态之源、冷源、生命之源、水源、文明之源。作为中国的生态安全屏障，这里资源丰富，但生态脆弱。青藏高原孕育了黄河、长江、雅鲁藏布江、怒江、澜沧江等重要河流，因此被称为"亚洲水塔"。青藏高原不仅是中国的生态安全屏障区，也是亚洲生态安全屏障区。黄河首曲位于青藏高原的东部边缘，南有川北高原，北有黄土高原，东有秦岭，地质构造复杂，是地质地理学、构造地理学研究的良好基础。与此同时，黄河首曲生物资源丰富，物种多样性高，植物、动物区系复杂，是我国特有生物种分布集中地之一，是生态学、进化生物学、生物地理学乃至藏医药学研究的理想基地。

所有这一切使黄河首曲玛曲在自然科学和社会科学以及畜牧业科研方面具有重要的作用。在人类高强度的开发压力下，大多地方已经面目全非，很难找到一片可供长期从事科学研究的净土。至今，玛曲草地仍然较为完整地保持了原貌，是研究物种起源、气候变迁、生态系统自然演替以及藏族游牧文化的理想之地。黄河首曲作为人文科学和自然科学研究之地具有独特优势，从行政区划看，它是甘、川、青三省的交界部；从自然地理区位看，是青藏高原的东北边缘；从水文地理看，是黄河上游水源地；从人文地理看，是藏民族的传统居住地；从经济地理看，属传统的高寒草原牧业经济。目前青藏高寒湿地和草场的生态退化已是不争的事实，并且仍在恶化中。对于这一退化的成因，我国学术界众说纷纭，有"气候主导说""过度放牧说""天敌消失说"等，莫衷一是。因此，有必要进行精确的科学论证实验。黄河首曲湿地和草场的生态退化在青藏高原地区具有典型性和代表性，因此，它的治理对于青藏高原地区有榜样意义。与此同时，青藏高原经济和社会发展，如同它的区域生态系统功能保护那样，必须寻找与其他区域不同的模式。在探索青藏高原地区的新的发展模式方面，玛曲同样可以成为示范性试验地。除此而外，每年相关知名专家学者频繁到黄河首曲考察研究，长年累月地从事系统研究，以黄河首曲为研究对象的高质量论文也不断发表，这些成果为整个青藏高原地区人与自然环境和谐发展提供了科学依据。与此同时，一大批记者、画家、作家和摄影家源源不断地到黄河首曲进行创作研究，黄河首曲在科研方面越来越显示出重要的地位。这一切使黄河首曲具有自然科学、技术科学和社会科学意义上的独特性和代表性。

（二）黄河首曲文化与生态保护

藏族悠久的历史和长期积淀的各种文化、宗教信仰，以及所处的独特自然生态环境，是游牧文化能够延续发展至今的主要原因。游牧生活方式是藏族牧民文化真正的根基。游牧文化不仅包括草原生态和人类社会之间的和谐关系，还包括藏族的特殊观念、思维、历史、语言、生活习俗、感情世界等多方面。如果文化根基断裂丧失，与其相关的文化也会在以后的发展过程中逐渐衰落和丧失。藏族牧民与自然之间，不仅是依存和利用的关系，还存在着文化联系。过去在治理草原危机时没有借鉴本土文化知识，更没有很好地进行学习并加以利用，这是治理效果不太明显的一个原因。黄河首曲的各种生态环境保护措施，对当地的社会经济情况以及文化传统和牧民的话语权考虑得不太充分，以致当地群众不能很好地理解草原退牧、围栏等背后的原因，也没有办法将生态保护和他们的日常生产生活结合起来，导致牧民对国家一系列政策的实行不能充分理解和给予全力支持。游牧文化是草原生态的灵魂，牧民是保护草原生态的主体，充分尊重藏族传统游牧生产方式和草地管理方式，对治理草原生态危机有重要的积极意义。所以应以牧民为草原生态保护主体，保持游牧文化的完整性，维护草原生态文明，以此来治理草原生态危机。黄河首曲有其特殊性，牧民有自己的文化传统，有自己的生态伦理和道德规范，借鉴学习藏族牧民的传统生态文化知识，对当今治理首曲草原生态危机、维护人与自然可持续发展，有不可替代的积极作用。近年来政府倡导的牧民定居政策，旨在促使部分牧民生活转型，但随之而来的问题同样也困扰着牧民。牧民中的贫富差距拉大，而且以游牧为主的生计方式被改变的同时，建立在游牧文化基础上的生态观念和自发的生态保护行为随之发生改变，因此，牧民的主体地位和牧民定居后续发展，是一个非常重要的问题。

1. 充分调查研究尊重本土文化

藏族游牧文化本质是一种科学的生态文明，对保护生态环境有积极作用，必须给予尊重和应有的地位。黄河首曲生态系统所产生的巨大生态价值和经济效益不是局部的，而是全局性的，对黄河中下游社会经济可持续发展具有重要响。因此，建立生态环境补偿机制，严守生态资源红线，树立"保护就是发展"，就是对中华民族做贡献的意识，对黄河首曲生态环境保护有至关重要的作用。与此同时，加快黄河首曲经济社会发展，帮助牧民精准脱贫，对促进民族团结、维护藏族聚居区社会稳定发展具有重要的作用。游牧文化适应黄河首曲的人文环境，治理黄河首曲草原生态危机、维护人与自然和谐关系、坚守生态红线，藏族传统文化有不可替代的积极作用。黄河首曲是青藏高原的主要组成部分，是我国的安全屏障、生态屏障，生态环境极其脆弱，经不起任何破坏。如果环境污染、生态破坏，经济再发展也是得不偿失，没有什么意义。所以，在一定程度上讲，保护好这块地方，不开发、不破坏就是发展，就是对国家做出了贡献。保护并非放弃发展的保护，发展并非无视保护的发展，传统并非意味着落后，意味着发展的障碍，而是会推动当地经济和社会进步。

2. 尊重藏族传统游牧方式和自然资源管理方式

藏族重视"万物平等、尊重生命"等生态道德观念，要结合和利用当地生态知识，提高牧民的生态环境保护意识，让牧民认识到目前黄河首曲生态环境恶化的原因不是别人强加造成的，是与自己有直接的关系，自己有不可推卸的一份责任。"严重退化的草地、湿地需要通过各种针对性的技术进行修复，这就要求当地百姓、政府和科技人员共同努力了。"与此同时，应让当地牧民认识到，如果生态环境继续恶化，自己也会陷入更大的贫困，一损俱损，一荣俱荣，自己不仅有利用的权利，而且有保护的义务，促使牧民树立自觉的生态环境保护意识。环境保护工作不仅是政府的事，也是牧民自己的事，从"你要保护生态环境"到"我要保护生态环境"。在牧民生态保护意识提高到位的基础上，继续实施退牧还草、游牧民定居、禁牧减畜、草原休养等措施，减少人为干扰，对已恶化、退化草地加大力度进行修复与建设，使生态环境得到有效恢复。与此同时，要认识到青藏高原地区草地退化的真正原因是建设性退化、政策性退化。草地利用方式不当是造成草地退化的根本原因之一。在目前草地承包到户的基础上，探求草地最佳管理利用模式是解决草地持续退化的当务之急。草地管理利用模式应该是单户承包、联户经营。从黄河首曲草地的联户经营来看，历史原因在于长期的集体游牧生活造就了牧民对家族势力的依赖以及对家族荣誉的极力维护，长期沉淀下来的家族文化使他们不愿意分开从事单户经营。现实原因是联合经营具有生态效益高、牧业生产草畜平衡、监督成本低及社会资源相对丰富等优点。

从经济效益上看，联户内无围栏，联户狗的数量少，联户可以互助合作节省劳动力；同时，协作可以减少牲畜死亡，还可以共享生产工具；还有其他潜在经济效益，包括有效追回被盗牲畜等。从生态效益来看，联户体比单户体更有利于草地保护。单户经营单位面积同一时间内牲畜践踏密度高，容易造成土壤表层紧实；联户经营单位面积同一时间内牲畜践踏密度较低，有利于牧草生长。牧民联户放牧产生的内生制度，可有效调整草畜平衡，既能保证草地使用权的内部优先流转，又能根据牧草生长状况及时调整牲畜数量，因此联户体内部不存在超载过牧的可能。从社会文化效益看，联户经营有助于传统文化的传承和发扬、有利于良好的邻里关系维系、有助于基础设施的建设和完善、有助于维护牧民主体地位和提升抵御灾害能力。整体而言，兰州大学教授杜国祯认为联户经营的优势就在于，联户经营是介于集体经营和家庭经营之间的一种草地经营模式，具有一些严格的内生制度。联户优势是政府管理对象改变，从而节约成本、减少摩擦。要实现真正意义上的草地资源参与式管理，需要各家牧户代表和政府共同参与，成立双方共同的管理机构。"要游牧就需要联户，联户以后，游牧从各个方面来说是安全的，大家意识到草地是重要的生态屏障，但如果没有科学的管理办法，黄河首曲生态屏障靠种树、种草、围栏绝对办不到。"[①]

3. 全社会共同保护黄河首曲生态环境

黄河首曲生态环境保护建设要政府主导、公众参与、专家调

---

① 《游牧与定居之争》，《科学时报》2010 年 11 月 23 日第 A1 版。

查研究预测，集各方智慧统筹应对生态危机带来的影响。各级政府应定位准确、思路清晰、措施切合实际、加强管理、方法有效。与此同时，黄河中下游各省区也要承担治理的责任，不仅从经济上提供支持，而且还要从人力和技术上提供支持，做到保护黄河首曲生态环境不分地区、不分民族，人人有责、人人担当，所有人并肩去面对，并肩去克服，努力改变上游保护、牺牲发展机会，中下游受益发展的不公平现象。同时，各方面的专家对黄河首曲生态环境保护应做出深入细致的调查研究，提出科学的思路和决策建议，以及对未来的预测建议。除此而外，还要尊重社会学和民族学等方面专家的意见，让他们参与调查决策，以避免因政策措施不适应，文化冲突排斥，本土文化丧失，导致当地牧民不理解不支持。

4. 黄河首曲自然保护区要发挥作用

藏民族主张人与自然和谐相处，其自然和谐的生产生活方式，节制简朴的消费理念，尊重自然的民俗民风以及人与自然一体、崇拜自然、万物有情、众生平等等传统观念体系，构成了藏民族丰富多彩的生态文化。黄河首曲自然保护区已经建立，这就让牧民成为生态环境保护者，提倡引导牧民禁牧休牧减少牛羊，同时检讨总结草场围栏后的效果及作用，对是否可以继续执行草场围栏等问题进行研究。结果表明，草地围栏造成草原"碎片化"，产生牛羊在同一片草地来回多次踩踏，大范围轮牧次数减少，畜群间的流动被阻隔，牛羊饮水困难等负面影响，导致草原退化，牧民间矛盾纠纷增多，这些因素不利于生态环境保护。需要在重新定位的基础上制定出合理有效的湿地、天然草地、生物多样性保护措施，使黄河首曲的生态功能得到有效发挥。与此同时，不能顾此失彼，应把自然资源和人文资源放在同等重要位置进行保护，使保护区成为各类景观共生共存于一体的生态文化多样区。如果草原没有牛羊，草场不刺激反而退化严重，草原没有牧民就没有游牧文化，文化就消失了。对于黄河首曲的生态环境保护问题，生活于其中的藏族牧民很有发语权，他们懂得生态环境对生存发展的重要性。要在牧民对生态环境重要性认识到位的基础上，使其认清贫困与生态环境恶化密切相关的道理，树立"生态是财富，对生存发展至关重要"的理念。对于牧民来说，重新挖掘生产生活中的生态知识，传承草原文化并形成适应当前草原地区社会经济和谐发展的意识是非常重要的。增强牧民的生态意识，才能谋求黄河首曲藏族经济社会的可持续发展。特殊地理环境下的宗教、民俗文化及本土知识等游牧生态文化，在生态保护中可发挥积极作用，弥补黄河首曲生态环境保护中的不足，对保护传承生态文化和进行生态保护有重要的应用价值。要对黄河首曲藏族聚居区传统文化与生态环境保护的理论实践和政策进行全方位的探索，揭示传统文化在解决生态保护过程中面临问题的有利因素，总结已有的成功、有效经验，提出未来的文化发展与生态保护思路，让黄河首曲产生巨大的生态效益、经济效益、社会效益，使中华民族母亲河永远造福人类。

5. 着力发展旅游业推进生态环境保护

习近平总书记在致"2019·中国西藏发展论坛"的贺信中指出：西藏地处青藏高原腹地，是中国的一个重要边疆民族地区，是重要的生态安全屏障、重要的中华民族特色文化保护地、重要的世界旅游目的地。这一指示为整个藏区的生态振兴和旅游发展指明了方向，将会极大地推进甘南生态环境保护、乡村振兴和旅游事业的发展。青藏高原的旅游一定是生态旅游，是文化旅游。黄河首曲发展旅游业有诸多资源优势：一是黄河首曲有自然生态和原始大片湿地以及地理景观资源；二是河曲马、牦牛、藏羊和天然草场构成的特色畜牧业资源；三是藏传佛教和藏族生产生活习俗构成传统游牧文化资源。这些旅游资源非常独特，也非常接地气。黄河首曲应依托"天下黄河第一弯""世界最大最美湿地草原""格萨尔发祥地""中国赛马之乡""藏族民歌弹唱故里"等非物质优势资源品牌，高标准完善旅游总体规划、主要景区景点专项规划，构建草原新城旅游区、河曲马场旅游区、阿万仓旅游区、黄河首曲湿地旅游区和户外探险旅游区"五区"联动发展。除此以外，挖掘河曲马资源发展高原地区的娱乐马业，这不仅是当地旅游产业的重要部分，而且是当地文化产业的重要部分；利用旅游市场和游客的多品位需求，对传统的牦牛和藏羊品种按功能选精、选细、选深，延伸产业链，创造更多的牛羊副产品，大力提高畜牧业生产效率和优势效益；对藏餐饮业进行优质化、精细化、标准化创新升级，从而大幅度提升藏餐饮业的品牌声誉和价值。除以上建议外，最为关键的是利用旅游业带动黄河首曲的经济和社会转型，实现当地居民由传统牧民向经济产业转移，尤其是部分牧民向服务业转移。在促进旅游业发展的过程中，要采取措施提高牧户从事乡村旅游的技能水平，提高牧户乡村旅游的参与度。同时要进一步优化基础教育和职业技术教育的结构，提高牧户获得旅游收入的能力，进而减少对草场的压力，实现生态环境保护和文化的保护发展。

甘南是离内地最近的雪域高原、离太阳最近的蓝天白云、离生命最近的绿水青山、离梦想最近的高山峡谷、离心灵最近的佛国天堂、离生活最近的民俗风情、离梦想最近的生态文明、离人性最近的大地艺术、离自然最近的百科全书、离秘境最近的本色本真。在下一步规划完善和提升工作中，一是深度研究国家战略和政策导向，科学定位甘南在"一带一路"建设中的地位和作用；二是注意掌握旅游发展的未来趋势，营造环境，打造品牌；三是充分认识甘南旅游资源禀赋，凸显品牌效应；四是重点突出全域旅游的产业支撑体系；五是凝心打造独具特色的品牌形象；六是充分展现生态文明小康村的旅游功能；七是认真谋划产业对发展的有效带动；八是全面展示绿色崛起的时代梦想。

从甘南州提出的大旅游、大文化、大市场的高度出发，打破区域、部门、行业界限，强化大局意识、责任意识和服务意识。依据玛曲县旅游资源分布的特点和分布结构、类型及开发利用的方向，将玛曲县的旅游资源空间布局定为"一心、四轴、五区"。"一心"是指玛曲县城尼玛，尼玛是玛曲县政治、经济、文化中心，交通、通信、娱乐等旅游服务设施齐全，旅游开发相对成熟，对其他片区的旅游开发起着支撑和基础作用。"四轴"分别是玛阿公路、黄齐公路、扎西公路以及黄河景观轴。"五区"分别是草原新城旅游片区、河曲马场旅游片区、阿万仓旅游片区、欧拉秀玛旅游片区、齐哈玛—采日玛旅游片区。草原新城旅游片区是自然旅游和人文旅游相结合的综合性旅游目的地；河曲马场旅游片区以河曲马为基础，开展与河曲马相关的观马、骑马等旅游活动；阿万仓旅游片区是以贡赛尔喀木道湿地为主打，结合娘玛寺、喀巴东让神山、黄河渡口等开展的朝山拜水旅游活动区；欧拉秀玛旅游片区以自然景观为主，宗喀石林、西麦朵塘等景点景观壮阔、优美；齐哈玛—采日玛旅游片区有"小江南"之称，沿黄河两岸有大片的灌木丛，有利于开展探险、科考等主题旅游活动。区域间旅游产品设计、交通设施、营销策略等方面要加强联合和协作，扬长避短，发挥各自资源优势，实现优势互补，增强区域旅游的吸引力和竞争力。

三　总结

2018 年 8 月，第二次青藏高原综合科学考察研究在拉萨启动。习近平总书记在贺信中指出，青藏高原是世界屋脊、亚洲水塔，是地球第三极，是我国重要的生态安全屏障、战略资源储备基地，是中华民族特色文化的重要保护地。青藏高原生态状况如何，不仅关系到全区各族群众的生存与发展，而且关系到亚洲和全国的生态安全。这是立足全国发展大局而确立的发展定位，也是整个青藏高原各民族必须自觉担负起的重大责任。中央把生态文明建设纳入"五位一体"的战略布局，明确了青藏高原的战略定位。青藏高原是中华民族特色文化的重要保护地，保护好青藏高原生态就是对中华民族生存和发展的最大贡献。中央对藏族地区生态环境保护、村寨转移支付力度是非常大的，其目的就是保护好水源地区生态环境，建设好生态环境。如果生态环境保护不好，保护文化、发展经济、发展旅游等一切都是空谈。没有藏族也就没有青藏高原的今天，青藏高原的游牧文化和山水文化就是藏族的血脉，也是保护青藏高原生态环境的法宝，藏族与青藏高原是密不可分的。

四　成果转化综述

该项研究产业化转化工作，由科研单位、相关企业、地方政府论证进行中。

在古代，黄河流域的自然环境是很优越的。那时，这里的气候温暖湿润，土地肥沃，到处是青山绿野，植物种类繁多，为原始人类的生存提供了有利条件。因此，黄河流域成了中华民族成长的摇篮。

玛曲县位于甘青川三省交界处，黄河第一弯曲部，甘南州西南部，东北与碌曲县接壤，东南与四川若尔盖县、阿坝县为邻，西南、西北分别与青海省久治县、甘德县、玛沁县毗邻，北接青海省河南县。玛曲是黄河上游重要的水源补给区和调蓄区，是维护黄河中下游地区生态安全的天然屏障，有"中华水塔""地球之肾"和"天然蓄水池"之称。玛曲自然风光雄奇壮丽，人文景观神秘独特，"天下黄河第一弯""中国赛马之乡""格萨尔发祥地""世界最大最美湿地草原""藏族民歌弹唱故里"五大旅游品牌享誉省内外。

　　整合玛曲县的旅游资源，按照县规划布局打造"一心、四轴、五区"。"一心"是指玛曲县城尼玛，尼玛是玛曲县政治、经济、文化中心，交通、通信、娱乐等旅游服务设施齐全，旅游开发相对成熟，对其他片区的旅游开发起着支撑和基础作用。"四轴"分别是玛阿公路、黄齐公路、扎西公路以及黄河景观轴，"五区"分别是草原新城旅游片区、河曲马场旅游片区、阿万仓旅游片区、欧拉秀玛旅游片区、齐哈玛—采日玛旅游片区。草原新城旅游片区是以自然旅游和人文旅游相结合的综合性旅游目的地；河曲马场旅游片区以河曲马为基础，开展与河曲马相关的观马、骑马等旅游活动；阿万仓旅游片区是以贡赛尔喀木道湿地为主打，结合娘玛寺、喀巴东让神山、黄河渡口等开展的朝山拜水旅游活动区；欧拉秀玛旅游片区以自然景观为主，宗喀石林、西麦朵塘等景点景观壮阔、优美；齐哈玛—采日玛旅游片区有"小江南"之称，沿黄河两岸有大片的灌木丛，有利于开展探险、科考等主题旅游活动。

　　玛曲县旅游资源丰富，景色优美，民风淳朴，发展正处在机遇期，发展和建设空间巨大，通过旅游可以让更多的人了解玛曲，关注玛曲，走进玛曲。游客可在此体验独特的黄河上游民族风情和高原民间艺术。

　　作者：杨勇（甘肃省民族研究所副所长、研究员）

展示中国生态文化
弘扬非遗民族精神

　　生态文化就是从人统治自然的文化过渡到人与自然和谐的文化。这是人的价值观念根本的转变，使人类中心主义价值取向过渡到人与自然和谐发展的价值取向。其重要的特点在于用生态学的基本观点去观察现实事物，解释现实社会，处理现实问题，运用科学的态度去认识生态学的研究途径和基本观点，建立科学的生态思维理论。通过认识和实践，形成经济学和生态学相结合的生态化理论。生态化理论的形成，使人们在现实生活中逐步增加生态保护的色彩。

　　建设生态文明其实就是把可持续发展提升到绿色发展高度，就是不给后人留下遗憾而是留下更多的生态资产。生态文明建设是中国特色社会主义事业的重要内容，关系人民福祉，关乎民族未来，事关"两个一百年"奋斗目标和中华民族伟大复兴中国梦的实现。党中央、国务院高度重视生态文明建设，先后出台了一系列重大决策部署，推动生态文明建设取得了重大进展和积极成效。

　　习近平总书记在党的十九大报告中指出："加快生态文明体制改革，建设美丽中国。"

一　生态文明建设的内涵

生态文明建设是指人类在处理人与自然关系上所应遵循的行为准则和规范。从哲学的视角看，生态文化是兼顾自然之本体基础地位与人之世界价值中心地位，且与生态文明相适应的一种文化形态。从经济社会赖以存在与发展的资源与环境状况的现实来看，创建生态文化有着急迫的现实必要性，只有生态文化的创建，才能转变人们传统的生产和生活方式，从而使得资源和环境状况得以根本改善。从社会经济发展阶段与水平的现实来看，低碳经济的发展、生态建设长效机制的建构、全民生态意识的培养和形成为生态文化的创建提供了极大的现实可能性。随着生态文明相关理论的越发丰富与成熟，生态文明建设的伦理内涵也处于不断丰富的状态之中。在这一动态进程中，国家层面出台了很多法律对相关行为予以规范，高等教育阶段更是较好地普及了生态文明建设理念，这些也为丰富生态文明建设的伦理内涵提供了很大帮助。

二　生态文明建设对经济发展的影响

生态文明与经济发展是须臾不可脱离的。离开生态文明单纯地去抓经济发展，不仅不会成功，反而会使经济发展远离既定的目标。同样，离开经济发展来谈生态文明，也不会有真正的发展。但是生态文明对经济发展具有重要的意义，其为经济发展提供良好的自然基础。我们都知道生态文明以尊重和维护生态环境为主旨，而经济的发展离不开良好的生态环境。经济发展虽然是社会发展的根本动力，但是，如果离开了生态环境这一前提条件，经济的发展就是无源之水和无本之木。通俗地说，如果没有森林，锯木厂的价值就为零；如果没有鱼，渔业的价值就为零。可见，没有生态环境资源，经济就无法发展。在如今的社会发展状况下，生态环境这块木板已经越来越短。如果人们还是一味地追求经济价值，忽视生态价值，那么就算经济木板越来越长，最终也将是无发展的增长。

　　建设生态文明离不开经济的发展，经济的发展为生态文明建设提供物质保障。生态文明是在把握自然规律的基础上积极地、能动地利用自然，改造自然，积极调整产业结构，大力改变经济增长方式，建立新型的生态经济和循环经济的发展模式，走可持续发展之路。而生态文明建设中遇到的一切问题都要靠发展来解决。可见，经济发展与生态文明是辩证统一的关系。建立在生态文明基础上的经济发展才更有利于实现人、自然、经济与社会的协调发展。如果我们在生态文明观的指导下，树立"保护生态环境就是保护生产力，改善生态环境就是发展生产力"的发展理念，那么在协调经济与生态的相互关系中积聚内部力量，谋求经济的极大发展是有可能的。

三　生态文明建设的治理结构

　　文明是人类文化发展的成果，是人类改造世界的物质和精神成果的总和，是人类社会进步的标志。生态文明，是指人类遵循人、自然、社会和谐发展这一客观规律而取得的物质与精神成果的总和，是指人与自然、人与人、人与社会和谐共生、良性循环、全面发展、持续繁荣为基本宗旨的文化伦理形态。生态文明具有丰富的内容。就其内涵而言，主要包括生态意识文明、生态制度文明和生态行为文明三个方面。

　　生态意识文明，是人们正确对待生态问题的一种进步的观念形态，包括进步的生态意识、进步的生态心理、进步的生态道德以及体现人与自然平等、和谐的价值取向。

生态制度文明，是人们正确对待生态问题的一种进步的制度形态，包括生态制度、法律和规范。其中，特别强调健全和完善与生态文明建设标准相关的法制体系，重点突出强制性生态技术法制的地位和作用。

生态行为文明，是在一定的生态文明观和生态文明意识指导下，人们在生产生活实践中推动生态文明进步发展的活动，包括清洁生产、循环经济、环保产业、绿化建设以及一切具有生态文明意义的参与和管理活动，同时还包括人们的生态意识和行为能力的培育。

建设生态文明，不同于传统意义上的污染控制和生态恢复，而是克服工业文明弊端，探索资源节约型、环境友好型发展道路的过程。生态文明建设不仅包括人类在生态问题上所有积极的、进步的思想观念建设，而且包括生态意识在经济社会各个领域的延伸和物化建设。

生态文明建设的政治层面，是指党和政府要重视生态问题，把解决生态问题、建设生态文明作为贯彻落实科学发展观、构建和谐社会的重要内容。这就要求我们树立正确的发展观和生态观。把生态文明建设作为实现好、维护好、发展好人民群众根本利益的一项重要任务，特别是领导干部要树立正确的发展观和生态观。各级政府应发挥主导和主体作用，为推进生态文明建设提供制度基础、社会基础以及相应的设施和政治保障。把生态文明建设的绩效纳入各级党委、政府及领导干部的政绩考核体系，建立健全监督制约机制。

重视生态行政建设。正确引导各级领导干部深刻认识发展与人口、资源、环境之间的辩证关系，了解经济活动对生态变化的影响及其变化规律，提高对生态质量变化的识别能力和解决问题的能力，增强保护和改善生态环境、建设生态文明的自觉性和主动性。

生态文明建设的文化层面，是指一切文化活动包括指导我们进行生态环境创造的一切思想、方法、组织、规划等意识和行为都必须符合生态文明建设的要求。这就要求我们做到以下几点。

树立生态文化意识。生态文化是人与自然和谐发展的文化。新世纪新阶段，人类已逐渐认识到长期对自然进行掠夺性索取、破坏必将遭受惩罚，一个从征服自然、破坏自然到回归自然、珍爱自然的新理念正在形成。全民生态意识觉醒之日，就是我国生态环境改善之时。因此，进行生态教育，提高人们对生态文化的认同，增强人们对自然生态环境行为的自律，牢固树立生态文化意识，是解决生态问题的一项重要举措。

加强生态文化建设。生态文化作为一种社会文化现象，摒弃了人类自我中心思想，按照尊重自然、人与自然相和谐的要求赋予文化以生态建设的含义。具体来说，生态文化大致包括生态哲学文化、生态伦理文化、生态科技文化、生态教育文化、生态文艺文化、生态美学文化、生态传播学等几个方面。

生态文明建设的社会层面，是指重视和加强社会事业建设，推动人们生活方式的革新。这就要求我们创造良好的社会生活环境；建立法制化、民主化和安定团结的秩序以及高效率的社会管理体系，形成以生态文化意识为主导的社会潮流，树立以文明、健康、科学、和谐生活方式为主导的社会风气。

优化"人居"生活环境。"人居"生活环境，直接影响着人们的身心健康和生存质量。保持和优化"人居"生活环境，既要注重城市，也要充分考虑农村。就城市而言，主要包括在城市内部建设人与自然和谐的生态社区，使城市内部与城市外部周围地域形成可持续发展的生态良性循环区域。要加强生态型社会建设，努力满足城市居民对居住环境品质越来越高的追求。就农村而言，要在普遍推行"生态示范区"建设的同时，重点发展一批"绿色居住区"，建设包括文化、教育、医疗以及各种服务在内的配套设施。

四　生态文明建设的策略

推进生态文明建设，是全面建成小康社会的迫切需要。

生态文明建设必将促进全民族生态道德文化素质的提高。我国环境恶化趋势迟迟不能根本好转，与人们的生态道德文化缺失有直接关系。近些年来，我国城乡人民的生态意识、环保观念日益增强，参与生态治理、环境保护的积极性明显提高。但生态道德文化尚未普遍根植于人民大众。相当多的人生态道德文化水平低下，处于"文盲、半文盲"状态。

我国是具有悠久生态道德文化与伦理的国家，传统文化中蕴含着丰富而朴素的生态道德文化，其中"天人合一"理念就代表了中华民族追求人与自然和谐统一的精神境界。

中国是最大的发展中国家，如果我国率先跨入生态文明社会，不但会使全国的经济、社会、生态、环境、人文、民生面貌为之一新，而且必将大大加快全球生态文明建设进程。

树立尊重自然、顺应自然、保护自然的生态文明理念。这是推进生态文明建设的重要思想基础，体现了新的价值取向。我们在经济发展中，比较注重遵循经济规律，但对自然规律尊重不够，一些地区不顾资源环境承载能力肆意开发，对自然造成伤害，削弱了可持续发展能力。必须认识到，人类与自然是平等的，人类不是自然的奴隶，人类也不是自然的上帝。在开发自然、利用自然中，人类不能凌驾于自然之上，人类的行为方式应该符合自然规律，按照人与自然和谐发展的要求，在生产力布局、城镇化发展、重大项目建设中都要充分考虑自然条件和资源环境承载能力。

把生态文明建设放在突出地位，融入经济建设、政治建设、文化建设、社会建设各方面和全过程。这是推进生态文明建设的实质，也是对我国社会主义现代化建设提出的更新、更高要求。推进生态文明建设，是涉及生产方式和生活方式根本性变革的战略任务，不单单是做好资源环境方面的工作。我们既要做好资源环境等方面相对独立的工作，更要在物质文明、政治文明、精神文明各层面，在经济建设、政治建设、文化建设、社会建设各领域进行全面转变、深刻变革，把生态文明的理念、原则、目标等深刻融入和全面贯穿到中国特色社会主义事业的各方面和现代化建设的全过程，推动形成人与自然和谐发展现代化建设新格局。

坚持节约资源和保护环境的基本国策，坚持节约优先、保护优先、自然恢复为主的方针。这是推进生态文明建设的基本政策和根本方针。节约资源和保护环境是我国的基本国策，制定其他各项经济社会政策、编制各类规划、推动各项工作都必须遵循。节约优先、保护优先、自然恢复为主，就是要在资源开发和利用中，把节约资源放在首位；在环保工作中，把预防为主、源头治理放在首位；在生态系统保护和修复中，把利用自然力修复生态系统放在首位。

着力推进绿色发展、循环发展、低碳发展。这是推进生态文明建设的基本途径和方式，也是转变经济发展方式的重点任务和重要内涵。在经济发展中，要尽可能减少单位产品的资源消耗强度和能源消耗强度，减少污染物排放，减少废弃物产生。积极发展节能产业，推广高效节能产品。加快发展资源循环利用产业，推动矿产资源和固体废弃物综合利用。大力发展环保产业，壮大可再生能源规模。积极发展循环经济，促进生产、流通、消费过程中的减量化、再利用、资源化。

形成节约资源和保护环境的空间格局、产业结构、生产方式、生活方式。这是推进生态文明建设的重要目标。要努力形成同传统工业文明那种大量生产、大量消费、大量废弃、大量占用自然空间不同的经济结构、社会结构和发展方式。在现代化建设中，要尽可能集中集约利用国土空间，减少对自然生态空间的占用；提高能源资源消耗少、污染排放少的产业以及循环经济在国民经济中的比重；充分利用节能减排技术和生产工艺进行生产制造；倡导和推行绿色消费、低碳消费、适度消费。

从源头上扭转生态环境恶化趋势，为人民创造良好生产生活环境，努力建设美丽中国，实现中华民族永续发展，为全球生态安全作出贡献。这是推进生态文明建设的目的。生态产品是人民群众重要的消费品、生活必需品，良好的生态环境是提高人民生活质量的重要内容。推进生态文明建设，说到底就是为了提高人民的生活质量，满足人民日益增长的对生态产品的需求。不能因为我们这一代中国人要过上好日子，就不顾及我们后代的生存和发展。既要满足当代人的需求，也不能影响后代人满足需求的能力，这样才能实现中华民族的永续发展。全球生态系统是一个整体，需要全世界共同努力，搞好生态文明建设，也是我国对地球生态安全的贡献。

五　中国特色生态文明建设面临的主要挑战

第一，生态文明建设需要树立一种新的发展观、新的现代化的理念。生态文明不是不要发展，或者是放弃现代化，而是要更好、更有质量地发展，生态文明是现代文明的升级版，是更好、更加全面均衡协调的现代文明道路和模式。加强生态环境保护，既是转变经济发展方式的必然要求，也是拉动经济增长的重要途径。我们强调要在发展中保护、在保护中发展，这是对经济社会发展与资源环境关系的深刻揭示。我国正处于并将长期处于社会主义初级阶段，发展不足和保护不够的问题同时存在。在推进工业文明进程中建设生态文明，这不是否定工业文明，而是坚持以信息化带动工业化，以工业化促进信息化，走科技含量高、经济效益好、资源消耗低、环境污染少、人力资源优势得到充分发挥的新型工业化道路；统筹人与自然关系，在持续保持和享有良好的生态环境中实现工业化、城镇化；这是中国生态文明建设的特色所在。

第二，建设生态文明，需要树立新的生态价值、生态伦理观念。人类是自然重要的组成部分。要尊重自然规律，推动生态文化、生态意识、生态道德等生态文明理念的形成与确立，使之成为中国特色社会主义的核心价值要素。从物质基础看，必须拥有发达的生态经济。对传统产业进行生态化改造，大力发展节能环保等战略性新兴产业，使绿色经济、循环经济和低碳技术在整个经济结构中占较大比重，推动经济绿色转型。从激励与约束机制看，必须建立完善的生态制度。把环境公平正义的要求体现到经济社会决策和管理中，加大制度创新力度，建立健全法律、政策和体制机制。从必保底线看，必须保障可靠的生态安全。有效防范环境风险，及时妥善处置突发资源环境事件和自然灾害，维护生态环境状况稳定，避免重大生态危机。从根本目的看，必须持续改善生态环境质量。让人民群众喝上干净的水、呼吸上新鲜的空气、吃上放心的食物。这充分表明，在建设生态文明的价值取向、长远目标、基本原则、主要途径和保障举措等方面，我们已经形成完整的认识成果，其核心就是人与自然和谐共生、经济社会与资源环境协调发展。

第三，生态文明建设需要积极探索代价小、效益好、排放低、可持续的环境保护新道路。推进生态文明建设，关键是要用新思路新举措来解决资源环境问题。西方发达国家曾经走过一条"先污染后治理、以牺牲环境换取经济增长、注重末端治理"的路子。实践证明，这条老路在中国走不通，也走不起。比如，一些地方就环保论环保，就污染谈污染，甚至重蹈"先污染后治理"的覆辙，付出了惨痛的环境代价。

环境保护是生态文明建设的主阵地和根本措施，是推进可持续发展的着力点和攻坚方向。走代价小、效益好、排放低、可持续的环境保护新道路，加快构建与我国国情相适应的环境保护宏观战略体系、全面高效的污染防治体系、健全的环境质量评价体系、完善的环境保护法规政策和科技标准体系、完备的环境管理和执法监督体系、全民参与的社会行动体系，是提高生态文明水平的形势使然，是解决资源环境问题的出路所在。探索和实践环保新道路越主动越深入，生态文明建设的成效就越明显越持久。

第四，需要把生态文明建设融入和贯穿到现代化建设的各方面和全过程。把生态文明建设的理念、原则、目标深刻融入和全面贯穿到社会主义现代化建设的各方面和全过程，是我们必须深入思考和贯彻执行的重大课题。在这里，"理念融入、目标导向、原则贯彻"是关键。

一是以生态文明建设优化社会主义经济建设。生态文明建设关系到社会主义经济建设，深刻地影响到物质生产方式、经济结构和经济增长方式的根本变革。生态环境问题本质上是发展方式、经济结构和消费模式问题。因此，从根本上解决生态环境问题，必须在转变发展方式上下功夫，在调整经济结构上求突破，在改进消费模式上促变革。加快推进生态文明建设，可以增强可持续发展能力，是扩大内需、拉动经济增长的重要途径。

二是以生态文明建设促进社会主义政治建设。面对全球性生态危机，我们国家吸取西方发达国家的经验教训，牢固树立和认真贯彻以人为本，全面、协调、可持续的发展观，人民群众的环境权益日益得到重视和维护。但是，面对日益严峻的资源环境形势，必须坚持生态文明建设与社会主义民主法治建设相互促进。一方面，社会主义民主法治建设能够促进生态文明建设，发展民主可以扩大社会公众有序参与人口资源环境事业；另一方面，生态文明建设也能推动社会主义民主法治建设，提出并实施生态文明建设战略必将进一步对社会主义政治建设产生深刻影响。

三是以生态文明建设丰富社会主义文化建设。生态文明建设关系到社会主义文化建设和精神文明建设的核心理念、价值取向。生态文明理念的确立是社会主义精神文明和文化建设的主要标志、重要内容，是社会主义文化建设的重要载体和途径。科学的自然价值观是生态文明观的核心内容，通过加强科学的自然价值观建设，将科学的自然价值观融入环境教育和环境伦理建设过程中，提高全社会的资源环保意识和生态文明观念，有利于丰富社会主义文化建设和社会主义精神文明建设的内容。通过加强生态文明建设，在社会的精神文化领域，创造出更加丰富的生态文化形式，有利于发展社会主义文化产业。

四是以生态文明建设改善社会主义和谐社会建设。生态文明要求建设资源节约型和环境友好型社会，归根结底是解决人与自然的关系问题和代际公平问题，实现人与自然的和谐发展，维护和发展世世代代的利益。因此，建设生态文明是构建和谐社会的必然要求。通过加快推进生态文明建设，改善生态环境质量，增进人民群众的生活质量和健康素质，保护中华民族世代赖以生存的家园，才能为构建和谐社会和全面建成小康社会提供基础条件。

六 长江上游生态治理建设
——以甘肃舟曲县为例

（一）基本概况

自然资源丰富，天然屏障作用突出。舟曲地处南秦岭山地，位于甘肃省南部，甘南藏族自治州东南部，地处青藏高原、黄土高原、四川盆地接合部，川、甘、陕三省交界处，是长江水源涵养区、补给区，"长治工程"的重点实施区域，也是长江上游重要的生态保护屏障。舟曲县境内的白龙江年径流量近40亿立方米，约占嘉陵江流域总径流量的60%，是长江最大的一级支流和重要的产流区，水源涵养区和补给区面积约8000平方公里，白龙江流域生态环境不仅关系到甘南藏区的经济社会发展，还关系到长江中下游流域的生态安全和可持续发展。全县有林地面积12.27万公顷，森林覆盖率51.26%，天然林活立木蓄积量1700万立方米，是全省优良的天然用材林分布区之一。经济林产品主要有花椒、核桃、柿子、石榴等。境内旅游资源独具特色，既有雄伟奇特的自然景致，又有古老神奇的藏羌民俗文化和景观。有林海浩瀚的沙滩国家级森林公园，有文化群集的陇上名山翠峰山，有峰奇涧幽的天然氧吧、国家4A级景区拉尕山；有神秘奇特的巴藏朝水节、博峪采花节、坪定跑马节、东山转灯节、天干吉祥节和县城元宵松棚楹联灯会，舟曲被国家和省楹联学会授予全国藏区第一个"楹联文化县"称号。

地形地貌复杂，自然灾害频繁。一是舟曲县境内山高坡陡，沟壑纵横，土地差异性大，水土流失类型主要以水力侵蚀为主，伴有一定量的滑坡、泥石流等重力侵蚀，生态环境极为脆弱。再加上人口的不断增加和经济社会的日益发展，自然资源依赖利用过度，对生态自然环境做了过多的干预和影响，使得舟曲县的生态基础变得更加脆弱不堪。自然灾害频发，系全国罕见的滑坡、泥石流、地震三大地质灾害高发区，是"5·12"大地震和"8·8"特大山洪泥石流灾害双重重灾县，"八山一水一分田"是县情的形象写照。据调查，目前全县水土流失面积达2100多平方公里，占土地总面积的70%，其中，中强度流失面积占水土流失总面积的80%以上。全县共有灾害性滑坡点77处，灾害性泥石流点93处，80%以上的村庄、85%以上的人口处在地质灾害覆盖区内，其中灾害性滑坡泥石流直接威胁人口达6万多人。极其脆弱的生存环境和严峻的生态形势，给长江中下游生态安全造成极大压力，也直接制约着舟曲今后的可持续发展。二是舟曲县属全国"三区三州"区域内的深度贫困县和甘南藏族自治州最偏远的国扶少数民族贫困县，是 2017 年甘肃省确定的 18 个深度贫困县之一。2014 年全县共有重点贫困村 87 个，贫困人口 3.49 万人，贫困发生率高达 28.4%。山高、谷深、坡陡的地理环境和自然条件，使舟曲县成为甘肃省农业生产条件最差的地区之一，培育增收产业难度大，加之洪水、滑坡、泥石流等地质灾害频发，通村道路、安全人饮工程、群众房屋和农田等基础设施和生产资料极易损毁，使群众的生命财产安全受到严重威胁，导致群众因灾返贫的现象较为突出。三是 20 世纪中叶，舟曲县境内分布着大量的天然林，主要树种为冷杉、云杉、紫果云杉、大果园柏、油松及华山松等，形成了稳定的原始森林植被。50 年代后，由于国家经济社会建设的需要，白龙江流域开始大量采伐木材。此后较长时期，由于重采轻造，加上群众生产生活用材，无序开伐，造成部分地区毁林开荒，乱挖滥采矿产资源的现象比较严重，加剧了森林矿产等资源的消耗速度和资源浪费程度，使原始森林资源在三四十年内基本枯竭，土地裸露，林相残败，林线大幅后移，以原始森林为支撑的水涵养系统遭到破坏，林区涵养水源、调节气候的生态功能和生物多样性功能减弱，导致干旱、暴雨、冰雹、滑坡、泥石流等自然灾害频繁发生。

（二）现有做法及成果

近年来，在党中央、国务院和省州党委、政府的坚强领导下，舟曲县牢固树立"绿水青山就是金山银山"的理念，坚持把打造生态安全屏障作为一项重大历史使命来对待，严格按照"树立生态信仰、共铸生态梦想、担当生态道义、建设生态舟曲"的要求，不断调整产业结构，大力发展生态文明特色农业、劳务经济、旅游产业等可持续绿色经济，不断加强生态环境恢复治理，狠抓天然林保护、退耕还林、荒山造林、封山禁牧和地质灾害隐患治理等工作,县域经济持续增长,社会事业得到全面发展,生态文明建设取得了显著成效。全县森林覆盖率从2011年的31.34%增加到2018年的51.26%,实现了森林面积、森林覆盖率连续多年双增长。持续加强生态保护修复,全县累计完成退耕还林任务34.7万亩(自筹资金实施退耕还林3.54万亩),其中新一轮退耕还林建设任务13.2453万亩、配套荒山造林8.7万亩、封山育林1.9万亩,通过实施退耕还林、荒山造林、封山育林、义务植树等绿化工程,新增造林面积32.43万亩。持续强化流域综合治理,全县累计实施滑坡治理、坡耕地综合整治、高标准农田建设等地质灾害治理项目52个,修建防洪堤62.2公里,建设高标准农田1133.91公顷,完成土地开发整理484.64公顷,划定永久基本农田20.37万亩。

(三)存在的问题及成因

一是山洪泥石流频发导致脱贫攻坚受阻。舟曲县位于长江二级支流白龙江的上游。东西长99.4公里,南北宽88.8公里,总面积3009.98平方公里。水土流失面积2584平方公里,占土地总面积的85.7%,海拔高度1173—4505米,相对高差达3331米,年平均降水量400—800毫米,地形地貌极为复杂,水土流失十分严重。虽然通过"长治"等生态项目的实施,舟曲区域内的生态环境有了改善,但县域生态环境的长期脆弱特征没有改变。二是由于受退耕指标、群众观念、粮食压力等的影响,还有许多本应退下来的陡坡耕地还未完全退下来,把林造上去。因此,要在巩固好现有退耕还林还草成果的同时继续加大这方面的项目投资,将那些应退尚未退下来的坡耕地进一步纳入治理,尤其是对陡坡地、田块过窄过小十分零散不便耕作的耕地、土地瘠薄生产水平低下的耕地、高山区阴湿地及低洼低产地这些耕种价值过低的土地全面进行退耕还林或还草，实现以林促农、农牧互补。三是自然灾害引发生态治理难题。据调查统计，全县境内有大小滑坡点169处（其中泄流坡滑坡被专家称为亚洲最大滑坡），泥石流沟道250余条，灾害性较大的滑坡点有32处，泥石流沟道有60多条，数量众多、分布极广，强降雨极易引发山洪、滑坡、泥石流等地质灾害，边治理边损毁的现象较为突出，生态治理难度大。这些滑坡、泥石流灾害严重威胁着近80个村庄、6万人口的生命和国家及群众财产以及交通、电力、通信等基础设施的安全，成为严重制约全县经济社会发展的主要因素。四是群众防灾意识淡薄。舟曲县85%以上村组地处自然条件十分严酷的高半山地区，由于山大沟深，交通不便，至今大多数农户用能还基本依靠薪柴，全年用薪量高达18.5万立方米，一边千辛万苦造林、一边迫于生计毁林的现象十分普遍。加之有很大一部分群众生态环境保护意识淡薄，对生态建设的认识还不够到位，重造轻管，对环境保护的认识不足，防灾意识淡薄，忽视了经济和人口资源环境的协调发展。长期不合理的采挖药材、开矿修路建电站等开发建设项目建设过程中不重视植被保护，都使得境内大量原本有植被覆盖的林草地日益遭到严重破坏，土地大块裸露，直接人为加剧了水土流失，导致生态环境更加恶化，人口环境容量不断下降。

以上原因，都严重制约舟曲县脱贫攻坚进程和经济社会发展，尤其频发的暴雨洪涝灾害给良好发展形势造成重创，对照2020年实现整县脱贫、全面建成小康社会的节点要求，时间非常紧迫，任务更加艰巨，按照常规措施办法很难如期实现目标。

（四）应对措施及建议

中国社会科学院社会发展研究中心首席专家、学部委员、全国政协委员、哲学研究所原所长李景源，中国社会科学院哲学所副所长崔唯航，上海大学特聘教授孙伟平，中国社会科学院社会发展研究中心常务副主任、文化研究中心副主任、副研究员胡文臻和甘肃陇和春农林牧科技有限公司等的专家学者在舟曲县委、县政府的大力支持下，2018年4月8—12日，就舟曲长江上游流域绿水青山保护治理工程项目与生态文化产业项目进行了为期8天的国情调研。调研内容包括城关镇、大川镇、曲瓦乡、立节乡、憨班乡、峰迭乡、巴藏乡、果耶乡、武坪乡、插岗乡、拱坝乡、曲告纳乡、八楞乡13个乡镇社会、经济、文化建设情况和相关山村、山谷地貌地形，并了解了泥石流多发地形等自然情况。充分发挥中国社会科学院思想库、智囊团的特色和优势，详细座谈。在交流中专家们强调，舟曲县地处长江白龙江上游，是长江上游的生态重要屏障，舟曲山大沟深，沟壑纵横，受地质、水文、气象等自然因素影响，滑坡、泥石流等自然灾害多发易发频发，生态环境脆弱。要根据十九大报告精神和习近平总书记"绿水青山就是金山银山"的发展理论，依据国家发改委关于《生态扶贫工作方案》，国家林业局、国家发改委等11部门支持经济林（杜仲）产业项目文件等一系列国家政策，推出有效举措，拿出切实行动，为坚决打赢脱贫攻坚战贡献智慧和力量。调研组计划以舟曲流域为治理中心，将山水田林森泽潭路堤渠园分为11条综合治理技术路线，分别进行设计规划。以生态文化产业为抓手，配套建设国家森林公园和博物馆，通过自然生态旅游项目带动舟曲生态环境修复和治理活动。从源头上提升长江上游水源涵养保护治理能力，形成真正的长江流域生态保障体系工程。

1. 引入种植杜仲树等经济树种是舟曲群众脱贫增收重要途径

杜仲是我国十分重要的战略储备资源，又是我国特有的名贵中药材和木本油料树种，也是实现我国储备林基地建设与生态林、水土保持林、退耕还林、城乡绿化、森林康养等工程有机结合的重要资源。要开展连片整流域标准化种植，加大新型杜仲良种繁育推广，在保障生态效益的同时，提高经济效益，实现杜仲储备资源综合利用和开发。

近年来，党和国家高度重视杜仲产业发展。2011年3月27日，国家发改委令第9号发布，将"天然橡胶及杜仲种植生产"培育列入战略性新兴产业；2013—2015年，国家连续发布了单一树种《杜仲橡胶资源与产业发展报告》（杜仲产业绿皮书）；2014年12月26日，国务院办公厅下发《国务院办公厅关于加快木本油料产业发展的意见》（国办发〔2014〕68号），明确将杜仲列入重点支持发展的木本油料树种。2015年2月1日，党中央、国务院印发《关于加大改革创新力度加快农业现代化建设的若干意见》（2015年中央一号文件），明确加快转变发展方式，启动天然橡胶生产能力建设规划；2016年12月，国家林业局印发《全国杜仲产业发展规划（2016—2030年）》；2017年5月22日，国家发改委、财政部、国家林业局等中央11个部委联合发布《林业产业发展"十三五"规划》（林规发〔2017〕43号），杜仲产业发展与国家战略储备林基地建设工程和油料工程一起被列为三大重点工程项目。发展杜仲产业是按照国家级"三大发展战略"，深入贯彻落实"绿水青山就是金山银山"的生态发展理念，以推动长江经济带发展战略为契机，推动经济体制增效升级，解决生态环境状况形势严峻、区域发展不平衡、产业转型升级任务艰巨、区域合作机制不健全等问题，有利于形成优势互补、协作互动格局，缩小发展差距。

甘肃陇和春农林牧科技有限公司承担杜仲项目的种植管护和治理研究工程。公司是中国林业产业联合会杜仲产业促进会会员单位，并与中国社会科学院社会发展研究中心、国家橡胶工业协会、中国医学科学院药用植物研究中心联合研发杜仲系列产品，公司还担负着建设"中国杜仲国情调研重大课题示范基地"的任务。甘肃陇和春农林牧科技有限公司先后在兰州榆中县北山、平凉灵台、陇南康县等地进行了大面积杜仲种植，并与甘肃农业大学林学院在榆中三角城乡合作研究抗寒抗旱杜仲种苗的培育，从实验成果来看，舟曲是杜仲适生区，具备种植条件。

舟曲县主要是山区，大力发展林业产业，充分利用贫困地区的土地、劳动力和自然风光等资源，以杜仲定向育种、栽培模式、综合利用、产品研发、市场开拓为突破口，可以大力发展木本粮油、林下经济，开发森林旅游，让资源变资产、资金变股金、林农变股东。杜仲树种经济价值高，是舟曲实现可持续增收的产业化项目，是舟曲县脱贫增收的重要途径之一。舟曲县人口约14.32万，如果每人种植管护一亩杜仲树经济林，既能实现恢复增收，又能实现恢复植被治理滑坡，防止泥石流灾害的发生，同时可起到涵养长江上游水源的作用。在生态治理方面，杜仲植被涵养水源的治理作用尤其突出，借助中国社会科学院社会发展研究中心智力扶贫的工作抓手，加强长江水源涵养区、补给区——舟曲生态文明建设，并在国内外出版发行智库报告《中国"绿水青山"长江上游生态保护工程舟曲发展报告》，建立长江上游生态屏障保障治理工程和自然灾害治理示范区，有利于实现"绿水青山就是金山银山"的生态理念。

2. 建设"地质灾害科研、预防、教育、培训、体验"中心

自然灾害是一个具有社会属性的问题，已成为制约社会发展和人民安居的重要因素。自然灾害不仅是预防、躲避和工程治理，在社会意识上更表现为努力提高人类自身的素质，通过制定公共政策或政府立法约束公众的行为，自觉地保护地质环境，从而达到避免或减少地质灾害的目的。

舟曲县是全国罕见的滑坡、泥石流、地震三大地质灾害高发区，是"8·8"特大山洪泥石流和"5·12"地震中受灾最严重的双重重灾县，特别是舟曲"8·8"特大山洪泥石流灾害是中华人民共和国成立以来破坏性最强、死亡人数最多、救灾难度最大的一次地质灾害（造成2个乡镇2个社区15个行政村受灾，毁埋农田1417亩、房屋63615间、机关事业单位办公楼21栋，1508

人遇难，257 人失踪，72 人受伤住院，造成 4.7 万人受灾，直接经济损失 133 亿元）。中国社会科学院社会发展研究中心专家考察了泥石流纪念馆。无情的自然灾害给人类带来了惨痛教训，生态治理是一个不容轻视的问题。舟曲极其脆弱的生存环境和严峻的生态形势，给长江中下游生态安全造成极大压力，也直接制约着舟曲今后的可持续发展，根据生态治理、自然灾害等法律法规，特建议建一座以地质灾害科研、预防、教育、培训、体验于一体的灾害体验中心。一是满足全国科研单位科研教学需要；二是满足全国各地培训需要；三是满足旅游需要，从而满足全国自然灾害科研、预防、教育等多方面需求。

该项目坚持科学规划，立足长远，利用好资源的同时加强生态环境保护，达到经济效益、社会效益和环境效益的统一。集教育、展示、科研、体验于一体的全方位多层次的自然灾害体验中心，让地质科学作为一种文化进行挖掘，不仅让人们了解各种地质特点，还要让人们在体验的过程中了解造成地质灾害的原因，紧紧围绕"地质文化"将具有以上功能的产品主体化、情景化，构建起丰富的产品体系，使本项目成为一个综合性、体验型旅游目的地。

七 展示舟曲生态文化 弘扬非遗民族精神

根据文化和旅游部赋予文化生态保护区的重要使命，作为一项非遗保护制度创新，其将成为未来我国保护非遗的有形载体。设立文化生态保护区，对历史文化积淀丰厚、存续状态良好，具有重要价值和鲜明特色的文化形态进行区域性整体保护，是我国独具特色的非遗保护制度。

舟曲是多元文化的荟萃之地，几千年来不同文明、民族、宗教、艺术在这里交会融合，形成了取之不尽的文化宝藏，包括氐羌文化、三国文化、蜀道文化、藏族文化、苯教文化、泉城文化、楹联文化和节庆文化等。各族人民在这块土地上繁衍生息，和谐共处，相濡以沫，创造了悠久的历史，形成了独特的节日文化，如享誉中外的舟曲"五节一会"（博峪采花节、巴寨朝水节、坪定跑马节、天干吉祥节、大川踩字转灯节、元宵松棚楹联灯会）文化。没有这些节日，就没有我们的文化记忆。节日文化既是厚重的民族记忆，又是鲜活的文化形式和文化活化石。

（一）元宵楹联灯会

舟曲元宵楹联灯会是舟曲传统节俗追随中国古代文学的特殊形式，是舟曲历代戍边汉民族薪火相传古代汉语语言艺术的结晶，是中国古典诗歌艺术向西陲少数民族地区的延伸、普及和渗透，也是中国文化的重要载体，在文学史和文化史上，在人们的生活和艺术鉴赏方面，都有重要的研究价值。楹联艺术和楹联创作以其广泛的群众性、雅俗共赏的特点，历来受到舟曲各民族人民的喜爱和重视。因此，它也成为社会主义文化的重要组成部分，是少数民族地区历史文化和当代文化的形象体现。

（二）正月十九"迎婆婆"

过去舟曲民间城关"迎婆婆"，意在以灯娱神，祈求家道兴隆，儿孙满堂，清吉平安，包括"百千灯明忏悔罪""为世灯明最福田""一灯能除千年暗""一灯能灭万年愚"等宗教活动。而今日却不同，随着"以文化人"、科学发展和现实的唤醒，这一活动已成为群众性的以形势教育为主的才艺大比拼活动节日了。

（三）东山转灯踩道

甘肃省舟曲县东山镇因地处境内东部山地得名。据《舟曲县志·古文化遗址》载，早在新石器时代晚期，东山一带就有先民进行农耕文化活动，根据出土文物，当属典型的马家窑、齐家文化，可见开发之早。每年正月十五前后，东山一带的民间都要搭松棚，举行"转灯踩道""迎灯"这种大规模的民俗活动。

（四）博峪采花节

博峪藏族人口有 4000 余人，居住在甘南藏族自治州舟曲县和四川九寨沟县交界的地方，信奉象雄苯教。这里山峦起伏，森林茂密，条条泉水沿着山谷流入博峪河，苍翠碧绿的山坡上，盛开着五彩缤纷的山花，人们都称这里是甘肃的"西双版纳"。《北史·邓至羌》载："邓至（今九寨沟）之西，有赫羊国。初，其内部有一羊，形甚大色至鲜赤，故因以为国名。"无论从地域、族源及服饰上，都可以推知博峪先民曾以赫羊、猕猴为图腾，在南北朝时期称雄一方，建立过"赫羊国"。由于历史上的各种原因，这里的藏族群众，在衣食住行及风俗习惯等方面，和其他地区的藏族存在着很大的差异。

（五）巴寨朝水节

世代居住在后背山麓巴寨沟岸边的藏族同胞，信奉象雄苯教，他们将包治百病、能赐万福的楚楚动人的昂让山飞瀑流泉称为"曲沙"，汉译为"仙水"，并特意把每年五月初五定为一起祭水的"朝水节"，成为巴藏乡前、后背山数村和下迭部藏民的传统节日。

舟曲，作为甘肃古老的郡县，可以说，它的开发、发展、变迁，是人类历史发展长河中的一部分，也是人类社会发展进程的一个缩影，有一定的代表性和独特的认识价值。舟曲传统节日承载着人类社会的文明，是世界文化多样性的体现。它所蕴含的舟曲各民族特有的命运共同体的精神价值、思维方式、想象力和文化意识，是维护其多元文化身份和文化主权的基本依据，同时也是舟曲精准扶贫，决胜全面建成小康社会，打造、提升、宣传和振兴美丽乡村、旅游文化产业和建设生态文明的基本依据。

八　成果转化综述

　　该项研究产业化转化工作，由科研单位、相关企业、地方政府论证进行中。

　　舟曲县地处长江白龙江上游，是长江上游生态重要屏障，也是滑坡泥石流等灾害高发区，因此生态环境治理工作任重而道远，要继续坚持以小流域为单元，山水田林森泽路堤渠园综合治理为技术路线的水土保持综合治理工作，在不放松坡改梯建设的同时，强化林草植物措施建设力度，走林草先行的路子，进而全面增强长江上游水源涵养能力，构建长江流域生态保障体系。

　　舟曲县发展文化生态旅游的优势众多。首先，县内的自然景观众多，各具特色。分为森林景观、地文景观以及草地景观三大类。其次，民族民俗风情独特，以博峪"采花节"、巴藏"朝水节"、坪定"跑马节"、天干吉祥节、大川踩字转灯节和县城的元宵松棚楹联灯会的"五节一会"为代表的民族民俗风情早已享誉周边，是别具一格、难得一见的独特地域风情。最后，舟曲县区位优势明显，从地理位置上看，舟曲西与天险腊子口接壤，东和宕昌县哈达铺长征纪念馆毗邻，南与世界自然文化遗产九寨沟风景区仅一山之隔，距九寨沟神仙池景点仅20公里，有利于开发与九寨沟、黄龙、万象洞、腊子口、哈达铺等著名旅游景点相关联的旅游路线。

作者：郭子文（甘肃省甘南州舟曲县县委副书记，甘肃省甘
　　　　南州舟曲县人民政府县长）
　　　　刘金会（甘肃国学研究会常务副会长兼秘书长，甘肃
　　　　陇和春农林牧科技有限公司董事长）

智库平台建设

"一带一路"沿线区域建设药用植物博览园的思考

中美贸易之争，表面是经济之争，实则是世界话语权之争，是世界文化大同之争。构建人类命运共同体理念，是文化的至高立意，"一带一路"则是当下世界发展危局的破局之举。

构建人类命运共同体的倡议，在道义和舆论上已获得许多国家的认同。但要落地和实现，则需要一个很好的载体，而"一带一路"恰是一把利器。"一带一路"倡议若得以实现，带来的不仅仅是"消化过剩产能"，长远来讲，必使中国重回世界主导地位。

当下，海上丝绸之路是要实实在在地把握住现在，而丝绸之路经济带则是要为更长远的未来谋篇布局。在丝绸之路经济带的发展上，目前中国拥有比在海上丝绸之路更多的主动权和控制权。从经济和商业贸易的角度，丝绸之路经济带上的多数国家，既需要中国在其各处的基础建设，更需要中国的产业输出，而中医药产业就是一个很好的选择。

丝绸之路，首先是经济之路、商品之路，而后才是文化之路。中医药如同千年前丝路上的丝绸、瓷器，是新时代丝绸之路上沟通各国、普惠各国的优秀产品之一，是打开各国经贸往来的金钥匙，也必能将中华文化传播到世界各地，以此成为构建人类命运共同体的坚实力量。同时，丝绸之路也是国家安全之路，解决好西部地区的社会、经济、生态治理以及与周边国家的外交关系，西部地区的地缘安全才可以得到可靠的保障。

中医药是中华民族的瑰宝，是打开传统文化的金钥匙。中医药及中医药文化对国人身体和心灵健康的重要性，怎么形容也不为过；中医药及中医药文化对西部经济的腾飞和生态保护的重要性，怎么论说也不为过。而中草药，作为中医药产业的前端和关键链环，需要得到西部地区各级政府和整个社会的密切重视和积极关注。此乃国术所在，国学所在，国势所在，身心安康所在，民族复兴所在。

于此倡议，在国内丝绸之路沿线分区域、分阶段建设"一带一路"药用植物博览园。

一 建设"一带一路"药用植物博览园的背景

（一）习近平总书记提出构建"人类命运共同体"：中国智慧启示世界

党的十八大以来，以习近平同志为核心的党中央提出构建人类命运共同体，描绘了人类社会发展进步的美好图景。

2017 年 1 月 17 日、18 日，习近平主席先后在达沃斯和日内瓦发表两场主旨演讲，谱写了"构建人类命运共同体"的精彩华章，这是对中国智慧精妙绝伦的演绎，并给予全世界启示："人类命运共同体"理念是应对"逆经济全球化"浪潮、解决世界难题的一剂"良药"。

"困扰世界的很多问题，并不是经济全球化造成的"，习近平主席精准地提出经济领域三大突出矛盾"全球增长动能不足""全球经济治理滞后""全球发展失衡"是世界经济长期低迷，贫富差距、南北差距问题更加突出的根源。

如何对症下药？习近平主席提供中国智慧：坚持创新驱动，

打造富有活力的增长模式；坚持协同联动，打造开放共赢的合作模式；坚持与时俱进，打造公正合理的治理模式；坚持公平包容，打造平衡普惠的发展模式。

万物并育而不相害，道并行而不相悖。"只要我们牢固树立人类命运共同体意识，携手努力、共同担当，同舟共济、共渡难关，就一定能够让世界更美好、让人民更幸福。"演讲中，习近平主席再一次倡导凝聚着中国智慧的"人类命运共同体"理念。

习近平主席在日内瓦发表的题为《共同构建人类命运共同体》的演讲，生动地描摹当前世界图景："世界经济增长乏力，金融危机阴云不散，发展鸿沟日益突出，兵戎相见时有发生，冷战思维和强权政治阴魂不散，恐怖主义、难民危机、重大传染性疾病、气候变化等非传统安全威胁持续蔓延。"

正是在这次演讲中，习近平主席站在人类历史发展进程的高度，以大国领袖的责任担当，以"以天下为己任"的情怀提出了构建人类命运共同体的"五个坚持"，从伙伴关系、安全格局、经济发展、文明交流、生态建设五个方面为人类社会发展进步描绘了蓝图，为构建人类命运共同体提供了行动指南。

"天地与我同根，万物与我一体。""老吾老，以及人之老；幼吾幼，以及人之幼。""大道之行也，天下为公。"人类命运共同体理念是中国智慧的结晶，承载着中国对建设美好世界的崇高理想和不懈追求。世界好，中国才能好；中国好，世界才更好！

党的十九大报告进一步丰富和发展了党的十八大以来关于人类命运共同体的理念内涵，构成人类命运共同体基本理论体系，是新时代中国特色大国外交的重大创新和理论贡献。党的十九大报告在"坚持和平发展道路，推动构建人类命运共同体"部分指出，我们呼吁各国人民同心协力，构建人类命运共同体，建设持久和平、普遍安全、共同繁荣、开放包容、清洁美丽的世界。正所谓中国智慧启示世界。

（二）"一带一路"倡议的机遇与挑战：中国方案推动世界

两千多年前，亚欧大陆上勤劳勇敢的人民，探索出多条连接亚欧非几大文明的贸易和人文交流通路，后人将其统称为"丝绸之路"。千百年来，"和平合作、开放包容、互学互鉴、互利共赢"的丝绸之路精神薪火相传，推进了人类文明进步，成为促进沿线各国繁荣发展的重要纽带，成为世界各国共有的历史文化遗产。

2013 年 9 月和 10 月，习近平主席在出访中亚和东南亚国家期间，先后提出共建"丝绸之路经济带"和"21 世纪海上丝绸之路"（以下简称"一带一路"）的重大倡议，得到国际社会高度关注。为推进实施"一带一路"重大倡议，让古丝绸之路焕发新的生机活力，以新的形式使亚欧非各国联系更加紧密，互利合作迈向新的历史高度，中央政府于 2015 年 3 月 28 日发布《推动共建丝绸之路经济带和 21 世纪海上丝绸之路的愿景与行动》。这一文件的发布标志着"一带一路"建设有了一个明确的理论指导，同时也意味着"一带一路"倡议正式进入实施阶段。

数据显示，截止到 2018 年 12 月，中国已同 140 多个国家和国际组织签署共建"一带一路"合作协议；在"一带一路"沿线国家建设境外经贸合作区达 80 多个；亚投行成员总数扩大到 93 个……夯基垒台、立柱架梁，一幅磅礴大气、笔墨酣畅的"一带一路"大写意已然绘就。

2019 年 4 月 26 日，习近平主席在北京出席第二届"一带一路"国际合作高峰论坛开幕式，并发表题为《齐心开创共建"一带一路"美好未来》的主旨演讲，强调坚持以和平合作、开放包容、互学互鉴、互利共赢为核心的丝路精神，携手推动"一带一路"建设行稳致远，将"一带一路"建成和平、繁荣、开放、创新、文明之路，迈向更加美好的明天。

自古以来，互联互通就是人类社会的共同追求。我们的祖先在极为艰难的条件下，创造了许多互联互通的奇迹，古丝绸之路就是一个典范。况且，在中国历史上，丝绸之路开通的时代，多是中华民族的盛世。而今，世界已经成为"地球村"，互相融通成了促进各自繁荣发展的必然选择，"一带一路"则是亚欧大陆的任督二脉。"一带一路"倡议源于中国，源于中国秉持的天下大同理念，但机会和成果属于世界。正所谓中国方案推动世界。

（三）十九大提出"实施健康中国战略"：中国健康繁荣世界

健康是人民最具普遍意义的美好生活需要，而疾病医疗、食品安全、生态环境污染等则是民生领域突出的"短板"。党的十八大以来，我国医疗卫生事业获得长足发展，深化医药卫生体制改革取得突破性进展，人民健康和医疗卫生水平大幅提高，主要健康指标优于中高收入国家平均水平。但随着工业化、城镇化、老龄化进程的加快，以及生态环境、生活方式等的变化，使得医疗卫生事业发展不平衡不充分与人民健康需求之间的矛盾比较突出。

在 2016 年 8 月召开的全国卫生与健康大会上，习近平总书记明确提出要"将健康融入所有政策，人民共建共享"，强调"没有全民健康，就没有全面小康。要把人民健康放在优先发展的战略地位"。同年 10 月，中共中央、国务院印发《健康中国"2030"规划纲要》，提出"普及健康生活、优化健康服务、完善健康保障、建设健康环境、发展健康产业"五个方面的战略任务。党的十九大报告更是将实施健康中国战略纳入国家发展的基本方略，把人民健康置于"民族昌盛和国家富强的重要标志"地位，并要求"为人民群众提供全方位全周期健康服务"，这表明"健康中国"建设进入了全面实施阶段。

把国民健康作为"民族昌盛和国家富强的重要标志"并置于优先发展的战略地位，扭转了一段时期以来侧重经济增长，而忽视环境污染、生态恶化和为之付出巨大健康代价的倾向。经济增长并不必然带来国民健康水平的提升,将"健康中国"建设提升至国家战略地位是国家治理理念与国家发展目标的升华,有助于促进健康成为国家、社会、个人及家庭的共同责任与行动,必将带来一个更加繁荣的中国。健康是最大的生产力,健康业是庞大的民生产业,"健康中国"的建设关乎社会和谐安定,关乎世界繁荣昌盛。正所谓中国健康繁荣世界。

(四)习近平总书记提出"绿水青山就是金山银山":中国生态美丽世界

工业文明时代,物质生产力的发展让物质财富魔鬼似地奔涌,并且导致人对大自然态度的深刻变化。这种变化的结果必然是:一方面是"金山银山"的堆积,另一方面是绿水青山的逍遁。更为令人担忧的是,"金山银山"的背后是剩水残山,甚至是穷山恶水、污山毒水,最终导致失去赖以栖息的家园。

早在19世纪下半叶,恩格斯就曾告诫:"不要过分陶醉于我们人类对自然界的胜利。对于每一次这样的胜利,自然界都对我们进行报复。"人类在强调自然是可以随意开采和占有的"金山银山"时,同自然界的关系便不再是和谐共生,而是相互异化。通过大自然这面镜子,我们看到的不只是伤痕累累的自然,也是扭曲丑陋的自己。

改革开放40多年来,中国经济社会建设取得了举世瞩目的巨大成就,已经成为世界第二大经济体。与此同时,经济建设与生态环境之间的矛盾日益突出,资源紧缺、环境污染、生态失衡等一系列问题已成为制约我国经济社会发展的瓶颈。人民对于"绿水青山"的需求已成为重要的民生问题。

2005年8月,时任浙江省委书记的习近平同志在湖州安吉首次提出"绿水青山就是金山银山"的发展理念。

2013 年，习近平主席在纳扎尔巴耶夫大学回答学生问题时指出，"绿水青山就是金山银山"，生动形象地表达了中国大力推进生态文明建设的态度和决心，同时也将这一理念传向世界。

2013 年 11 月，习近平总书记在党的十八届三中全会上作关于《中共中央关于全面深化改革若干重大问题的决定》的说明时专门指出："我们要认识到，山水林田湖是一个生命共同体，人的命脉在田，田的命脉在水，水的命脉在山，山的命脉在土，土的命脉在树。"

2015 年 3 月 24 日，中央政治局审议通过的《关于加快推进生态文明建设的意见》，把坚持"绿水青山就是金山银山"这一重要理念正式写入了中央文件，为"十三五"提出绿色发展理念提供了理论支撑。

2016 年 5 月，联合国环境规划署专门发布《绿水青山就是金山银山：中国生态文明战略与行动》报告，充分认可中国生态文明建设的举措和成果。

2017 年 1 月，习近平主席在联合国日内瓦总部演讲时，又向联合国表述中国的决心："我们不能吃祖宗饭、断子孙路，用破坏性方式搞发展。绿水青山就是金山银山。我们应该遵循天人合一、道法自然的理念，寻求永续发展之路。"

2017 年 10 月，"必须树立和践行绿水青山就是金山银山的理念"被写进党的十九大报告；"增强绿水青山就是金山银山的意识"被写进新修订的《中国共产党章程》之中。

人类经历了原始文明、农业文明、工业文明，生态文明是工业文明发展到一定阶段的产物，是实现人与自然和谐发展的新要求。建设生态文明，不是要放弃工业文明，回到原始的生产生活方式，而是要以资源环境承载能力为基础，以自然规律为准则，以可持续发展、人与自然和谐为目标，建设生产发展、生活富裕、生态良好的文明社会。历史地看，生态兴则文明兴，生态衰则文明衰。

中华民族向来尊重自然、热爱自然，绵延五千多年的中华文明积淀了丰富的生态智慧，孕育了丰富的生态文化。"天人合一""道法自然"的哲理思想，"劝君莫打三春鸟，儿在巢中望母归"的经典诗句，"一粥一饭，当思来处不易；半丝半缕，恒念物力维艰"的治家格言，这些质朴睿智的自然观，至今仍给人以深刻警示和启迪。

人类只有一个地球，各国共处一个世界，我们是"人类命运共同体"。习近平总书记强调："我们既要绿水青山，也要金山银山。宁要绿水青山，不要金山银山，而且绿水青山就是金山银山。"中国的"绿色治理"理念正得到越来越多的世界赞誉，中国也终将成就世界眼中的"美丽风景"。正所谓中国生态美丽世界。

（五）中央政府的中医药国策：中医中药健康世界

中医药作为中华文明的杰出代表，是中国各族人民在几千年生产生活实践和与疾病作斗争中逐步形成并不断丰富发展的医学科学，不仅为中华民族繁衍昌盛作出了卓越贡献，也对世界文明进步产生了积极影响。中医药在历史发展进程中，兼容并蓄、创新开放，形成了独特的生命观、健康观、疾病观、防治观，实现了自然科学与人文科学的融合和统一，蕴含了中华民族深邃的哲学思想。

中医药作为中国独特的卫生资源、潜力巨大的经济资源、具有原创优势的科技资源、优秀的文化资源和重要的生态资源，在经济社会发展中发挥着重要作用。随着人们健康观念变化和医学模式转变，人民群众对中医药服务的需求越来越旺盛，迫切需要继承、发展、利用好中医药，中医药也越来越显示出其独特的价值。

党的十八大以来，党和政府把发展中医药摆上更加重要的位置，作出一系列重大决策部署。

2015年，国务院常务会议通过《中医药法（草案）》，并提请全国人大常委会审议，为中医药事业发展提供良好的政策环境和法制保障。

2016年2月22日，国务院印发《中医药发展战略规划纲要（2016—2030年)》（以下简称《纲要》）。《纲要》明确了未来十五年中国中医药发展方向和工作重点，是新时期推进中国中医药事业发展的纲领性文件。纲要提出，到2020年，实现人人基本享有中医药服务，中医药产业成为国民经济重要支柱之一；到2030年，中医药服务领域实现全覆盖，中医药健康服务能力显著增强，对经济社会发展作出更大贡献。

2016年10月25日，国务院印发《"健康中国2030"规划纲要》。这是中华人民共和国成立以来首次在国家层面提出的健康领域中长期战略规划，把人民健康放在优先发展的战略位置，突出了大健康的发展理念，提出了一系列振兴中医药发展、服务"健康中国"建设的任务和举措。

2016年12月25日，习近平主席签署第五十九号主席令，《中华人民共和国中医药法》正式颁布，自2017年7月1日起施行。作为我国首部全面、系统体现中医药特色的综合性法律，《中医药法》从法律层面明确了中医药的地位、发展方针和扶持措施，为中医药事业发展提供了法律保障和政策支持。

2017年1月，《中医药"一带一路"发展规划（2016—2020年）》发布，明确到2020年，中医药"一带一路"合作新格局基本形成，与沿线国家合作建设30个中医药海外中心，颁布20项中医药国际标准，注册100种中药产品，建设50家中医药对外交流合作示范基地。

2017年6月，《"十三五"中医药科技创新专项规划》提出：完善中医药国际标准，形成不少于50项药典标准和100项行业标准，实现 20—30 个中成药品种在 EMA 或者欧盟成员国作为传统药物注册，完成 5—10 个中成药品种在欧美等发达国家作为药品注册；建立一批中医药研究中心与联合实验室，加强与"一带一路"沿线国家的合作。

2017 年 3 月，国家中医药管理局、全国老龄办、国家发改委等 12 部门共同发布《关于促进中医药健康养老服务发展的实施意见》，提出到 2020 年，中医药健康养老服务政策体系、标准规范、管理制度基本建立，老年人中医药健康养老服务需求基本得到满足。

2018 年 10 月，国家卫生健康委员会印发《国家基本药物目录》。基本药物品种数量由原来的 520 种增加至 685 种，中成药品种（含民族药）由 203 种增加至 268 种，调入 67 个中成药品种。

2018 年 12 月，农业农村部、国家药品监督管理局、国家中医药管理局印发《全国道地药材生产基地建设规则（2018—2025年)》。提出发展目标：到 2020 年，建立道地药材标准化生产体系，基本建成道地药材资源保护与监测体系，加快建设覆盖道地药材重点产区的生产基地。到 2025 年，健全道地药材资源保护与监测体系，构建完善的道地药材生产和流通体系，建设涵盖主要道地药材品种的标准化生产基地，全面加强道地药材质量管理，良种覆盖率达到 50% 以上，绿色防控实现全覆盖。

这些决策部署，描绘了全面振兴中医药、加快医药卫生体制改革、构建中国特色医药卫生体系、推进"健康中国"建设的宏伟蓝图，标志着中医药事业进入新的历史发展时期。目前，中医药已传播到 183 个国家和地区，已与 40 余个外国政府、地区和组织签署了专门的中医药合作协议，在"一带一路"相关国家和地区建立了一批中医药海外中心，在 30 多个国家和地区开办了数百所中医药院校。

2015 年 12 月 22 日，习近平总书记致信祝贺中国中医科学院成立60周年:"中医药学是中国古代科学的瑰宝,也是打开中华文明宝库的钥匙。当前,中医药振兴发展迎来天时、地利、人和的大好时机,希望广大中医药工作者增强民族自信,勇攀医学高峰,深入发掘中医药宝库中的精华,充分发挥中医药的独特优势,推进中医药现代化,推动中医药走向世界,切实把中医药这一祖先留给我们的宝贵财富继承好、发展好、利用好,在建设健康中国、实现中国梦的伟大征程中谱写新的篇章。"此处风景独好,正所谓中医中药健康世界。

二 建设"一带一路"药用植物博览园的战略价值

(一) 具有文化认同的战略价值

1. 有利于求得对"人类命运共同体"理念的认同和践行

人类命运共同体属于人类的精神价值世界,属于真善美的艺术理想世界,它蕴含在世界各文明思想之中,尤其在中华文化中表现得更为突出。在中国人的精神世界里,人类命运共同体的理念自古以来就引领着中华民族对理想世界(天下)的憧憬与追求。

大同世界、天下为公、民胞物与、物我一体、协和万邦、万国咸宁,是中华民族往圣先贤以其卓识智慧,为构建人类命运共同体提供的古代中国方案。如此全面、系统、合理、正义、公平的设计,是中华文化精华的体现,是中华文明的根本和灵魂所在,是中华民族对人类的卓越贡献。

中国传统文化的精髓正在于能为人类构建命运共同体,所以,才有公天下的理念,才有大同社会的思想。中医药是传统文化在自身生命的实践和应用,是维护和构建人自身生命共同体的法宝,所以,才有天人合一的思想,才有人身小天地的说法。认同和接受了中医药,就更能理解和践行人类命运共同体的理念。

习近平总书记指出，中医药学是"祖先留给我们的宝贵财富"，是"中华民族的瑰宝"，是"打开中华文明宝库的钥匙"，"凝聚着深邃的哲学智慧和中华民族几千年的健康养生理念及其实践经验"。中医药作为我国独特的卫生资源、潜力巨大的经济资源、具有原创优势的科技资源、优秀的文化资源和重要的生态资源，不仅在经济社会发展中发挥着重要作用，还可以在构建人类命运共同体的过程中发挥独特作用。

"一带一路"药用植物博览园既有对药用植物的欣赏，更有中医药文化的展示。中医药文化的展示是博览园的亮点之一，从中华文化的源头追溯中医药文化，使参观游览者徜徉于源远流长、博大精深的中华文化之中，领略中医药文化康健身心、经世济民的风采，以此引导国人及世界人民对中华文化的认同，推动中华文化的全面复兴。

2. 有利于唤醒沉睡的文化基因，有利于维护国家的文化安全

在现代化浪潮下，西方文化和价值观在中国大行其道，整个社会文化基调呈现西化趋势。西方以所谓"普世价值"为旗号输出其思想文化，以影视作品和信息网络为载体推广其生活方式，形成西方文化霸权，使部分国人散失了对中华文化的自信心，造成了当下价值观念的混乱。

汤恩比博士（1889—1975 年）是英国著名历史学家，被誉为"近世以来最伟大的历史学家"。汤因比对历史有其独到的眼光，他的 12 册巨著《历史研究》讲述了世界各个主要民族的兴起与衰落，被誉为"现代学者最伟大的成就"。汤因比说："由于中国没有像美国、苏联、日本等国家那样，沿着西欧近代化的道路突飞猛进，因而有可能避免那种做法所带来的莫大弊病（公害等）。中国不想走放弃农业、推进工业化、摧残自然、人性也受到损害的西欧近代化道路，而是走农业与工业平衡、重视自然的中国（根据文化传统）自己的道路"。而中医药正是中国特色道路的实践和

体现。

英国学者李约瑟在《中国科学技术史》一书中提出：尽管中国古代对人类科技发展作出了重要贡献，但为什么科学和工业革命没有在近代的中国发生？事实上，科学并非只有一种表现形式，中国的科学并不等同于西方的科学，西方科学采用的方法也不是获取科学知识的唯一方法，不能把西方科学当作衡量科学的唯一标准。中国有自己的科学传统，中医药就是中国传统科学最具代表性的门类之一。与其他中国本土科学一样，中医药学在发展过程中逐步融汇道、气、阴阳、五行等中国哲学思想，逐渐构建了阴阳五行、五运六气、藏象经络、气血津液、辨证论治、性味归经等一套完整的理论体系，实现了独具特色的医学与哲学、自然科学与人文科学的融合和统一，在几千年实践中形成了在全球范围内独树一帜、疗效确切、覆盖人生命全周期的医学科学。

中医药承载着中华文化的基因，流淌着中华文化的血液，体现着中华文化的本质特征，是中国独特而优秀的文化资源，是"打开中华文明宝库的钥匙"。中医药又具有保障生命健康的实用性，易于入身入脑入心进而发扬光大。正如习近平总书记指出的，"中华优秀传统文化是中华民族的突出优势，中华民族伟大复兴需要以中华文化发展繁荣为条件，必须大力弘扬中华优秀传统文化"。中医药作为中华优秀传统文化的典型载体，可发挥重要作用。

"一带一路"药用植物博览园举办的中医药文化科普宣传、体验活动，将成为推动唤醒国人中华文化基因的有力先导，推动中医药回归国人的日常生活，让使用中医药成为中国人的健康生活方式。而中医药的生活方式，既能外化中医健康养生理念于行，又能内化中华文化价值于心；既能满足人民群众的健康养生需求，也能收获弘扬优秀传统文化、坚定文化自信的社会效果，从而维护我国文化和意识形态的安全。

3. 有利于增强文化软实力，传播中国智慧，打造中国气质

目前，中医药服务已遍及全球 180 多个国家和地区。中医药逐渐为五大洲的民众所接受，尤其是针灸、气功、太极受到越来越多国际友人的喜爱。这说明，中医整体医学、整体健康的观念和方法是有效的，大众是受益的。中医将生命看成脏腑经络相贯相连的整体，将人看成与天地相通相应的整体，通过日常生活中饮食、起居、运动、情志的调节，养成健康生活方式和行为习惯，从而达到不得病、少得病、晚得病和不得大病的目标。

《中国国家形象全球调查报告 2016—2017》显示，47% 海外受访者认为"中医药"是中国文化的代表元素，中医药在中国文化代表元素中位居第二，仅比排名第一的中餐低 5 个百分点。这一调查说明，中医药作为中国文化在海外有着非常好的群众基础与认知基础。可以说，在中国文化走向世界的过程中，中医药文化是中华文化伟大复兴的先行者，是当仁不让的先锋队。

和平、和谐、和睦、合作、健康、幸福，是世界人民的共同期盼。"人类命运共同体"理念和"一带一路"倡议，得到越来越多国家地区的认同和拥护。在这个过程中，中医药学的优势是显而易见的，中医药走向世界，既是中医药特有的品质，更是中华文化独特的魅力，还是时代和历史的必然。

建设"一带一路"药用植物博览园，就是借鉴当初西方文化进入中国，以西医药和教会医院为开路先锋的经验。当下我们也可以把中医作为中华文化走出去的开路先锋。当中医药以西医药所不具备的疗效和养生效果赢得世人认可时，世人就会有进一步了解的愿望，于是中华文化及其价值理念就能在润物细无声中走进外国民众的心中，给予他们迥异于西方的另一个文化世界。

"一带一路"药用植物博览园的建设，以传统文化的创造性转化和创新性发展为宗旨，尊崇中华文化的本味特色和一脉相承，追求整体设计的绿色时尚和生态环保，体现天下大同的文化自信

和气质风范，将博览园打造成极具特色的"中国形象"、体验极佳的"中国方案"和倾倒众生的"世界文化"，向世界传播中国智慧，让世界共享中国价值，从而为增强中华文化软实力和中国健康产业的全球竞争优势贡献力量。

(二) 具有推动人类身心生命健康的战略价值

1. 有利于健康观念的普及，有利于健康手段的传播

"一带一路"药用植物博览园，将集种植加工、科研科普、药材展示、教育培训、文化传播、观光旅游、养生保健、娱乐休闲、餐饮服务等多项功能为一体，使国内外游客在旅游、观赏、休闲、养生中接受中医药文化，让更多的人了解、理解、接受、喜爱中草药，发扬光大中华民族的中医药文化。

"一带一路"药用植物博览园还是集种植、康养、休闲、科研、文化交流等为一体的综合性中医药基地。一定会吸引不同年龄、不同层次、不同国籍的游人加入了解中医、学习中医的行列中来，还可通过政府引导、政企合作、招商引资等方式不断扩大规模，使之成为推进中医药对外交流合作，推动中医药国际化进程，实现中医药与沿线各国传统医学和现代医学融合发展的示范园区。

2. 有利于医疗模式的转变，有利于中西医学的互补

让人不得病的医学才是好医学。针对目前多因素复杂性疾病，头痛医头、脚痛医脚的对抗治疗模式，疗效往往不能令人满意。中医药学以整体观念为指导，追求人和自然和谐共生，从整体上把握人体健康，重视患病的人，而不仅是人的病；在生理上，以脏腑经络、气血津液为基础，主张阴阳平衡，气血畅通；在治疗上，以辨证论治为特点进行个体化诊疗，重视个体差异和疾病的动态演变；在方药上，根据药物性味归经，运用七情和合的配伍法则，使用方剂起到减毒增效的作用。这些特点符合现代医学发

展的理念和方向，其科学内涵不断得到诠释，彰显了中医药学的科学性、先进性。

以西方工业文明为特征的西医学，当前面临诸多发展瓶颈，医院越盖越大、患者越治越多、医疗花费越来高，这种现状任何国家都难以承受。虽已提出由过去单纯的生物医学模式向生物—心理—社会—环境综合模式转变，但效果不尽如人意。而中医药以其与西医药的优势互补特征，恰成突破西医发展瓶颈的良药。中西医互补模式正成为人类生命健康领域的最佳模式，且中医药贴近人们生活，容易获得，不难负担。

习近平总书记提出，"推动中医药与西医药相互补充、协调发展"，"用开放包容的心态促进传统医学和现代医学更好融合"，这无疑明确了当下及未来中国卫生与健康事业发展的一个战略方向。这样的发展对患者来说，意味着最好的诊疗；对西医来说，将是一次革命性的境界跃升；对中医来说，则是与时俱进的又一次自我完善。

3. 既有利于中医药的优势传承，又有利于中医药的现代化进程

中医药作为中华文明的瑰宝，"超越时空、跨越国度、富有永恒魅力，又有当代价值的文化精神"。中医药"医者仁心"的博大胸怀，"人命至重"的崇高价值，"一心赴救"的责任担当，"天人相应"的深邃智慧，"整体辩证"的思维方式，"四诊合参"的精湛医术，"法方无尽"的治疗途径，"简便易行"的诊疗方式，从古到今，不仅为中华民族，也为全人类的健康做出了贡献。

党的十九大报告提出，坚持中西医并重，传承发展中医药事业。这为中医药发展指明方向。古老的岐黄术，历久弥新。中国医药学是一个伟大宝库，应当努力发掘，加以提高。中医从神农尝百草开始，在几千年的发展中积累了大量临床经验。中医治未病思想及其在防治现代疾病方面的优势和特色日益凸显，中医需要与现代医学相互借鉴、共同补充发展。应当深入挖掘中医药宝

库中蕴含的精华，努力实现其创造性转化、创新性发展，使之与现代健康理念相融相通，服务人类健康，促进人类健康。

东西方文化背景不同，中西医学是两种不同的医学体系。若让西方社会接纳中医药，首先临床疗效要有证据，其次还要大致说清起效的机制是什么。中医药真正进入西方主流医学体系必须依靠科技，将中医药的原创思维与现代科技结合是中医药国际化的动力之源。如果说中医药的博大精深是中医药走向国际的基础，科技则是中医药走向世界的翅膀，翅膀越硬飞得越高、越远。

国家在创新药物研究方面投入的加大，促进了中药创新研究的进程，实现了一批关键技术的突破，建成了高水平的研究平台。如基于整体观的中药药效物质研究技术平台、中药药代动力学研究平台、网络药理学平台、中药安全性研究平台、组分中药研制平台及关键技术、大品种二次开发等均取得了突出成绩。中药研发、生产关键技术的突破，提升了中药品种的科技内涵。从原料到提取物，再到制剂，质量控制水平、产品批次间的稳定性均大幅度提升。随着先进制药技术的引进和研究，中药产业技术升级将取得实质进展。

"一带一路"药用植物博览园建成后，将承接各类中医药发展论坛，将举办以药用植物及植物提取剂为主题的国内国际会议，促进中医药的现代化进程，推动中西医药的互补与共同发展。

（三）具有促进经济增长的战略价值

1. 有利于"一带一路"倡议的实施，促进"一带一路"经济新格局的形成

"一带一路"是我国十分重要的一项重大举措。陆上丝绸之路涵盖了东南亚和东北亚经济整合，并通向欧洲，形成亚欧大陆的大贯通。海上丝绸之路则从海上联通亚欧非三个大陆。通过这种交流，大大促进了与相关国家的互利共赢。虽然"一带一路"相

关国家在政治、经济和文化上有很大差异，但追求"健康"是共同的。凭借大健康的理念，中医药在这方面是大有可为的。

"一带一路"是中国与世界文化交流、沟通、融合的道路、桥梁和纽带。以前流动的是丝绸和瓷器，未来流动的是商业和文化，而中医药恰恰兼具了商业与文化的双重属性，天然具备了"一带一路"先锋的禀赋。随着"人类命运共同体"理念的提出及"一带一路"倡议的实施，越来越多的国家开始关注中国，关注中国的传统医药。

中医药凝聚着中华民族传统文化的精华，是中华文明与沿线国家人文交流的重要内容，有助于促进与沿线国家民心相通。中医药是中国特色医药卫生事业的重要组成部分，可以为沿线国家解决医疗可持续发展问题提供借鉴参考，满足沿线各国建设民生的普遍关切。根据《中医药"一带一路"发展规划（2016—2020年）》要求，到2020年，中医药"一带一路"全方位合作新格局基本形成，与沿线国家合作建设30个中医药海外中心，颁布20项中医药国际标准，注册100种中药产品，建设50家中医药对外交流合作示范基地。

《中医药发展战略规划纲要（2016—2030年）》中明确指出"支持中医药机构参与国家'一带一路'建设"。在丝绸之路经济带上建设"一带一路"药用植物博览园，对推动中医药走向世界，实现中医药国际化，培育中国的文化软实力，确立中国在全球治理和竞争中的重要地位，具有"四两拨千斤"的重要意义。

"一带一路"药用植物博览园建成后，可以积极开展中医药对外交流活动，以中医药为载体传播中华传统文化，用国际化语言讲述中医药故事，促进中医药文化在沿线国家传播与推广。还可面向沿线国家开展中医药相关的短期培训和进修，提高沿线中医药从业人员的素质和水平，提升沿线国家对中医药和中华文化的认知和接受。

2. 有利于形成中医药全产业链联动，促进中医药产业格局的形成

当各国民众认同了中医，随之而来的生命健康产业需求就会迅速上升。如中医医疗、中医养生、中药材种植、中药材加工、中药材贸易、中医药文化、中医药教育、中医药服务等，任何一项都有着巨大的全球市场机会，衍生出世界级的战略性中医药产业集群。

围绕这样一个潜力巨大的健康产业，从农业和林业的中药材种植、加工，到工业的中药生产，到服务业的中医药流通、中医药旅游、中医医疗、中医养生、中医养老、中医药教育培训、中医药服务贸易等，形成贯通第一、第二、第三产业的"全产业链"。

我国是中医药原创国，可以预见中医药在创新发展的同时，与西医药融汇，随之带来的医药产业、医疗产业、养生产业、健康装备业、健康养老业、健康旅游业、服务贸易业等，将成为潜力巨大的经济新增长集群，助力经济结构优化和发展方式转变。

"一带一路"药用植物博览园建成后，既可联合科研院所、大专院校、生产加工企业，集产学研为一体；又可对接旅游、康养、文创、培训、会展等，积累相关数据，为中医药全产业链联动和中医药产业格局形成提供有力支持。

3. 有利于推动大健康产业的发展，促进大健康产业巨量市场的形成

大健康是一种广义的健康概念，随着健康理念的延伸而产生，围绕着人的衣食住行和生老病死，关注各类影响健康的危险因素和误区，提倡自我健康管理，即不仅有科学的健康生活，更要有正确的健康观念。大健康产业是健康关联产业的集合，可分为以产品为主导的大健康产业和以服务为主导的大健康产业两大类，二者均偏重于预防、保健。这恰是中医药"上医治未病"理念和

操作的优势。

大健康是继 IT 业后的阳光产业，世界各国都在关注。结合发达国家的健康产业发展经验来看，中国大健康产业占 GDP 的比重不足 5%，与发达国家的 10% 以上有很大差距。根据国家相关规划，到 2020 年，"健康中国"带来的大健康产业市场规模有望达到 10 万亿元；2030 年将超过 16 万亿元，是目前市场规模的 3 倍。

从需求趋势来看，我国大健康产业目前仍处于起步阶段，从行业生命周期理论来看，不久后将会步入快速发展期，行业需求也将会迅速增长。结合发达国家大健康产业现状，有关机构预测，到 2020 年我国大健康产业将会占到 GDP 的 8% 左右，成为我国支柱性产业之一。

随着"健康中国"国家战略的深入实施，各地相继出台多项举措助力大健康产业发展，并将发展大健康产业作为促进经济结构转型升级、推进供给侧结构性改革的着力点，以及新的经济增长点。同时，随着居民收入水平不断提高，人们对生活质量的要求日益提高，健康产业迎来了前所未有的机遇和广阔的市场前景。而中医药和中医药文化是这个巨量市场的主力军。

另外，2016 年，国家旅游局和国家中医药管理局联合下发了《关于开展国家中医药健康旅游示范区（基地、项目）创建工作的通知》和《关于促进中医药健康旅游发展的指导意见》。

《关于开展国家中医药健康旅游示范区（基地、项目）创建工作的通知》指出，用 3 年左右时间，在全国建成 10 个国家中医药健康旅游示范区、100 个国家中医药健康旅游示范基地、1000 个国家中医药健康旅游示范项目，全面推动中医药健康旅游快速发展。

《关于促进中医药健康旅游发展的指导意见》提出开发中医药健康旅游产品、打造中医药健康旅游品牌、壮大中医药健康旅游产业、开拓中医药健康旅游市场、创新中医药健康旅游发展模式、培养中医药健康旅游人才队伍、完善中医药健康旅游公共服务、促进中医药健康旅游可持续发展八个重点任务。要求到 2020 年，中医药健康旅游人数达到旅游总人数的 3%，中医药健康旅游收入达 3000 亿元；到 2025 年，中医药健康旅游人数达到旅游总人数的 5%，中医药健康旅游收入达 5000 亿元；培育打造一批具有国际知名度和市场竞争力的中医药健康旅游服务企业和知名品牌。

"一带一路"药用植物博览园，就是要利用当地旅游特色，发掘当地中药种植产业，将生态人文景观、文化产业园、中医民俗客栈、中医药养生等与旅游相融合，从而成为国家中医药健康旅游示范基地和示范项目；就是要创新中医药健康旅游发展模式、培养中医药健康旅游人才，从而将"一带一路"药用植物博览园打造成中医药健康旅游知名品牌。

4. 有利于"绿水青山就是金山银山"理念的树立和践行，促进西部地区的绿色发展

建设生态文明是中华民族永续发展的千年大计。党的十九大报告强调，必须树立和践行绿水青山就是金山银山的理念，坚持节约资源和保护环境的基本国策，像对待生命一样对待生态环境，形成绿色发展方式和生活方式，坚定走生产发展、生活富裕、生态良好的文明发展道路，建设美丽中国，为人民创造良好生产生活环境，为全球生态安全作出贡献。

中医之所以让人认同和放心，一方面基于其理论的道法自然，另一方面得益于中草药的绿色天然。所以，中草药种植自具绿色生态价值，自具"为大地增绿、民众增收、财政增源"的产业特性，是典型的"生态经济"，有望破解西部地区生态保护与经济发展的现实难题。

"一带一路"药用植物博览园可充分利用当地自然环境，种植中草药以改善当地的生态环境，成为具有绿色生态价值、维护西部自然资源可持续发展的示范基地。从《神农本草经》到《本草纲目》，中草药也是在增加和变化的，如今的植物提取剂更是扩展

了中草药的应用和范围。西北地区环境恶劣、生态脆弱,但也出产具有特别功用的中草药,以此作为西北地区的绿化选择和生态治理,未尝不是一条绿色发展的可行之路。

三 "一带一路"药用植物博览园的总体规划

(一)国内现有药用植物园存在的问题

目前,全国共有近四十座专业药用植物园,如北京药用植物园、广西药用植物园、西双版纳南药园、海南兴隆南药植物园、重庆药用植物园、贵阳药用植物园等。其中各高校所属药用植物园约有二十多座。另外有三十多座综合性植物园中设有药用植物园或草药园。

全国的药用植物园分属于中央直属或地方农林单位、科研院校、医药企业等不同管理部门,已引种保存全国本土药用植物7000余种,约占我国药用植物资源的63%,其中珍稀濒危物种200多种。药用植物园在我国药用植物种质资源保存保护和利用上发挥了重要作用;同时也为医药类大中专院校学生和相关企事业单位专业人员提供了必要的实习场所。

由于体制和运行机制等多方面的原因,全国药用植物园的发展和效用存在很多问题。主要表现在以下几个方面:

第一,缺乏整体设计与协调,目标与特色不够鲜明,落后于时代发展;

第二,资源缺乏共享交流,相当于信息孤岛,几乎与社会隔绝;

第三,建设与管理缺乏规范和标准,种质资源的保护能力亟待提高;

第四,中草药研究、开发、利用,既缺专业化,也缺社会化;

第五,中医药文化的展示、表现、普及、宣传严重缺位。

（二）"一带一路"药用植物博览园的定位

"一带一路"药用植物博览园，是一个集中草药资源保存、研究、开发，以及科普、教育、文化宣传于一体的大型中医药科技园区，是一个新时代的药用植物保护园区和药用植物开发利用中心。品种繁多的药用植物的集中种植也为药用植物的生物多样性研究、资源开发与保护研究、药用植物的教学，提供良好的环境和条件。

"一带一路"药用植物博览园，要用园林的方式来体现中医药学丰富的文化内涵，向世界展示中国悠久的文化历史和各民族的传统医药学，是为人们创造了又一个优美的自然空间。而药用植物在生长过程中又会释放一些药用物质，对人体具有一定的保健作用，是自然疗法的一个新品类。

"一带一路"药用植物博览园，以中医药用植物为主题，结合中草药种植与观赏、中医药文化宣传与展示、药用植物保护与研究、中医药旅游与康养、中医药教育与培训、会议会展举办与服务，与世界科技、文化、旅游相融合，让世界人民认识、了解、喜爱中草药，使中医药文化融入各国人民的生活，让中医药更好地服务于世界人民的健康。

"一带一路"药用植物博览园将给中草药一个全新的展示空间，是一个中草药乐园，是一个中医药文化的乐园，让中外游人在旅游、休闲、娱乐的同时，认识和了解中草药的价值，提升中医药文化在世界的影响力。

"一带一路"药用植物博览园，汇集中医药文化精华，展示中医药文化宝库，开展中医药文化活动，促进中医药文化交流，催生中医药文化旅游，是最有特色的中医药文化主题园，是最具特色的中医药文化示范基地，以此成为可持续发展的中医药战略性产业。

（三）"一带一路"药用植物博览园的功能区划

项目整体规划设想：园区内建设以中草药种植园区、中草药观赏园区、中药种质资源保护区、康养生态园、传统文化长廊、中草药标本馆、中成药展示馆、中医药文化馆、中草药研究开发中心等为主题的不同生态园区和馆廊，围绕中草药种植、中草药研究、传统药膳制作、中医药文化展示、中医药教育培训、中医药文化论坛、中医药文化交流、中草药实习研学、中医药养生保健、中医药旅游休闲等，打造全方位综合性新型药用植物博览园。通过"一带一路"药用植物博览园的建设，让更多的人了解、理解、接受、喜爱中医药，使中华中医药融入各国的主流社会和人们的日常生活，让中医药更好地服务于人类的身心健康。

①中草药种植园区（如道地园、引种园、濒危园、新药园等）。

②中草药观赏园区（如观花园、观叶园、观果园、南药园、北药园等）。

③中草药标本馆（包括根、茎、叶、花、果、实、菌类、苔藓等）。

④中成药展示馆（如丸、散、膏、丹、酒、露、汤、锭等各种剂型优秀中成药）。

⑤中医药文化馆（利用现代科技元素梳理展示中医药文化源流及发展）。

⑥中草药研究开发中心（应包括药食同源与现代植物提取剂等）。

⑦中药种质资源保护区（包括建立国家级种质资源库及中药大数据库等）。

⑧康养生态园（包括养生文化馆、理疗体验馆、生态休闲馆等）。

（四）"一带一路"药用植物博览园的社会效益

第一，传播中草药知识，传播中医药文化。

第二，开展中小学中医药文化研学活动。

第三，接待中医药大中专院校教学实习。

第四，成为中国最重要的中药种质资源保护库。

第五，成为中药材及中医药发展论坛的举办地。

第六，成为中医药康养旅游最佳示范基地。

第七，带动国内国际中医药文化的交流合作。

第八，带动当地劳动力增值及农业产业结构优化。

第九，促进西部地区的经济腾飞和绿色发展。

四　"一带一路"药用植物博览园的选址布局

"一带一路"沿线的我国西部地区，地域辽阔，地貌复杂多变，植物品种丰富，各有道地药材出产。考虑到甘肃的药用植物资源，以及河西走廊独特的地理位置，建议第一个"一带一路"药用植物博览园放在甘肃张掖。

2013年1月，国务院批准甘肃省建设华夏文明传承创新区。作为第一个国家级文化发展战略平台，建设华夏文明传承创新区，迫切需要传承、普及和弘扬中国传统的优秀文化。甘肃省又是中国中医药资源大省，在中医药方面有着得天独厚的资源优势，以中医药产业的发展和文化交流为切入口，可以进一步拓展交流和贸易范围，增强中国在国际方面的竞争力。

甘肃省还是我国首个"国家中医药综合改革试点示范省区"。近年来，甘肃省相继出台了《加快发展中药材产业扶持办法》《关于加快陇药产业发展的意见》《关于扶持和促进中医药事业发展的实施意见》《甘肃省"十三五"陇药产业发展规划》和《支持陇药产业发展政策措施》，这些政策的出台，都为中医药产业发展创造了良好条件。2013 年以来，甘肃省作为中国中医药对外合作交流执行省份，积极拓展与丝绸之路经济带沿线国家的合作，鼓励和扶持优秀中医药机构到境外开办中医医院、连锁诊所等，先后在乌克兰、法国、新西兰、匈牙利等国成立了岐黄中医学院或中医中心，在很大程度上推动了中医药的国际化进程。所以，"一带一路"药用植物博览园对甘肃的华夏文明传承创新区建设和中医药产业发展意义重大。

河西走廊，位于黄河之西，夹在祁连山脉和阿拉善高原之间，西连大沙漠，东西长约一千公里，南北宽从十到百公里不等，含今天的酒泉、嘉峪关、张掖、金昌、武威市全境以及兰州、白银市、临夏回族自治州在黄河以西地区，因形似走廊而得名。河西走廊既是中原连接新疆以及中亚的交通孔道，又是内蒙古高原与青藏高原的接合地带，地理位置重要，称为东亚陆上马六甲海峡一点不为过。

对现实而言，河西走廊的重要性在于其为国家交通网与经济发展中的大动脉，是不可替代的重要通道。因为河西走廊是环青藏高原的重要通道，是我国和中亚、俄罗斯交通的大动脉；另外，河西走廊大通道是内地连接新疆的首要通道，像连接新疆的高速公路、铁路、高铁、石油管道、西气东输等关系国计民生的工程，都通过这里把新疆和内地紧密联系起来。从这个意义上来讲，河西走廊关乎国家经略，其地位不可替代。

今天的河西走廊，主要面临两大问题。一是贫穷问题。甘肃省 2016 年 GDP 为 7152 亿元，仅仅比山东省烟台市 6925 亿元略高一点点。甘肃省年人均 GDP 仅为 27508 元，居民年人均收入为14670 元，两项数据都居全国倒数第一。河西走廊的武威、张掖、酒泉等所有城市 GDP 加起来尚不足江苏省宿迁一市的 GDP。二是生态问题。自明清以来人口的增加、农牧的过度开垦、对祁连山的破坏、地下水的过度开采等导致河西走廊地区的生态环境严重恶化。所以，"一带一路"药用植物博览园的建设对河西走廊的脱贫致富和生态保护意义重大。

张掖古称甘州，西汉以"张国臂掖，以通西域"而得名，位于青藏高原和内蒙古高原交会的河西走廊中部，自古以来就是丝绸之路商贾重镇和咽喉要道，素有"塞上江南""金张掖"之美誉。境内祁连山水源涵养区、黑河绿洲、荒漠戈壁三大生态系统交错衔接，雪山冰川、森林草原、七彩丹霞、田畴沃野、湿地候鸟、荒漠沙丘等地貌交相辉映，使张掖成为坐落在祁连山、黑河湿地两个国家级自然保护区之上的城市，被国家列为生态文明示范工程试点市。

张掖境内河流众多，阳光充足，土地肥沃，灌溉便利，是国家现代农业示范区，是全国最大的玉米制种区和重要的粮食、蔬菜、瓜果、油料和牛羊生产基地。张掖既有"半城芦苇"的自然美景，也有"半城塔影"的历史风貌，文化沉积深厚，人文景观丰富，是国家级历史文化名城和中国优秀旅游城市。这里有中国最美景观之一的祁连山草原、张掖丹霞、黑河湿地、黑河峡谷和平山湖大峡谷，有全国最大的山丹马场、全国最大的室内泥塑卧佛张掖大佛、与敦煌莫高窟同时代的马蹄寺石窟群、保存最完整的汉明长城、历史文化名山焉支山、名城骆驼城等。

当前，张掖市正着力打造生态安全平台，推进生态文明大市建设，已被确定为全国资源再生型城市和水生态文明建设试点市，张掖国家湿地公园湿地保护与恢复、高台大湖湾湿地生态保护、临泽大沙河生态综合治理等32项重点生态工程相继实施。张掖市还着力打造旅游经济发展平台和文化战略平台，加大文化旅游项目的建设；同时，张掖市立足中药材资源优势和产业基地，新建中药材产业创业创新孵化园，2018年中药材面积达到27.14万亩。

因此，若能将张掖丰富的生态旅游资源与中草药种植资源相结合，将张掖日趋增长的游客资源与独特的药用植物博览园相结合，将"一带一路"上的中医药文化活动与西部农民科学素质提升工程相结合，将中医药产业与西部绿色发展相结合，这才是一局西部崛起、中药先行的生财大棋；这才是一局文化认同、绿色发展的整合大棋；这才是一局生命与共、中华复兴的开盘大棋。所以，建设"一带一路"药用植物博览园对张掖、对河西走廊、对整个西部乃至全国，极具可行性，且意义重大而深远。

五　成果转化综述

该项研究产业化转化工作，由科研单位、相关企业、地方政府论证进行中。

若能将张掖丰富的生态旅游资源与中草药种植资源相结合，将"一带一路"上的中医药文化活动与西部农民科学素质提升工程相结合，将中医药产业与西部绿色发展相结合，这才是一局西部崛起、中药先行的生财大棋。以健康产业为标杆，结合大型综合体，打造张掖活力健康休闲中心城；拟建其他地区没有的大型医疗医药专业市场、医药主题公园、医药理疗等高档健康娱乐场，建设规模最大、业态最齐全、档次最高的大型健康产业综合体，既能满足一站式的生活需求还融入了健康积极的生活理念。

园区根据GAP标准建设大规模道地中草药种植基地，已引种保存全国本土药用植物7000余种，约占我国药用植物资源的63%，其中珍稀濒危物种200多种。除了以"药"这一特色作为切入点外，张掖甘州区药用博览园内温泉可以形成四季温泉体验；同全国制药企业、专业市场、经营公司合作，建立起完善的全国中药材销售网络；积极招商引资，不断扩大规模努力使之成为集种植、观赏、休闲、保健康复、科研于一体的全国重点中草药种植、培养基地；建设专业中草药植物园，使植物园集观赏、药材展示、中草药制作坊于一体，并吸纳一些中医药相关企业进行投资合作；建立一个集休闲、保健康复、中药餐饮、中药文化为一体的，以健康为主题的旅游休闲度假园区。各场馆面向全社会开放，吸引众多不同年龄、不同层次、不同国籍、有不同需求的游人加入了解中药、喜爱中药的行列中来。

作者：盛日成（甘肃国学研究会首席讲师，甘肃省首批创新创业导师）

刘金会（甘肃国学研究会常务副会长兼秘书长，甘肃陇和春农林牧科技有限公司董事长）

陇原文化产业职业学院的建设思考

一 建立陇原文化产业职业学院的历史背景

（一）实现中华民族伟大复兴的大背景

实现中华民族伟大复兴，是中华民族近代以来最伟大的梦想。实现中华民族伟大复兴实际上就是找回中华民族在世界民族之林中应有的地位，找回中华文化应该闪耀的光芒，找回每个中华儿女都应该具有的民族自豪感和文化自信心。而大中华自古以来就是一个具有文化认同基础的地缘共同体，且自诞生以来没有中断过，在五千多年的发展过程中，逐渐沉淀下来一套完整的文化传统。梁启超曾言："凡一国之能立于世界，必有其国民独具之特质。上自道德、法律，下至风俗、习惯、文学、美术，皆有一种独立之精神。祖父传之，子孙继之，然后群乃结，国乃成。"这些共同的历史记忆、共同的文化认可、共同的政治归属把我们的祖先凝聚在一起，同时也深深地印刻在世世代代每一个民族成员的内心，形成强大的民族凝聚力和战斗力，这就是中华民族的"根"和"魂"。

（二）重建人生信念、重建精神家园的大背景

中华传统文化，是在中国五千多年文明发展史中，在特定的自然环境、经济形式、政治结构、意识形态的作用下形成、积累

和流传下来，并且至今仍在影响着当代文化的"活"的中国文化。它既以有关的经典文学、文献、文化物品等客体形式存在和延续，又广泛地以民族思维方式、价值观念、伦理道德、性格特征、审美趣味、知识结构、行为规范、风尚习俗等主体形式存在和延续。它是中国人永恒的精神家园，不仅能提供文化滋养，而且融会其中的智慧、风骨、胸怀和操守，更是新一代中国人重建人生信念和精神的重要资源。

（三）建设社会主义核心价值体系的大背景

2006 年 10 月，《中共中央关于构建社会主义和谐社会若干重大问题的决定》首次提出"建设社会主义核心价值体系"的任务。党的十八大提出，倡导富强、民主、文明、和谐，倡导自由、平等、公正、法治，倡导爱国、敬业、诚信、友善，积极培育和践行社会主义核心价值观。2014 年 2 月，中共中央政治局就培育和弘扬社会主义核心价值观、弘扬中华传统美德进行第十三次集体学习，习近平总书记强调，培育和弘扬社会主义核心价值观必须立足中华优秀传统文化。同年 5 月，习近平总书记在北京大学考察时也指出，中华优秀传统文化已经成为中华民族的基因，植根于中国人的内心，潜移默化影响着中国人的思想方式和行为方式。党的十九大报告更是指出，深入挖掘中华优秀传统文化蕴含的思想观念、人文精神、道德规范，结合时代要求继承创新，让中华文化展现出永久魅力和时代风采。

（四）传统文化创造性转化和创新性发展的大背景

中华优秀传统文化继承和发扬的核心在于教育。教育决定着人类的今天，更决定着人类的未来。传统文化是一个民族的灵魂，是一个民族的精神。国学大师南怀瑾先生感叹："一个国家，一个民族重在文化的传承，最可怕的是一个国家和民族把自己的根本文化亡掉了，这就会沦为万劫不复，永远不会翻身的境地。"我国的传统文化，是中华民族在五千多年历史长河中不断发展、创造形成的物质文明成果与精神文明成果的总和。其刚健有为、自强不息、重义轻利、诚实守信、兼容并包、强调历史使命感与社会责任感等精神内核，对培养和提高人的思想、文化、审美和道德素质有着极其重要的意义。当前，随着全球化浪潮带来的文化趋同化趋势日益加剧，信息化技术对文化认同感消解的日益严重和大众文化对传统文化精神消解和侵蚀的日益突出，传统文化作为民族的根本文化也受到了巨大的冲击。因此，作为文化传承主阵地的高等教育，亟须探索传统文化继承与弘扬的途径和方法，亟须在传统文化的创造性转化和创新性发展方面与时俱进、与时偕行。

（五）实施中华优秀传统文化传承发展工程的大背景

文化是民族的血脉，是人民的精神家园。文化自信是更基本、更深层、更持久的力量。中华文化独一无二的理念、智慧、气度、神韵，增添了中国人民和中华民族内心深处的自信和自豪。为建设社会主义文化强国，增强国家文化软实力，实现中华民族伟大复兴的中国梦，2017 年 1 月 25 日，中共中央办公厅、国务院办公厅印发了《关于实施中华优秀传统文化传承发展工程的意见》，并发出通知，要求各地区各部门结合实际认真贯彻落实。2017 年 9 月 22 日，甘肃省委办公厅、省政府办公厅结合甘肃实际，联合印发《甘肃省实施中华优秀传统文化传承发展工程方案》，提出三大类 22 条具体发展措施，并制定目标：到 2025 年，中华优秀传统文化传承发展体系基本形成，研究阐发、教育普及、保护传承、创新发展、传播交流等方面协同推进并取得重要成果，具有中国特色、中国风格、中国气派的甘肃文化产品更加丰富，文化自觉和文化自信显著增强，甘肃文化影响力明显提升。要实现这一目标，甘肃需要一所传统文化大学。

（六）甘肃建设华夏文明传承创新区的大背景

甘肃是华夏文明和中华民族的重要发祥地，是古代中西方文明交流的重要通道和中华民族重要的文化资源宝库，许多文化资源具有不可替代性。2013 年 1 月 21 日，国务院办公厅正式批复，同意甘肃省建设华夏文明传承创新区。这是国家批准的第一个国家级文化发展战略平台，中央批准建设华夏文明传承创新区，一个重要的目的就是把优势的文化资源转化为现实的文化生产力，提升甘肃的传统产业附加值，促进文化产业的跨越式发展，使其尽快成为国民经济的支柱性产业，这样就可以为甘肃省的经济转型、跨越发展探索出一条新路。而甘肃建设华夏文明传承创新区，可以更加有效地保护、传承、展示这些独特的文化资源，并在此基础上实现创新和发展，让具有悠久历史的文化资源与全面建成小康社会和推进现代化建设紧密结合。要完成这一探索和创新之路，甘肃亟须一所传统文化大学来促进这一目标的实现。

二　陇原文化产业职业学院承担的历史使命

（一）坚守中华文化立场的历史使命

纵观人类历史，唯有中华民族绵延数千年而文化命脉从未中断。究其原因，就是因为中华民族一批批仁人志士怀抱"继往圣之绝学"的宏伟文化理想，以返本开新的民族文化自觉，坚决守护民族文化命脉，不断创新民族文化发展。习近平总书记把中华优秀传统文化提升到中华民族的"基因""文化血脉""精神命脉"和"独特的精神标识"的高度，就是强调中华优秀传统文化对于中华民族的特殊价值。文化是一个国家、一个民族的灵魂，能否坚定文化自信，能否坚守中华文化立场，是事关国运兴衰、事关文化安全、事关民族精神独立性的大问题。

　　坚守中华文化立场，首先在于传承民族文化命脉，进而培壮民族文化之根，充实民族文化之魂，提升民族文化之用，焕发民族文化之力。陇原文化产业职业学院愿以此为使命，确立并坚守中华民族立场，坚守中华优秀传统文化，为更好地构筑中国精神、中国价值、中国力量贡献智慧和力量。

（二）传承中华优秀文化的历史使命

　　当今世界意识形态纷争错综复杂，"普世价值""历史虚无主义""新自由主义"等影响颇大，加之大众文化兴盛、新媒体勃兴容易导致人们热衷于个人消费、追求娱乐，往往将民族意识视为一种"宏大叙事"而加以淡化。传承中华优秀文化，有利于人们增强价值认同、文化认同与民族认同，进而清醒地认识到民族复兴的伟大使命。尤其在道德价值构建方面，我们不能盲目地成为西方道德价值的应声虫，在哲学社会科学研究上，不能把西方理论观点和学术成果当成"唯一准则"。事实上，博大精深的中华优秀传统文化是我们在世界文化激荡中站稳脚跟的重要根基。所以，传承中华优秀文化具有积极的现实意义和永恒价值，是新时代中华民族的历史使命。

　　习近平总书记在《在哲学社会科学工作座谈会上的讲话》中提出："历史表明，社会大变革的时代，一定是哲学社会科学大发展的时代。当代中国正经历着我国历史上最为广泛而深刻的社会变革，也正在进行着人类历史上最为宏大而独特的实践创新。这种前无古人的伟大实践，必将给理论创造、学术繁荣提供强大动力和广阔空间。这是一个需要理论而且一定能够产生理论的时代，这是一个需要思想而且一定能够产生思想的时代。我们不能辜负了这个时代。自古以来，我国知识分子就有'为天地立心，为生民立命，为往圣继绝学，为万世开太平'的志向和传统。一切有理想、有抱负的哲学社会科学工作者都应该立时代之潮头、通古今之变化、发思想之先声，积极为党和人民述学立论、建言献策，担负起历史赋予的光荣使命。"陇原文化产业职业学院以此为使命，通过科研、教学、传播、交流，着力构建有中国底蕴、中国特色的思想体系、学术体系和话语体系。

（三）肩负民族和国家伟大复兴的历史使命

中华民族有着五千多年的悠久历史，创造了光辉灿烂的中华文明，为人类做出了卓越贡献。但近代以来，由于外国列强的侵略和掠夺、封建统治的压迫和无能，中国陷入了半殖民地半封建社会，中华民族内忧外患、久经磨难，而且始终面临着民族复兴和繁荣富强的双重历史任务。为了实现民族复兴、探寻救国图强之路，无数仁人志士抛头颅、洒热血，不屈不挠、前赴后继，进行了可歌可泣的斗争，进行了各式各样的尝试。中国共产党从成立之日起就义无反顾地肩负起了实现中华民族伟大复兴的历史使命，开启了从"站起来"到"富起来"，再到"强起来"的民族复兴的伟大进程。

中华民族的伟大复兴，核心是文化的复兴。中华文化积淀着中华民族最深沉的精神追求，包含着中华民族最根本的精神基因，代表着中华民族独特的精神标识，是中华民族生生不息、发展壮大的丰厚滋养。从历史维度看，中华优秀传统文化是中华民族的精神命脉。它是中华民族和中国人民在修齐治平、尊时守位、知常达变、开物成务、建功立业过程中逐渐形成的有别于其他民族的独特标识。

从世界维度看，中华优秀传统文化是中华民族的独特标识和突出优势。特别是对于 21 世纪人类发展的共同困境与难题，中华文化和东方智慧在破解现代化困局、推动生态保护、完善社会治理、健全行政伦理、促进民族交往、强化道德建设等方面都提供了重要启示和解决路径。陇原文化产业职业学院以此为使命，通过继承、转化、创新、弘扬，使中华传统文化成为助推中华民族伟大复兴的不竭动力。

（四）传统文化的创造性转化和创新性发展的历史使命

中华优秀传统文化积淀着多样、珍贵的精神财富，如求同存异、和而不同的处世方法，文以载道、以文化人的教化思想，形神兼备、情景交融的美学追求，俭约自守、中和泰和的生活理念等，是中国人民思想观念、风俗习惯、生活方式、情感样式的集中表达，滋养了独特丰富的文学艺术、科学技术、人文学术，至今仍然具有深刻影响。中华优秀传统文化是中华民族精神大厦的深厚根基，是中国当代文化建设不可或缺的宝贵财富。

习近平总书记在《在哲学社会科学工作座谈会上的讲话》中提出："中华民族有着深厚文化传统，形成了富有特色的思想体系，体现了中国人几千年来积累的知识智慧和理性思辨。这是我国的独特优势。中华文明延续着我们国家和民族的精神血脉，既需要薪火相传、代代守护，也需要与时俱进、推陈出新。要加强对中华优秀传统文化的挖掘和阐发，使中华民族最基本的文化基因与当代文化相适应、与现代社会相协调，把跨越时空、超越国界、富有永恒魅力、具有当代价值的文化精神弘扬起来。要推动中华文明创造性转化、创新性发展，激活其生命力，让中华文明同各国人民创造的多彩文明一道，为人类提供正确精神指引。"

传承中华传统文化，需要与时俱进，需要坚持辩证唯物主义和历史唯物主义，秉持客观、科学、礼敬的态度，取其精华、去其糟粕、扬弃继承、转化创新，不复古泥古，不简单否定，不断赋予新的时代内涵和现代表达形式，不断补充、拓展、完善，使中华民族最基本的文化基因与当代文化相适应、与现代社会相协调。陇原文化产业职业学院以此为使命，始终着力于中华传统文化的创造性转化和创新性发展。

（五）涵养社会主义核心价值观的历史使命

涵养社会主义核心价值观是中华优秀传统文化实现其当代价值的重要体现，也是其重要使命之一。中华文明绵延数千年，有其独特的价值体系。以这个价值体系为中心的中华优秀传统文化已经成为中华民族的基因，深深根植于中国人的内心，潜移默化影响着中国人的思想方式和行为方式。习近平总书记指出："我们生而为中国人，最根本的是我们有中国人的独特精神世界，有百姓日用而不觉的价值观。我们提倡的社会主义核心价值观，就充分体现了对中华优秀传统文化的传承和升华。"核心价值观是抽象度很高的范畴，但它不是抽象自西方，而是抽象自中国的文化传统和社会生活，因而，我们的核心价值观只有在中华优秀传统文化中才能得到确切的理解和深厚的滋养。

"历史和现实都表明，一个抛弃了或者背叛了自己历史文化的民族，不仅不可能发展起来，而且很可能上演一幕幕历史悲剧。"牢固的核心价值观都有其固有的根本，抛弃传统、丢掉根本，就等于割断了自己的精神命脉。在这个意义上可以说，参与构建和培育社会主义核心价值观，也是中华优秀传统文化延续其固有血脉、实现其当代价值的必然要求。陇原文化产业职业学院以此为使命，为涵养和培育社会主义核心价值观贡献智慧和力量。

（六）为人类和世界贡献中国智慧的历史使命

发掘中华优秀传统文化的人类情怀、世界意义和当代价值，显著增强文化凝聚力、文化影响力和文化感召力，是中国特色社会主义进入新时代在中华优秀文化传承中的重要表征，也是中华优秀传统文化对于人类和世界所担负的重要使命。正如费孝通所说，"中华文明的结构和机制，在漫长的岁月中，经过一代代先人在实践中不断地探索、积累、完善，已经形成了一套相当成熟的协调模式"，"充分体现了古人高度的政治智慧和中华民族深厚的文化底蕴"。中华优秀传统文化所积淀的深厚内涵，对于世界和全人类，都是一份宝贵的财富。

习近平总书记指出，中华优秀传统文化是中华民族的突出优势，是我们最深厚的文化软实力。提高国家文化软实力，要努力夯实国家文化软实力的根基，努力展示中华文化独特魅力，把跨越时空、超越国度、富有永恒魅力、具有当代价值的文化精神弘扬起来，激活其内在的强大生命力，让中华文化同各国人民创造的多彩文化一道，为人类提供正确精神指引。习近平总书记发出"一带一路"倡议，强调"协和万邦"，构建人类命运共同体，就有力体现了中华民族的文化软实力，为全球治理贡献出独特的中国智慧。陇原文化产业职业学院以此为使命，努力于中华优秀传统文化精髓在当今新型国际关系构建中的突出贡献和生动实践。

（七）立德树人的历史使命

在2018年9月10日的第34个教师节上，习近平总书记强调，教育是民族振兴、社会进步的重要基石，是功在当代、利在千秋的德政工程，对提高人民综合素质、促进人的全面发展、增强中华民族创新创造活力、实现中华民族伟大复兴具有决定性意义。教育是国之大计、党之大计。高等教育是一个国家发展水平和发展潜力的重要标志。今天，党和国家事业发展对高等教育的需要，对科学知识和优秀人才的需要，比以往任何时候都更为迫切。青少年是实现中国梦的生力军，加强中华优秀传统文化教育，对于引导他们坚定走中国特色社会主义道路、实现中华民族伟大复兴中国梦的理想信念，具有重大而深远的历史意义。

习近平总书记在全国教育大会上指出："要把立德树人融入思想道德教育、文化知识教育、社会实践教育各环节，贯穿基础教育、职业教育、高等教育各领域，学科体系、教学体系、教材体系、管理体系要围绕这个目标来设计，教师要围绕这个目标来教，学生要围绕这个目标来学。凡是不利于实现这个目标的做法都要坚决改过来。"这段重要论述为构建德智体美劳全面培养的教育体系、形成更高水平的人才培养体系指明了方向。

大学是立德树人、培养人才的地方，是青年人学习知识、增长才干、放飞梦想的地方。陇原文化产业职业学院以此为使命，真正做到以文化人、以德育人，不断提高学生思想水平、政治觉悟、道德品质、文化素养，做到明大德、守公德、严私德。更要把立德树人内化到大学建设和管理各领域、各方面、各环节，做到以树人为核心，以立德为根本，努力于一流大学和一流学科的建设，全力落实高等教育的内涵式发展。

三　陇原文化产业职业学院的办学宗旨与社会功用

以中华优秀传统文化的传承与弘扬为己任，以中华优秀传统文化的创造性转化和创新性发展为使命，引导学生学习中国古代优秀文化典籍，研读理解中华优秀传统文化，深刻认识中华优秀传统文化在当今社会中的价值和意义，教育学生自觉把个人理想和国家梦想、个人价值与国家发展结合起来，牢固树立为实现中华民族伟大复兴不懈奋斗的理想信念，培养具有大抱负、大关怀、大境界、大志向、大追求、大格局、大贡献的学子。此为陇原文化产业职业学院的办学宗旨。

以弘扬中华优秀传统文化、建设中华民族共有精神家园为宗旨，致力于研究和展现中华优秀传统文化所蕴含的道德、智慧、审美等的丰富内涵及其当代价值，致力于复兴中华优秀传统文化，致力于向全球传播中华文明。立足中华优秀传统文化，以建立家庭、学校、企业、社会全民终身型教育体系，创建契合时代和国情的教学模式为核心，不断进行课程研发和社会教学实践，并积极承担国家传统文化课题研究。此为陇原文化产业职业学院的社会功用。

充分利用自身优势，开展丰富多彩的教学和文化活动，逐步形成各具特色的办学模式，成为各国学习汉语言文化、了解当代中国的重要场所。于国内，积极弘扬中华优秀传统文化，为构建幸福家庭、幸福学校、幸福企业、幸福社区、幸福乡村贡献正能量，助力中华民族的伟大复兴。于国外，积极搭建一流的传统文化交流平台，成为丝绸之路经济带沿线各国文化交流的中心，努力将中华文化产业化、信息化、国际化，为中国乃至全世界的传统文化弘扬做先行和楷模。此为陇原文化产业职业学院的社会功用。

四 陇原文化产业职业学院的办学理念与愿景目标

以党的教育方针为指导，以立德树人为根本任务，以高素质教师队伍、高水平人才培养为基础，以高等教育内涵式发展为主线，以体制、机制创新为着力点，立足中国实践、解决中国问题，为国家发展、人民福祉做贡献。扎根中国大地，服务国家重大战略需求，传承创新优秀文化，融入改革开放、现代化建设和民族复兴伟大进程，办人民满意的教育。创新办学理念，注重人才培养模式创新，注重资源有效集成和配置，实现以质量为核心的可持续发展。瞄准世界一流，吸收世界先进办学治学经验，积极参与国际合作交流，实现跨越发展、超越引领。将陇原文化产业职业学院建成中国特色、世界一流的新时代大学。

以"为天地立心，为生民立命，为往圣继绝学，为万世开太平"为办学理念，以"修齐治平"和"经世致用"为愿景目标，培养一批真正能做到言行一致、知行合一、积极传播中华文化的时代精英，引领世界思想潮流，让中华文明滋润人类，促进地球村的文明与和谐。以期成为讲好中国故事，传播中国声音，阐释中国特色的典范；播种人类命运共同体意识，进行文明交流互鉴，展现中华文化的天下情怀；通过道路自信、理论自信、制度自信、文化自信的哲学立论与现实阐释，给渴求独立自立自主、和平发展的国家和民族提供全新选择，为解决各国利益交融、兴衰相伴、安危与共的挑战，贡献中国智慧和中国方案。

学校教学宗旨：

以天下兴亡，匹夫有责为重点的家国情怀教育；

以仁爱共济、立己达人为重点的社会关爱教育；

以正心笃志、崇德弘毅为重点的人格修养教育。

教师为师宗旨：

传播知识，传播思想，传播真理。

塑造灵魂，塑造生命，塑造人。

有理想信念，有道德情操，有扎实知识，有仁爱之心。

学生立身宗旨：

为天地立心，

为生民立命，

为往圣继绝学，

为万世开太平。

五　陇原文化产业职业学院的定位与特色

第一，定位于中华优秀传统文化的继承和弘扬。

第二，定位于传统文化的创造性转化和创新性发展。

第三，定位于传统文化的"身心践行"和"经世致用"。

以蒸汽机为契机的工业革命带来了科学的迅速发展，但也导致了利益争夺所带来的全球问题。问题就是时代的声音，习近平总书记强调:"当代中国的伟大社会变革,不是简单延续我国历史文化的母版,不是简单套用马克思主义经典作家设想的模板,不是其他国家社会主义实践的再版,也不是国外现代化发展的翻版,不可能找到现成的教科书。"同时,以利益为背景而发展起来的西方"民主思想"已经出现了危机,世界贫富分化、恐怖主义、气候变化等问题层出不穷。科学虽在高速发展,但发展所产生的副作用也日益明显:核武器、生化武器、空天一体战和网络武器等都是非常棘手的问题。这些错综复杂的问题让各国政要、学者和大众都感到困惑和苦恼。世界目光于是投向中国,试图从中国古人智慧中寻找解决的方法。毋庸置疑,中国优秀传统文化一定能为解决以上各种困惑和苦恼提供一种全新的选择。在全球治理呼唤变革、新国际秩序悄然孕育、世界即将发生大变局之际,优秀传统文化的继承弘扬刻不容缓。

继承和弘扬优秀传统文化,要进行创造性转化和创新性发展。随着科技进步,社会形态发生的变化,中国优秀传统文化与当下政治经济形态存在着不协调和不一致等问题,传承和弘扬优秀传统文化,需要将其与社会主义的市场经济、民主政治、先进文化、社会治理等相适应,对其进行创造性转化和创新性发展。"创造性转化,就是要按照时代特点要求,对那些至今仍有借鉴价值的内涵和陈旧的表现形式加以改造,赋予其新的时代内涵和现代表达形式,激活其生命力。""创新性发展,就是要按照时代的新进步、新发展,对中华优秀传统文化的内涵加以补充、拓展、完善,增强其影响力和感召力。"实际上就是继承弘扬优秀传统文化合理的成分,创造性地加以转化,形成符合社会主义核心价值观的时代文化,提高民族自信心。

陇原文化产业职业学院以此展开对传统文化前瞻性、针对性、储备性的研究,设计和提出专业化、建设性、实用性的成果,不断提高传统文化综合研判和战略规划能力。陇原文化产业职业学院以此促进传统文化研究与社会服务相结合，促进学识教育与立德树人相结合，促进课堂内容和课外延伸相结合，促进理论探索与实训拓展相结合。陇原文化产业职业学院以此通过经典国学、诸子之学、礼乐文化、音韵学、韬略学、华夏文明史、传统文学、丝绸之路学、红色文化学、东方伦理学、家训家学等的研究和探索，通过研学、培训、讲座、交流、论坛、互通等形式，加大与中亚、西亚、非洲、欧洲及其他地区的联系，提升文化软实力，让世界了解"学术中的中国""理论中的中国""哲学社会科学中的中国"。陇原文化产业职业学院以此充分调动社会力量协助办学，以民办公助形式，充分发挥民间办学覆盖面大而广的作用，大力邀请教育文化界以及商界、政界乃至民间人士担任教师，从事教学、科研、管理、运营等工作。此为陇原文化产业职业学院的特色。

六　陇原文化产业职业学院的发展规划

（一）学科建设方面

学科建设的重点在于尊重规律、构建体系、强化优势、突出特色。面向国家重大战略需求，面向经济社会主战场，面向世界科技发展前沿，立足解决重大理论、实践问题，打造具有中国特色、中国风格、中国气派的一流学科和一流教材，构建中国特色的社会科学和人文科学学科体系、学术体系、话语体系、教材体系，不断提升国际影响力和话语权。

立足学校办学定位和学科发展规律，打破传统学科之间的壁垒，以"双一流"学科建设为核心，以优势特色学科为主体，以相关学科为支撑，整合相关传统学科资源，促进基础学科、应用学科交叉融合，在前沿和交叉学科领域培植新的学科生长点。加强优秀传统文化学科的建设，突出优势、拓展领域，努力构建全方位、全领域、全要素的中国特色社会科学和人文科学体系。

主动对接国家和区域重大战略，优化学科专业结构，完善以社会需求和学术贡献为导向的学科专业动态调整机制。突出特色优势，完善符合办学定位、互相支撑的学科体系，充分发挥学科育人功能；突出质量水平，建立知识结构完备、方式方法先进的教学体系，推动信息技术、智能技术与教育教学深度融合，推进信息化实践教学，全面提升师生信息素养；突出价值导向，建立思想性、科学性和时代性相统一的教材体系，建立优秀教材编写激励保障机制，努力编写出版具有世界影响的一流教材。

第一，根据国家需要和市场需求设置专业；

第二，制定和实施"金专"与"金课"建设规划；

第三，制定和实施特色教材编写计划；

第四，建立教学质量考评体系。

（二）师资队伍方面

构建以学科带头人为领军、以杰出人才为骨干、以优秀青年人才为支撑，衔接有序、结构合理的人才团队和梯队，注重培养团队精神，加强团队合作。充分发挥学科带头人凝练方向、引领发展的重要作用，既看重学术造诣，也看重道德品质，既注重前沿方向把握，也关注组织能力建设。着力把中青年学术骨干推向国际学术前沿和国家战略前沿，承担重大项目、参与重大任务。

要求教师队伍政治素质强、整体水平高、潜心教书育人、师德师风优良；一线教师要普遍掌握先进的教学方法和技术，教学经验丰富，教学效果良好；要有一批活跃在国际学术前沿的一流专家、学科领军人物和创新团队；教师结构要合理，中青年教师成长环境要良好，可持续发展的后劲要足。

人才培养，关键在教师。要加强师德师风建设，将师德师风作为评价教师队伍素质的第一标准，打造有理想信念、道德情操、扎实学识、仁爱之心的教师队伍。坚持引育并举、以育为主，引进活跃于国际学术前沿的海外高层次人才。建立校级教师发展中心，促进高校教师职业发展，加强职前培养、入职培训和在职研修，支持教师参加国际化培训项目、国际交流和科研合作。深化教师职称评审制度、考核评价制度，不唯头衔、资历、论文，突出学术贡献和影响力，激发教师积极性和创造性。

（三）人才培养方面

把立德树人的成效作为检验学校一切工作的根本标准，一体化构建课程、科研、实践、文化、网络、心理、管理、服务、资助、组织等育人体系，坚持因材施教、循序渐进、教学相长，将创新能力和实践能力培养融入课程体系，贯通人才培养全体系。

确立建成一流本科的教育目标，强化本科教育的基础地位，把一流本科教育建设作为"双一流"建设的基础任务，建成一批一流本科专业；建立科教融合、产学结合的培养机制，着力改进培养体系，提升创新能力；强化实践能力，大力培养高精尖急缺人才，培养高层次应用型人才；多方集成教育资源，制定跨学科人才培养方案，建立政治过硬、行业急需、能力突出的高层次复合型人才培养机制。

优化不同层次学生的培养结构，根据需求调整培养规模与培养目标；加强国家战略、国家安全、国际组织等相关急需学科专业人才的培养，超前培养和储备与社会科学和人文科学相关的高端人才。

（四）校园文化建设方面

培育理念先进、特色鲜明、中国智慧的大学文化，成为大学生命力、竞争力的重要源泉。立足办学传统和现实定位，以社会主义核心价值观为引领，推动中华优秀教育文化的创造性转化和创新性发展，构建具有时代精神、风格鲜明的中国特色大学文化。

加强校风、教风、学风和学术道德建设，深入开展高雅艺术进校园、大学生艺术展演、中华优秀传统文化传承基地建设，营造全方位育人文化。塑造追求卓越、鼓励创新的文化品格，弘扬勇于开拓、求真务实的学术精神，形成中外互鉴、开放包容的文化气质。传播科学理性与人文情怀，承担引领时代风气和社会未来、促进人类社会发展进步的使命。

增强文化自信，使学校具有较强的国际文化传播影响力；具有师生认同的优秀教风、学风、校风，具有广阔的文化视野和强大的文化创新能力，形成引领社会进步、特色鲜明的大学精神和大学文化。

（五）国际交流合作方面

推进高水平实质性国际合作交流，成为世界高等教育改革的参与者、推动者和引领者。加强与国外高水平大学、顶尖科研机构的实质性学术交流与科研合作，建立国际合作联合实验室、研究中心等；推动中外优质教育模式互学互鉴，创新联合办学体制机制，建立校际访问学者和学生交流互换制度。

以"一带一路"倡议为引领，加大复合型国际化专业人才培养力度，优化生源结构，提高生源质量。积极参与共建"一带一路"教育行动和中外人文交流项目，在推进孔子学院建设中发挥主体作用。选派优秀学生、青年教师、学术带头人等赴国外高水平大学、机构访学交流，加大优秀毕业生到国际组织实习任职的力度，积极推荐优秀人才在国际组织、学术机构、国际期刊任职兼职。

（六）产学研融合方面

推进产学研深度融合，实现合作办学、合作育人、合作发展，形成具有中国特色和世界影响的新型高端智库，为国家和区域经济转型、产业升级、技术变革提供理论支持和促进成果落地。

主动融入区域发展，推进校企成果双向转移转化，提升对地方经济和社会的贡献度，从社会发展变革的实践中不断发现新问题、提出新观点、构建新理论，并运用新知识新理论传承文明、普及知识、资政育人、服务社会。

加强协同创新，发挥高校、科研院所、企业等主体在人才、资本、市场、管理等方面的优势，加大成果转化力度；围绕关键要素和前沿共性问题，完善成果转化管理体系和运营机制，促进创新链和产业链精准对接。

（七）承担社会职能方面

第一，面向社会开展传统文化主题培训班或短训班；

第二，向企事业单位提供所需要的国学培训和实践；

第三，为社会培训传统文化教师，提供传统文化教学资源；

第四，开展传统文化考试和传统文化教师资格认证；

第五，举办与传统文化相关的文化交流和会议论坛；

第六，提供与传统文化教学、科研、传播相关的成果转化；

第七，提供与传统文化相关的文创产品、文化产业等的咨询。

七 陇原文化产业职业学院的校址选择

甘肃，古属雍州，地处黄河上游，东接陕西，南控巴蜀青海，西倚新疆，北扼内蒙古、宁夏，是古丝绸之路锁匙之地和黄金路段。它像一块瑰丽的宝玉，镶嵌在中国中部的黄土高原、青藏高原和内蒙古高原上，东西蜿蜒 1600 多公里，全省土地总面积 42.59 万平方公里。

甘肃海拔大多在 1000 米以上，四周为群山峻岭所环抱。北有六盘山、合黎山和龙首山；东为岷山、秦岭和子午岭；西接阿尔金山和祁连山；南壤青泥岭。境内地势起伏、山岭连绵、江河奔流，地形相当复杂。这里有直插云天的皑皑雪峰、有一望无垠的辽阔草原、有莽莽漠漠的戈壁瀚海、有郁郁葱葱的次生森林、有神奇碧绿的湖泊佳泉、有江南风韵的自然风光，也有西北特有的名花瑞果。

甘肃历史跨越八千余年，是中华民族和华夏文明的重要发祥地之一，也是中医药学的发祥地之一，被誉为"河岳根源、羲轩桑梓"。中华民族的人文始祖伏羲、女娲和黄帝相传诞生在甘肃。西王母降凡于泾川县回中山。周人崛起于庆阳，秦人肇基于天水、陇南。天下李氏的根在陇西。

甘肃是一个发展潜力和困难都比较突出、优势和劣势都比较明显的省份。经过中华人民共和国成立以来的开发建设，已形成了以石油化工、有色冶金、机械电子等为主的工业体系，成为我国重要的能源、原材料工业基地。农业生产基础条件得到一定改善，粮食实现了省内供需总量基本平衡，基本形成了草畜、马铃薯、水果、蔬菜等战略性主导产业，制种、中药材、啤酒原料等区域性优势产业，以及食用百合、球根花卉、黄花菜、花椒、油橄榄等一批地方性特色产业和产品。教育、科技事业有了长足发展，现有普通高校 34 所，中央所属的科研机构 22 个。文化事业不断进步，舞剧《丝路花雨》《大梦敦煌》饮誉全球，《读者》杂志成为全国发行量最大的期刊。

2013 年 1 月 21 日，国务院办公厅正式批复，同意甘肃省建设华夏文明传承创新区。甘肃华夏文明传承创新区建设，按照国家关于甘肃发展的战略定位和建设文化大省的总要求，打破现有行政界限，统筹全省文化资源和各类生产要素，以文化建设为主题，以经济结构战略性调整和经济发展方式根本性转变为主线，确定了围绕"一带"，建设"三区"，打造"十三板块"（简称"1313

工程")的工作布局。

为此,甘肃省提出将通过实施重大项目带动战略,推进文化体制机制改革,推动文化事业建设和文化产业发展,把华夏文明的保护、传承、展示、创新、发展紧密结合在一起,使之与时代精神相融合,与甘肃转型跨越发展相融合,与人民群众的文化需求相融合。并进一步加快实施甘肃文化"走出去"战略,扩大甘肃文化的国际影响力和国际传播力。无论从以往历史,还是现代布局,甘肃都需要一所有关传统文化的大学。

河西走廊既是中原连接新疆以及中亚的交通孔道,又是内蒙古高原与青藏高原的接合地带,地理位置重要,称之为东亚陆上马六甲海峡一点不为过。历史上众多民族在此交会共生,留下了丰富的文化遗存,使河西走廊呈现一种万花筒般的瑰丽画面。况且,河西走廊作为古丝绸之路的枢纽路段,连接着亚非欧三大洲的物质贸易与文化交流,东西方文化在这里相互激荡,积淀下波澜壮阔的历史文明,形成了鲜明的丝路文化。对于河西走廊的这一优势,季羡林评价:"世界上历史悠久、地域广阔、自成体系、影响深远的文化体系只有四个:中国、印度、希腊、伊斯兰,再没有第五个;而这四个文化体系汇流的地方只有一个,就是中国的河西走廊敦煌和新疆地区,再没有第二个了。"

所以,从地缘政治的角度上,从国家安全的意义上,从文化传播的时位上,从"一带一路"倡议的实现上,陇原文化产业职业学院的选址,当以兰州为东界,以河西走廊为核心,宁可向西,不可东去,可在兰州、武威、张掖三座城市中做最佳选择。

八　成果转化综述

该项研究产业化转化工作,由科研单位、相关企业、地方政府论证进行中。

在兰州拟建陇原文化产业职业学院，真正做到以文化育人、以德育人，不断提高学生思想水平、政治觉悟、道德品质、文化素养，做到明大德、守公德、严私德。更要把立德树人内化到大学建设和管理各领域、各方面、各环节，做到以树人为核心，以立德为根本，努力于一流大学和一流学科的建设，全力落实高等教育的内涵式发展。

世界四大文明古国中，只有中国文化历经几千年传承至今，其强大的生命力和对人类的伟大贡献令世人叹服。继承和弘扬祖国的优秀传统文化，是每个中华儿女的责任。当今正值信息时代，随着社会、技术的发展，生活节奏的加快以及电视、网络、智能手机的普及使我们阅读经典的时间大大减少。历史文化典籍是中国传统文化的主要载体，虽然去古甚远，仍然具有重要的现实意义。拟建的陇原文化产业职业学院对于学生能丰富知识、锻炼思维；能弘扬传统文化、传承民族精神；能陶冶性情、完善人格；能提升修养、启迪智慧。在陇原文化产业职业学院可以学习历史文化典籍，感受古人智慧、体味传统文化，从而提升和完善自我。

作者：盛日成（甘肃国学研究会首席讲师，甘肃省首批创新创业导师）

李　武（甘肃国学研究会会长、甘肃香巴拉文化传媒有限公司董事长）

佟丽娟（甘肃省档案局副教授）